http://www.mydreamjob.kr

천직발견 온라인 검사 쿠폰 사용법 안내

1. 인터넷에 접속하여 http://www.mydreamjob.kr로 이동합니다.

2. 오른쪽 상단 메뉴의 〈회원가입〉을 클릭하여 가입합니다.

3. 아이디와 패스워드를 입력하고 로그인합니다.

4. 오른쪽 상단 메뉴 중 〈마이페이지〉를 클릭합니다.

5. 왼쪽 메뉴 중 〈쿠폰관리〉를 클릭합니다.

6. 쿠폰번호 등록의 〈발급처 선택〉에서 '김영사'를 선택하고 오른쪽의 쿠폰 번호를 입력해 쿠폰을 등록합니다.

7. 홈페이지 상단 메뉴 중 〈온라인검사〉를 선택합니다.

8. 하단 왼쪽에 있는 〈오리엔테이션 보기〉를 클릭하여 내용을 숙지합니다.

9. 하단의 〈검사하기〉를 클릭하고 오른쪽 쿠폰 번호를 선택합니다.

10. 온라인 검사를 시작합니다.

이 검사는 진단검사가 아니라 비진단검사이므로 자신의 마음과 생각이 이끄는 대로 편안하게 선택하여 검사를 진행하십시오.

S7-34RB-1E

무료진단쿠폰

이 책을 구입한 모든 독자에게는 자신의 천직을 발견할 수 있는
온라인 검사 쿠폰을 드립니다!

천직발견 프로그램을 통해서,

- 자신에 대한 철저한 성찰과 이해를 통해 스스로 주인공이 되는 인생을 설계하고 창조할 수 있습니다.
- 단계별로 구조화된 체계적인 검사를 통해 자신만의 고유한 천직을 발견할 수 있습니다.
- 현재의 직업을 재해석할 뿐만 아니라 미래의 직업을 준비하고 설계하도록 인도받을 수 있습니다.
- 천직 사명을 만들어 인생의 어려운 풍랑을 이겨내고 스스로 성공적인 항해를 이끌어가도록 든든한 커리어 닻의 역할을 소유할 수 있습니다.

천직,
내 가슴이
시키는 일

천직, 내 가슴이 시키는 일

지은이_ 정균승

1판 1쇄 인쇄_ 2013. 10. 7
1판 1쇄 발행_ 2013. 10. 10

발행처_ 김영사
발행인_ 박은주

등록번호_ 제406-2003-036호
등록일자_ 1979. 5. 17.

경기도 파주시 문발동 출판단지 515-1 우편번호 413-756
마케팅부 031) 955-3100, 편집부 031) 955-3250, 팩시밀리 031) 955-3111

값은 뒤표지에 있습니다.
978-89-349-6438-4   03320

독자 의견 전화_ 031) 955-3200
홈페이지_ www.gimmyoung.com
이메일_ bestbook@gimmyoung.com

좋은 독자가 좋은 책을 만듭니다.
김영사는 독자 여러분의 의견에 항상 귀 기울이고 있습니다.

정균승

천직,

내 가슴이
시키는 일

밥그릇이 아닌 꿈그릇을 채워라 늦기 전에 젊음의 표류를 끝내
두 눈을 크게 뜨고 만만치 않은 현실을 직시하라
하지만 미래에 대한 단단한 희망의 끈은 절대 놓지 말라

김영사

내 인생의 황금기는 언제 올까

다들 살기가 힘들다고 한다. 살림살이가 팍팍하고 일자리는 불안하며 미래가 걱정이라고 한숨을 내쉰다. 이러한 세태를 단적으로 반영하는 두 가지 의미 있는 지표가 있다. 자살률과 출산율이 그것이다. 한국은 최근 10년 이상 세계에서 자살률이 가장 높은 나라가 되었다. 매일 하루에 40명 이상이 스스로 목숨을 끊는다는 것은 우리 사회의 현실이 얼마나 고통스러운지를 여실히 보여준다.

10년 후, 20년 후가 지금보다 나아질 것이라고 믿으면 우리는 미래에 투자할 수 있다. 그러한 투자 중의 하나가 2세를 낳아 기르는 것이다. 자녀들의 미래가 밝을 것이라고 기대하면 부모는 고생해서라도 아이를 낳아 뒷바라지를 하는 데 온갖 정성을 기울일 것이다. 그러나 한국의 현실은 정반대다. 한국의 출산율은 세계에서 가장 낮은 수준에 머물러 있다. 낮은 출산율은 미래에 대한 희망이 없다는 걸 보여준다.

다른 어느 나라보다도 높은 자살률과 낮은 출산율은 한국사회가 현재뿐 아니라 미래조차 살기 힘든 나라임을 절규하는 가슴 아픈 현상이다. 왜 이렇게 된 것일까? 어떻게 해야 이 암울한 현실을 극복하고 더 밝고 희망 찬 미래로 나아갈 수 있을까?

광범위하고 지난한 문제다. 그래도 우리는 모든 지혜를 모아 이 난제를 해결해야 한다. 이것은 내 문제이기도 하거니와 내 소중한 가족과 이웃, 그리고 나아가 우리 모두가 함께 살아가는 이 사회가 더욱 역동적이고 건강하게 발전하도록 하기 위해 꼭 넘어서야 할 중대한 과제이기도 하다.

사회과학도의 관점에서 나는 이 문제의 근원을 우리가 살아온 시대적 배경에서 찾고 싶다. 과거 우리 사회의 큰 울타리는 산업사회였다. 일자리의 패턴이 그렇고, 돈을 벌고 쓰는 스타일이 그러하며, 삶을 대하는 마인드 역시 그러하다. 산업사회의 미덕은 안정된 직장과 풍요로운 소비 그리고 편안한 노후의 삼박자가 조화를 이루는 삶이다. 한때 우리는 세계에서 가장 빠른 속도로 이 산업사회의 유토피아를 실현하는 나라인 것처럼 보였다.

그러나 그것은 신기루 같은 세계였다. 고도성장과 물질만능의 신화 창조에 도취되어 살다가 어느 날 문득 정신을 차리고 바라본 세상은 더 이상 유토피아가 아니었다. 안정된 일자리는 점점 줄어들고 있고, 빚에 쪼들려 신음하는 사람들은 갈수록 늘어나고 있다. 빈부격차는 해마다 벌어지고, 노후의 삶은 점점 위태로운 상황으로 내몰리고 있다. 대학만 들어가면 취직 걱정할 필요가 없고, 스스로 회사를 그만두지만 않으면 승진에 승진을 거듭하며 정년이 보장되며, 퇴직 이후에는 두둑한 퇴직

금과 연금 덕택에 별다른 어려움 없이 노년을 살 수 있었던 '영광의 시절'은 다시 오지 않을 것이다.

오늘날 비정규직의 확산은 이제 한국 사회에서 일자리에 대한 패러다임을 근본적으로 바꾸지 않으면 안 된다는 상징적인 현상으로 부상하고 있다. 설마 설마 했던 20세기의 '치즈'가 바닥을 드러내기 시작한 지 이미 오래된 창고 안에서 아직도 발만 동동 구르고 있다가는 정말 황당한 꼴을 당하게 된다. 일자리 불안은 먹고사는 문제와 직결되며 나아가 삶 전반에 걸쳐 심각한 위협이다. 문제의 핵심이 무엇인지 진지하게 성찰하고 장기적인 관점에서 어떻게 풀어나가야 할 것인지 심도 있게 타개책을 모색하는 것만이 현재보다 더 나은 미래의 삶을 보장받을 수 있는 유력한 대안이다.

이제 목적 없이 삶을 살면 과거 어느 때보다도 자주 흔들리는 미래와 만날 것이다. 흔들림이 심하면 비틀거리다 쓰러질 것이다. 다시 일어나더라도 여전히 인생의 목적을 모르고 살면 또 비틀거리다 넘어질 것이다. 나중에는 쓰러지면 다시 일어나기 힘든 지경에 이를 것이다. 먹고사는 문제에 매달려 자신의 소중한 꿈을 헐값에 팔아넘기는 사람들은 정작 먹고사는 문제조차 해결하지 못하면서 꿈을 잃고 막막한 삶을 살아갈 것이다. 미래 사회는 목적이 있는 삶, 꿈이 이끄는 삶을 외면하고 살게 되면 생계문제를 해결하는 일조차 갈수록 꼬이게 되어 있기 때문이다.

그렇다면 삶의 목적이란 도대체 무엇을 의미할까? 나는 두 가지를 동시에 충족하는 것이라고 본다. 첫째로 삶의 목적이란 자신의 존재 이유를 정립하는 것이다. 나는 누구이고, 내 인생의 의미는 무엇이며, 어떤 사람이 되고 싶은지 자신의 정체성을 분명하게 아는 것이다.

둘째로 삶의 목적이란 세상을 위해 기여하고 싶은 것이 무엇인지 찾아내 실천하는 것이다. 내가 존재함으로써 어떤 세상을 만들고 싶은지, 내가 꿈꾸는 세상은 어떤 모습이며, 그런 세상을 위해 나는 어떻게 살아갈 것인지 묻고 대답하면서 치열하고 열정적으로 사는 것이다. 이것이 삶의 목적을 구성하는 양대 축이다.

삶의 목적은 먼저 자기 삶의 정체성을 확립하는 것이다. 어떤 사람으로 살 것인지 자신을 브랜딩하는 것이다. 문제는 자신의 진정한 삶의 목적이 무엇인지 아는 것이 여간 어렵고 힘든 일이 아니라는 사실이다. 주먹구구식으로 접근했다가는 자칫 가짜 목적에 현혹되어 엉뚱한 곳에서 길을 잃고 헤매기 십상이다.

삶의 정체성을 찾으려면 무엇보다도 자기발견이 최우선이다. 자신이 어떤 성품의 사람인지 인지하고, 어떤 핵심가치들을 소중하게 여기며 무엇을 좋아하고 무엇을 하고 싶으며 무엇을 잘할 수 있는지 아는 것이 자기발견의 핵심이다.

다음 단계는 삶의 방향성을 분명하게 잡는 것이다. 가장 자기답게 사는 길이 무엇이며, 그렇게 살기 위해서는 어떤 일이나 활동을 통해 자신을 세상에 브랜딩하는 것이 최선인지 갈파해 그 길을 가는 것이다.

그렇게 되면 일은 더 이상 먹고사는 문제 해결하기 위한 수단이나 도구에 머물지 않는다. 오히려 참된 인생을 추구해 나가는 데 없어서는 안 될 숭고한 과업이 된다. 정규직이건 비정규직이건, 보수가 많든 보수가 적든, 남이 알아주던 알아주지 않던, 오로지 자신의 삶에서 지향하는 목적지를 향해 나아가는 강력한 열정과 열망의 분출구가 바로 자신이 하는 일이 되는 것이다.

내가 담당하는 과목 중에 〈생활경제〉라는 강좌가 있다. 경제학과의 전공과목이 아니라 교양과목으로 개설한 것이다. 수강하려는 학생이 제법 많아서 학기마다 수강인원을 200명 선으로 제한한다. 첫 강의 때 작은 카드 한 장씩을 나누어주고 다음과 같은 질문을 한다. 그러고는 각자의 생각을 적어 내도록 한다.

"인생의 황금기는 몇 살 때쯤이 되리라고 생각합니까?"

몇 살 정도라고 대답했을 것 같은가? 30대 후반? 40대 후반? 아니다. 20대 후반이라고 적어낸 학생들이 압도적으로 많다. 대부분 20대 초중반인 대학생들이 자기 인생의 황금기를 20대 후반으로 생각하면서 대학을 다니고 있는 것이다.

우리 대학 학생들만 그러는 것일까? 서울대 김난도 교수가 대학생 1,000명에게 비슷한 질문을 했을 때도 평균 28.9세로 나왔다고 한다. 우리나라 대학생 대다수가 자기 인생의 황금기를 20대 후반으로 잡고 있다. 그래서 그런 걸까? 수많은 대학생이 방학이 되면 부족한 스펙을 채우느라 여념이 없다. 아무리 채워도 다른 경쟁자들에게 뒤지는 것 같아 초조하고 불안하다. 학년이 올라갈수록 마음은 더욱 다급해진다.

같은 질문을 30대들에게 던졌다면 어떤 대답이 나올까? 아마도 그들은 30대 후반이 인생의 절정기라고 대답했을 가능성이 높다. 40대 역시 40대 후반을 가장 많이 꼽았으리라.

이쯤에서 다 같이 생각해보자. 저마다 생각하는 인생의 황금기는 정말 지금부터 10년 안에 오는 것일까? 무슨 근거로 그렇게 말하는 것일까? 인생의 황금기란 무엇이며, 어떻게 살아야 그런 황금기를 맞이할 수 있을까?

한 사람의 일생을 평균 80년으로 가정해보자. 그 80년을 시계의 시침과 분침으로 표시했을 때, 그대의 인생 시계는 지금 몇 시를 지나고 있다고 생각하는가? 《마흔에서 아흔까지》에서 저자 유경은 재미있는 비유를 했다. 80년 생애를 24시간의 시계로 환산해 10년이 지날 때마다 3시간씩이 흘러간다고 보면 된다는 것이다. 10살이면 새벽 3시, 20살이면 이른 아침 6시, 30살이면 오전 9시, 40살이면 정오가 된다.

이제 그대의 나이를 이 계산방식에 적용하면 그대 인생의 시계바늘이 지금 어디에 위치하는지 금방 확인할 수 있다. 그대가 지금 20대 중반인 25살이라면 인생의 시계바늘은 오전 7시 30분을 가리키고 있다. 아침식사를 하고 이제 막 본격적인 하루를 준비하는 나이라는 것이다. 30대 중반의 나이라면 인생의 시계바늘은 오전 10시 30분쯤에 위치하고 있을 것이다. 30대 중반은 한창 열심히 오전 일과를 수행하는 때인 것이다.

그런데 내가 알고 있는 적지 않은 20대 중반의 젊은이들은 마치 5년 안에 인생이 다 끝나기라도 할 것처럼 쫓기고 불안해하고 있다. 충분히 그럴 만한 이유가 있다. 우리 주변을 둘러싸고 있는 경제·사회적 환경이 결코 녹록하지 않게 전개되고 있기 때문이다. 게다가 앞으로 다가올 미래 또한 결코 핑크빛이 아니다. 그러니 늘 초조하고 마음이 편치 않다는 것 또한 잘 안다.

그러나 그럴 때일수록 역발상이 필요하다. 위축되고 불안해할 것이 아니라 자신의 '인생 틀'을 다시 짜는 절호의 기회로 삼으라는 것이다. "지금 무슨 한가한 소리 하고 있느냐?"고 볼 맨 소리를 할 수도 있을 것이다. 하지만 급하게 간다고 해서 제대로 풀릴 일은 하나도 없음을 그대가 더 잘 알 것이다. 그럴 때일수록 움츠러들기보다는 가슴을 활짝 펴고 시야를 넓게 가져야 한다. 아직 본격적인 사회생활도 시작하지 않은 나이에 그렇게 조급하게 살지 말라는 말이다.

너무 황급하게 행동하지 말라. 공원에 나가 보면 많은 사람이 저마다 하는 활동이 다르다. 어떤 사람은 느긋하게 산책을 하고, 어떤 사람은 빨리걷기를 한다. 어떤 사람은 달리기를 하고, 어떤 사람은 자전거를 탄다. 스케이트보드를 즐기는 사람도 있고, 담소를 나누는 사람도 있다.

그대는 그중에서 무엇을 하는 사람이고 싶은가? 공원에 갈 때는 어떤 목적이 있을 것이다. 목적이 없다면 공원에 가서 멍하니 다른 사람들만 바라보고 있어야 한다. 공원에 갔으면 자신이 하고 싶은 일을 하면 된다. 산책하러 간 사람이 달리기 복장으로 나온 사람이 좋아 보인다고 갑자기 옷 벗고 뛰는 모습은 아름답지 못하다. 자전거가 타고 싶다고 해서 남이 타고 있는 자전거를 빌려달라고 조르는 모습도 우습다.

지금 그대가 20대 중반이라면 인생의 오전 7시 30분에 다시 생각해보라. 인생의 남은 시간을 무엇을 하며 어떻게 살고 싶은가? 이제 막 떠오른 태양과 함께 자신을 얼마나 열정적으로 투신하고 싶은가? 그대 내면에서 아직 잠자고 있는 위대한 잠재력을 어디에 발휘하고 싶은가?

대답을 못한다면 그대는 아직 잠에서 깨어나지 않은 상태다. 이제 그만 일어나라. 자리에서 벌떡 일어나 하루를 준비하라. 그래야 인생의 시계가 오전 9시를 가리키는 30살부터는 더욱 열정적이고 뜨겁게 살수 있지 않겠는가. 마흔이 넘고 쉰을 지나 예순에 이르러서도 인생의 시계는 멈추지 않는다. 나이가 몇 살이든 우리에게 주어진 삶의 기회는 단 한번이기에 어느 순간도 시간을 허투루 보낼 수 없다. 살아 있는 동안 우리가 할 수 있는 것은 삶을 치열하게 사는 것뿐이다. 어떻게 사는 것이 치열한 삶일까? 그 치열한 삶은 어떻게 시작해야 할까? 그렇게 살면 내게도 인생의 황금기가 찾아올까?

이 책은 더 나은 삶을 살고자 노력하는 이들에게 보탬이 되고자 쓰였다. 특히 자기정체성을 찾지 못해 방황하는 이들에게 어떻게 하면 엉킨 실타래를 풀 수 있는지 단서를 제공하고, 자신이 원하는 미래 삶의 방향성을 스스로 찾아내는 데 도움이 될 만한 정보들을 제공하고자 하는 것이 집필의 주된 목적이다.

하지만 필자의 천학비재淺學菲才함으로 애초의 의도와는 다르게 그 길을 명쾌하게 제시하지 못한 것 같아 부끄럽기 짝이 없다. 그런데도 이 책이 세상에 나올 수 있었던 것은 훌륭한 조언과 아낌없는 도움을 준 소중한 분들이 있었기 때문이다. 그분들에게 깊은 존경과 감사의 마음을 전하고 싶다.

2013년 9월 미룡동 캠퍼스에서
정균승

1

현실
찾기

밥그릇이 아닌
꿈그릇을
채워라

꿈이 없는 젊음은 허망하다. 꿈을 잃은 청춘은 시들하다. 나이가 젊다고 해도 삶에 생기가 없다. 하지만 아직 팔팔하게 살아 있는 것이 있다. 젊고 건강한 육체가 먹을 것을 달라고 보채는 것이다. 그래서 먹고 살기 위해 돈이 필요하다. 젊음은 돈을 벌기 위해 몸부림친다. 하지만 세상 누구도 꿈을 상실한 젊음에게는 밥을 보장해주지 않는다. 초조한 젊음은 날로 속이 시커멓게 타들어간다.

젊음에게 묻고 싶다. 그대가 지금 서 있는 곳은 어디인가? 가고자 하는 곳은 어디인가? 왜 그곳으로 가고 싶어 하는가? 또 묻고 싶다. 진정 그대가 하고 싶은 것은 무엇인가? 정녕 잘할 수 있는 것은 무엇인가?

대답할 수 있어야 한다. 세상이 아닌 그대 자신에게. 대답을 못한 채 주저하고 있다면 아직 그대는 인생의 바다에서 표류하고 있는 중이다.

지금 자신이 어디에 있는지 모르는 사람에게는 세상의 모든 것이 험난한 파도처럼 보일 것이다. 어디로 배를 저어 가야 할지 모르는 사람에게는 어떤 바람도 순풍으로 느껴지지 않을 것이다.

　젊은이의 고민의 시작은 '무엇을 얻을 것인가'에 있는 것이 아니다. '무엇을 하고 싶은가'에 있어야 한다. 자신이 누구인지 묻고, 깊은 탐색을 통해 자신을 알아가며, 다양한 모색을 통해 가고 싶은 길을 찾아 나서야 한다.

　늦기 전에 젊음의 표류를 끝내라. 두 눈을 크게 뜨고 만만치 않은 현실을 직시하라. 하지만 미래에 대한 단단한 희망의 끈은 절대 놓지 말라. 세상 어디로든 쭉쭉 뻗어나가야 할 펄펄한 젊음이 당장 먹고사는 문제에 집착해 가능성의 문을 스스로 닫아버리는 초라한 존재로 전락하지 않기를 간절히 바란다.

　아직 길을 찾지 못했거든 솔직하게 인정하자. 가고 싶은 길이 어디인지 몰라 소리 내어 엉엉 울고 싶을 지경이라고.

닥치고
취업?
닥쳐!

타조는 지상에서 가장 크고 빨리 달리는 새이지만, 날지 못해 전방 일정거리만 볼 수 있다. 저 멀리 낭떠러지나 함정이 있는지도 모르고 뒤돌아보지 않고 옆을 보지 않기에 딴 세상 사정을 모른 채 전진만 한다. 하늘을 유유자적 나는 독수리는 땅으로부터 떠 있어 비현실적이고 환상적일 수는 있지만, 앞이나 옆이 멀리, 넓게 보이고, 또 돌아온 과거가 너무 선명해 자신의 갈 길을 교정하며 남들이 어떻게 하고 있는가를 살피기에 미래상이 확연하다.

_이규태, 《대산 신용호》 중에서

한국전쟁 이후 모든 것이 폐허가 된 참담한 상황 속에서도 교육에 대한 열정을 보험과 연결시켜 굴지의 보험회사로 일궈낸 신용호 교보생명 전 회장. 이러한 그의 남다른 혜안은 본인이 평소 늘 강조하곤 했던

'독수리의 시야'가 있었기에 가능했다.

독수리과의 맹금류는 하늘을 유유히 비행하며 높은 곳에서 멀리, 그리고 넓게 보는 시야를 갖고 있다. 그러기에 항상 거시적으로 사물을 관찰한다. 일단 먹잇감이라는 목표가 눈에 들어오면 순식간에 급강하해 잽싸게 먹이를 낚아챈다. 반면 타조는 큰 몸집으로 항상 분주히 뛰어다니기는 하지만 높고 멀리 보는 눈을 갖지 못했다. 그 때문에 앞만 보고 내달리다가 그만 함정에 빠지기도 한다.

세상은 우리를 참 바쁘게 몰아세우는 것 같다. 그럴수록 세상이 하라는 대로 무작정 따라하다가는 타조처럼 함정에 빠질지 모른다. 아무리 바쁘고 분주하더라도 잠시 멈추고 생각해야만 한다. 타조처럼 뛸 것인가? 독수리처럼 날 것인가?

둘 다 필요하다. 현실을 무시해서도 안 되지만 현실에 얽매여만 있어도 안 된다. '새의 눈Bird's Eye'과 '벌레의 눈Worm's Eye'을 동시에 가져야 한다. 생각은 높고 크게 갖되, 행동은 치밀하고 구체적이어야 한다. "Think globally and act locally." 요즘 이야기하는 글로컬리제이션Glocalization의 참뜻 또한 그와 별반 다르지 않을 것이다.

그러나 현실은 어떤가. 독수리의 시야는 고사하고 당장 눈앞의 급한 불을 끄느라 정신없이 살고 있지는 않은가. 앞만 보고 가느라 저만치 떨어진 곳에 치명적인 함정이 있는지도 모르고 사는 것은 아닌가. 적어도 직업을 준비하는 젊은이들을 보면 그런 생각을 지울 수가 없다. '닥치고 취업'에만 매달리는 것 같아서 하는 말이다.

적지 않은 젊은이가 취직을 꿈으로 삼는다. 취직은 꿈이 아니다. 직장은 단지 꿈을 실현하기 위한 장소이고, 먹고사는 문제를 해결하는 일터일 뿐이다. 취직을 꿈이라고 믿으며 생활하는 젊은이들은 취직을 했다 해도 거기서 하는 일이 자신이 원하는 것이 아니었음을 알고 방황하고 번민한다. 그러나 마땅히 다른 대안이 없으니 그 직장이라도 감지덕지하고 살아간다. 아까운 청춘을 돈과 바꾸며 사는 것이다. 물론 돈은 중요하다. 하지만 젊음은 돈보다 중요한 가치다.

돈보다 실력을 키워야 한다. 영어 실력을 키우라는 뜻이 아니다. 자격증을 많이 따라는 말도 아니다. 영어를 직업으로 삼지 않는 한 영어 실력이 자신이 갖고 있는 잠재능력의 전부일 수 없다. 실력이란 자신의 강점을 발견하고 시간과 노력을 투자해 경쟁력을 창출하는 것이다. 그런 사람이 진짜 실력자다.

그렇게 되면 돈은 저절로 따라온다. 그 실력을 사려는 사람들이 기꺼이 돈을 지불하기 때문이다. 돈만 바라보고 실력을 키우지 않으면 돈은 더 멀리 달아난다. 돈은 능력 있는 사람을 유독 좋아한다. 능력이 없으면 돈도 그 사람을 무시한다. 이러한 이치를 잘 깨닫고 젊은 시절을 살아야 한다.

목표를 가진 공부를 해야 한다. 목표를 가지려면 여러 가지 과정을 거쳐야 한다. 그 단계까지는 아무리 힘들어도 직접 챙겨야 한다. 힘들다고 대부분 목표를 찾아가다 중도에서 포기해버린다. 관심과 흥미를 가지고 가다 보면 마침내 스스로 발견할 수 있는데도 말이다. 그렇게 되면 하지 말라고 해도 알아서 필요한 공부를 하게 된다. 그리고 서서히 꿈을 향해 걸어가는 자신의 모습도 발견할 수 있다.

출구를 밝히는
빛은
내 안에 있다

토익과 공무원 시험 준비에 시간을 쏟아 붓는 젊은이들이 많다. 물론 이런 현상이 어제 오늘의 일은 아니다. 웬만한 기업체들은 높은 토익 점수를 요구하는 것이 상식이 되었다. 고용이 불안정한 현실에서 공무원만큼 고용의 안정성을 보장하는 직종도 없다. 토익 고득점으로 원하는 직장에 들어가 만족스런 직상생활을 하는 젊은이도 많다. 치열한 경쟁을 뚫고 공무원 시험에 합격해 열심히 살아가는 제자들도 제법 있다.

그러나 '남이 하니까 나도 한다'는 식으로 접근하는 젊은이가 적지 않다는 것 또한 알고 있다. 그런 그들에게 꼭 해주고 싶은 말이 있다. 토익이나 공무원 시험에 자신을 맞추기보다 먼저 해야 할 일이 있다는 사실이다. 먼저 자신의 존재 이유를 찾아야 한다. 자신을 제대로 알지 못하면 무엇을 해도 마음이 싱숭생숭하고 신이 나지 않는다. 그럴수록 공부의 효율성은 당연히 떨어지게 마련이다. 빨리 끝장을 내야겠다고 성급하게 서두를수록 지금 준비하고 있는 공부는 더 꼬이게 되어 있다.

어두운 곳에서 병 안에 벌을 한 마리 넣은 다음, 병의 바닥 부분은 햇빛이 있는 밝은 쪽을 향하게 하고, 병의 입구 부분은 어두운 쪽을 향하게 해서 뉘어놓으면, 벌은 '모든 출구는 가장 밝은 곳에 있다'는 고정관념 때문에 죽을 때까지 출구를 찾지 못하고 병의 아래 부분만 뱅뱅 맴돌며 헤맨다.

지금처럼 토익이나 공무원 시험과 같이 누구나 들어가려고 하는 사회의 틀에 자신을 억지로 끼워 맞추려고 하면 힘만 들고 원하는 결과는 얻지 못하는 경우가 허다하다. 물론 이 얘기는 어디까지나 경험법칙에 근거한 것인 만큼 반드시 그렇지 않을 수도 있다. 하지만 절대 무시할 수 없는 사회적 평균법칙이기도 하다. 먼저 조급함과 성급함의 질곡에서 빠져나와야 한다. 지금 당장 취업이 되지 않는다고 큰일이 나는 것은 아니다. 정말 큰일은 자신이 무엇을 하며 살아야 만족하고 행복할지 잘 모르는 것이다.

오직 밝다는 이유만으로 자꾸 병의 바닥 부분으로만 가려고 하지 말고, 조금 떨어져서 진짜 출구가 어디에 있는지 살펴봐야 한다. 어둠은 두려움의 대상이기도 하지만, 잘 응시하면 전에 보이지 않았던 것들이 새롭게 눈에 들어올 수도 있는 미지의 세계이기도 하다.

삶에 정답이란 없다. 사람마다 추구하는 가치에 따라 답은 다 달라진다. 어제의 정답이 오늘은 정답이 아닐 때도 있다. 하물며 내일의 정답은 어제와는 많이 다르지 않겠는가? 남을 의식하고 남들을 따라갈 필요는 없다. 자신이 선택한 삶의 출구가 어디인지부터 잘 파악해야 한다. 그래야 헤매지 않고 자신의 길을 갈 수 있다.

미래는 스스로 직업을 만들어가는 사람들에게 높은 부가가치를 제공할 것이다. 직업을 만들려면 그 분야에 밝아야 하고, 잘할 수 있는 일에 일정한 시간과 노력을 투자해야 한다. 성과는 바로 나오는 것이 아니다. 씨를 뿌린 후 수확하려면 오랜 시간이 걸리는 것처럼, 자신에 대한 투자 역시 시간을 필요로 한다. 그러나 언젠가 반드시 합당한 보상을 받는다.

일과 관련된 답은 자신 안에 담겨 있다. 자신과 만나라. 그래야 제대로 된 처방이 나올 수 있기 때문이다. 시류에 의존하거나 요행에 기대지 말고 근본적으로 진단하라. 그럴 수 없다면 세상이 요구하는 수많은 조건에 자신을 애써 끼워 맞춰가며 그다지 우호적이지 않은 현실과 적당히 타협하며 살 수밖에 없다.

어떻게 살고 싶은가? 그대 스스로 묻고 대답해보라. 그것이 진정한 젊음의 선택이다.

취업전쟁에
참전하지
말라

2012년 국민건강관리공단이 발표한 자료에 따르면 최근 5년 사이에 20대 남성의 스트레스 증가율이 전체 성별과 연령층을 통틀어 가장 높은 것으로 밝혀졌다. 특히 '20대 미취업' 남성들의 스트레스 증가율이 훨씬 심각한 것으로 나타났다.

대학 일선에서 느끼는 취업 전쟁은 도를 넘어선 상황이다. 대학의 존재 이유가 '졸업하는 제자들 취업시키기'라고 착각이 들 만큼, 모든 대학이 취업에 사활을 걸고 있다. 물론 대학의 평가지표를 어떤 방식으로든 취업률과 연계시키려고 하는 교육당국의 무리한 개입도 한 몫 거들긴 하지만 말이다.

방학 중인데도 대학가 도서관은 취업을 준비하는 재학생들로 북적거린다. 그들이 취업에 대비하는 방식은 거의 비슷하다. 공무원 시험을

누구를 위한 경쟁인가?

내용	비율	연도
고졸자 대학 진학률	71.3%	2012
상위 20개 대학 진학률	7.5%	2012
상위 3개 대학(서·연·고) 진학률	1.5%	2012
수능 4등급 이상 비율	40%	–
대졸자 정규직 취업률	40%	–
대졸자 대기업 취업률	5~10%	2010
100대 기업 경쟁률(자료: 리쿠르트)	57 : 1	2010
368개 상장기업 경쟁률(자료: 인크루트)	71 : 1	2010
대기업 임원 승진 비율(자료: 한국경영자총협회)	0.96%	2009

준비하거나 각종 자격증을 따기 위한 준비를 하거나 토익 점수를 높이려고 땀을 흘린다. 이미 일자리 파이는 한정되어 있는데 그 자리를 비집고 들어가기 위해 조금이라도 자신의 스펙을 더 쌓으려고 진땀을 흘리고 있는 것이다.

위의 표를 보면 고등학교 졸업자 4명 가운데 3명이 대학에 진학한다. 모든 학생들은 상위권 대학에 가고 싶겠지만 자신의 뜻을 이루는 사람은 극소수에 불과하다. 상위 20개 대학 진학률은 전체 대학 진학자의 7.5퍼센트밖에 되지 않으며, 그중에서도 특히 상위 3개 대학(이른바 SKY) 진학률은 1.5퍼센트에 지나지 않는다.

이것이 '제1라운드 경쟁' 이다. 하지만 경쟁은 여기서 끝나지 않는다.

자신이 원하는 대학에 진학을 했든 그렇지 못했든 대학 재학 중에 치러야 하는 '제2라운드 경쟁' 역시 만만치 않다. 취업을 원하는 대학 졸업자들은 대부분 정규직이 되고자 노력한다. 그러나 현실은 그들 가운데 40~50퍼센트만 정규직으로 수용할 수 있다. 게다가 모두가 선호하는 대기업 취업률은 5~10퍼센트 수준에 불과한 실정이다.

그런 까닭에 100대 기업들의 경쟁률은 57 대 1을 기록하고 있으며, 368개 상장기업에 들어가기 위해서는 70 대 1이 넘는 경쟁을 뚫고 합격해야 한다. 그런데도 대기업에서 임원으로 승진할 수 있는 가능성은 단 1퍼센트에도 미치지 못한다. 이 기가 막히는 현상들이 젊은이들의 진을 다 빼고 있다. 인생의 그 어느 때보다도 싱그럽고 풋풋해야 할 젊음의 청춘은 그 소용돌이 속에서 기력을 잃은 채 비틀거리고 있다.

유망
직업은
신기루다

중동에는 이런 말이 있다고 한다.

"내 할아버지는 낙타를 탔고, 내 아버지는 자동차를 몰았고, 나는 비행기를 타고 다니지. 그런데 내 손자는 다시 낙타를 타게 될 거야."

낙타는 중동에서 석유가 본격적으로 생산되기 이전 시대를 상징하며, 자동차의 등장은 이미 석유를 통해 중동에 오일 붐이 일어났음을 암시한다. 그 결과 오늘날 자신은 비행기를 타고 다니는 호사를 누리고 살지만, 석유가 고갈되고 나면 손자 세대에는 다시 낙타를 타고 다니지 않으면 안 된다는 이야기다.

케냐의 어느 시골 마을에 한 여성이 살고 있다. 그녀는 일주일에 한 번씩 집에서 3킬로미터를 걸어 나와 '오토바이 택시'를 탄다. 택시를 타고 3시간을 더 가면 시내가 나온다. 거기서 그녀는 30센트를 주고 휴대폰 배터리를 충전한다. 하지만 이제 그녀는 그런 외출을 할 필요가 없게 되었다. 집에서 키우던 가축을 팔아 80달러짜리 태양광 발전 설비를 구입했기 때문이다. 지금 그녀의 집 지붕 위에는 태양광 발전 패널이 설치되어 있다. 그것으로 휴대폰 배터리 충전은 물론 집 안의 전등도 켤 수 있게 되었다.

2010년 12월 24일 자 〈뉴욕타임스〉에 실린 기사 내용이다. 아직도 아프리카 사하라 사막 남부에서는 주민의 70퍼센트가 전기 없이 살고 있는 현실을 감안하면 이는 가히 획기적인 사건이다. 세계에서 가장 낙후된 오지에 사는 사람들이 태양광을 이용한 휴대폰을 통해 세상과 소통한다니. 에너지혁명은 인류의 삶에 혁명적인 변화를 가져올 것이다.

통계청의 2010년 《인구주택총조사》 자료를 보면 눈에 들어오는 통계가 있다. 1980년까지만 해도 5인 이상 가구가 전체 가구의 절반에 가까웠다. 그런데 2010년에는 10퍼센트 미만으로 줄어들었다. 반면 1~2인 가구 수는 무려 48.2퍼센트로 늘어나 전체 가구의 절반에 가까운 증가 추세를 보이고 있다. 급격한 고령화와 더불어 1~2인 가구의 증가 역시 급속도로 진행되고 있는 것이다.

1~2인 가구 추이는 오늘날 전 세계적으로 보편화된 현상이다. 독일이나 프랑스를 비롯해 스웨덴, 노르웨이, 핀란드 등 유럽의 주요 선진국이 다 그렇다. 1인 가구의 비중이 이미 전체 가구의 30퍼센트를 넘어섰다. 2인 가구까지 포함하면 60퍼센트를 넘어선다. 그야말로 1~2인 가구가 전체 가구의 주종을 이루고 있다.

에너지 혁명과 인구 구조의 변화는 우리의 삶에 엄청난 변혁을 몰고 올 것이다. 생명체는 에너지 없이는 생존할 수 없다. 지난 수백 년 동안 인류의 삶을 결정지었던 화석연료 시대가 서서히 그 종말을 고하고 있다. 이제 인류는 탄소 이후 시대를 살아갈 대체 에너지를 개발하는 데 온 힘을 쏟고 있다.

케냐의 시골 마을에서 전개되는 변화는 21세기 인류의 삶이 어떻게 달라질지 보여주는 상징적인 사례다. 석유를 비롯한 화석연료의 고갈은 인류를 새로운 문명의 시대로 이끌 것이다. 가구 수의 변화 역시 사람들의 삶의 양식에 연쇄적인 파급효과를 가져올 것이다. 주택 규모가 달라지고 소비 패턴이 변할 것이다. 새로운 문화 양식이 출현하고 산업 구조 전반에 획기적인 변화가 일어날 것이다.

사람들의 일상에도 놀랄 만한 변화가 예상된다. 특히 일자리를 둘러싸고 전개될 변화는 그것을 미리 알고 준비하는 사람들에게는 축복의 신호탄이 되겠지만, 그렇지 못한 사람들에게는 재앙의 불씨가 될 것이다. 《유엔미래보고서 2025》는 가까운 미래에 인류가 어디로 갈 것인지 예단하는 한 가지 중요한 근거를 제공해 준다.

"각국 정부는 1인 기업, 1인 창업, 1인 교역업체, 소기업에 대한 지원을 강화할 것이다. 대규모 고용 창출의 시대인 제조업의 시대가 지나갔기 때문이다."

미래의 직업 선택에서 간과할 수 없는 지적이다. 현존하는 유망 직업의 상당수가 미래에는 더 이상 존재하지 않을 수도 있다.

미래는
과거와
어떻게 다른가

2000년 1월 1일, 지구촌 모든 나라가 떠들썩했다. 새 천 년의 새 아침이 밝았다고 모두가 환호했다. 누구나 부푼 기대와 희망을 품고 새로운 각오로 삶에 임해야겠다고 다짐했다. 그로부터 10년이 넘게 시간이 흘렀다. 하지만 새로운 밀레니엄에는 정작 무엇이 어떻게 달라지고 우리는 거기에 맞춰 무엇을 어떻게 준비해야 할 것인지에 대해서는 깊이 성찰할 시간을 별로 갖지 못하고 살아왔다. 무엇이 그리 바쁜지 주변을 돌아볼 겨를도 없이 앞만 보고 달려왔다. 지금 자신이 어디를 향해 가고 있는지 미처 확인할 겨를도 없이.

21세기는 20세기와 어떻게 다를까? 참 대답하기 난해한 질문이다. 보는 시각에 따라 얼마든지 다양한 예측이 가능하기 때문이다. 여기에 정리하는 것은 어디까지나 필자의 짧은 식견으로 간추려 본 21세기가

20세기와 다른 특징들이다. 따라서 공감하는 부분도 있겠지만 그렇지 않은 부분도 많을 것이다. 만일 잘못된 내용들이 있다면 그것은 전적으로 필자의 얕은 식견에 기인한 것이다.

21세기가 20세기와 다른 시대적 환경 중에 빼놓을 수 없는 것이 있다. 우리가 결핍의 시대에서 풍요의 시대로 이행하고 있다는 사실이다. 물론 지구촌 전체로 본다면 하루 2달러 미만의 돈으로 생활하지 않으면 안 될 만큼 궁핍하게 사는 사람들이 전체의 40퍼센트에 달하고 있다. 아직도 무려 10억 명의 사람들이 굶주림에서 벗어나지 못하고 있는 것이 지구촌의 현실이다.

그럼에도 인류는 점점 결핍의 시대를 지나 풍요의 시대로 나아가고 있다. 이에 따라 우리가 살아갈 미래는 이제까지 살아온 과거와는 몰라볼 만큼 다른 얼굴을 하고 있을 것이다. 그 모습을 좋아하든 싫어하든 농업혁명과 산업혁명 이후 인류는 또 한 번의 엄청난 혁명적 변화를 경험할 것이다. 그 변화의 물결을 타고 누군가는 새롭게 부상할 것이고 누군가는 조용히 사라질 것이다. 우리는 지금 거대한 태풍의 중심권으로 진입하고 있는 것이다.

이 가공할 변화의 태풍이 휩쓸고 지나가면 우리의 삶에는 어떤 변화들이 나타날까. 가장 먼저 주목해야 할 것은 인류의 생존권을 쥐고 있는 에너지원이 달라진다는 사실이다. 석유와 석탄으로 상징되던 화석연료의 시대가 자취를 감추고, 태양광, 풍력, 수력, 지열과 같은 자연 에너지의 시대가 막을 열 것이다. 전 세계의 극히 일부에 편중되고 독점되었던 에너지 자원이 극적으로 민주화되는 역사적 과정을 우리는 목격하게 될 것이다. 에너지 혁명은 인류의 삶에 실로 경이적인 변화를 초래할 것이다.

수직적 사회는 수평적 사회로 변모할 것이다. 경쟁보다는 협력이, 속도보다는 방향이, 양보다는 질이 중시되는 사회가 도래할 것이다. 이제 성공의 핵심은 학벌이나 배경과 같은 외적 요인들보다는 자신이 지닌 재능이나 역량과 같은 내적 요인들에 의해 더 크게 좌우될 것이다. 이성보다는 감성이, 차가운 머리보다는 뜨거운 가슴이 더 강조되는 시대가 올 것이다. 부드러움이 강함보다 존중받는 시대가 오고 있다.

그에 따라 우리는 앞으로 지능지수IQ보다는 감성지수EQ, 소통지수NQ, 사회성지수SQ 등이 더 부각되는 세상을 맞이할 것이다. 그런 사회에서는 논리력 · 수리력 · 분석력 · 사고력 · 언어력 · 기억력도 중요하지만, 직관력 · 통찰력 · 창의력 · 공감력 · 감성력 · 상상력을 지닌 사람들이 상대적으로 더 대우 받을 것이다. 다양한 스펙으로 무장하기보다는 '나만의 스토리'로 다가서는 사람이 전략적 우위를 점할 수 있다.

경제 문제 역시 절대빈곤이 아닌 상대빈곤이 화두가 될 것이다. 모든 경제적 갈등의 근원은 절대적 빈부격차에서 비롯되기보다는 상대적 박탈감이 원인으로 작용한다. 이제는 조직을 위한 개인의 희생이 당연하게 받아들여지던 사회에서 조직보다는 개인에게로 무게중심이 이동하는 사회로 접어들고 있다. 국가와 회사에 충성하는 것이 미덕이었던 사회에서 개인의 삶의 질 향상이 최우선의 가치로 부상하는 역사적 전환기를 맞게 될 것이다.

대기업 중심의 소품종 대량생산 방식은 강소기업을 중심으로 하는

미래는 과거와 어떻게 다른가?

	20세기	21세기
시대 배경	결핍의 시대	풍요의 시대
에너지원	화석연료(석탄, 석유)	자연에너지(태양광, 풍력, 수력, 지력 등)
시대 특징	수직적, 경쟁적, 속도, 양	수평적, 협력적, 방향, 질
성공 요건	외적 환경(학벌, 배경)	내적 환경(재능, 끼)
주기능	이성, 머리	감성, 가슴
핵심재능	IQ	EQ, NQ, SQ
핵심역량	논리력, 수리력, 분석력, 사고력, 언어력, 기억력	직관력, 통찰력, 창의력, 공감력, 감성력, 상상력
핵심전략	스펙	스토리
경제문제	절대 빈곤	상대 빈곤
무게중심	조직 > 개인	조직 < 개인
생산방식	소품종 대량생산	다품종 소량생산
기업형태	대기업	강소기업, 1인 기업
경쟁력	가격, 품질	디자인, 이미지
소비 주체	소비자	프로슈머
대표 직업	변호사, 회계사, 엔지니어, MBA, 의사, 프로그래머	디자이너, 창작자, 예술가, MFA, 카운슬러, 간호사

다품종 소량생산 방식에 자리를 내어줄 것이다. 경쟁력의 원천은 가격과 품질보다 디자인과 이미지가 더 크게 좌우할 것이다. 과거 소비의 주체였던 소비자를 대신하여 미래에는 프로슈머Prosumer가 소비의 주도권을 잡을 것이다. 앞으로 프로슈머는 소비뿐만 아니라 생산과 유통까지 넘나드는 전천후 경제 주체로 부각될 것이다.

필연적으로 직업 세계에도 상상을 초월하는 변화의 바람이 불어 닥칠 것이다. 과거의 화려했던 직업들이 명함을 내밀기조차 쑥스럽게 될지 모르는 반면, 생전 듣도 보도 생각하지도 못했던 직업들이 큰소리 떵떵 치는 세상이 저만치에서 손을 흔들며 우리에게 다가오고 있다. 한마디로 표현하면 경영학석사MBA 명함보다 인문학석사MFA 명함에 사람들이 더 매료되는 세상이 되리라는 것이다. 그런 세상이 우리 앞에 성큼 다가서고 있다는 징후들이 여기저기서 목격되고 있다. 그중에도 특히 일자리를 둘러싼 변화는 우리 삶에 지대한 영향을 미칠 것이다.

'평생직장'은
없다
'평생 할 일'을
찾아라

내가 몸담고 있는 직장은 대학이다. 직장인으로서 나는 학생들에게 강의를 하고 연구 활동을 수행한다. 하지만 나는 직장에만 얽매이지는 않고 여러 직업을 가지고 있다. 교육자이면서 리더십 및 동기부여 강의를 하고, 저술가로서 책을 쓰면서 천직 코치로 활동하기도 한다.

내가 다양한 직업을 갖게 된 데는 이유가 있다. 오래 전부터 직장을 그만두고 난 이후의 삶에 대해 진지하게 고민했다. 물론 대학은 다른 어떤 직장보다 수명이 길다. 가끔은 미안한 생각이 들 정도다. 하지만 언젠가 직장을 떠나야 한다는 사실은 대학이라고 해서 예외일 수 없다. 그러나 직장을 그만둔 이후에도 내 삶은 계속될 것이다. 삶이 계속되는 한 나는 하고 싶은 일을 즐겁게 하고 싶다. 지금 준비하고 있는 일들은 모두 나를 즐겁게 해줄 일들이다.

현재 한국의 기대수명을 감안하면 퇴직 이후 적어도 20~30년 이상을 더 사는 데는 큰 무리가 없다. 그 시간의 삶을 가치 있는 어떤 일도 하지 않고 살아간다는 것은 견디기 힘든 고통이리라. 그러한 고통을 겪고 싶지 않기에 나는 지금도 죽는 날까지 '영원한 현역'으로 살기 위해 준비하고 실천하고 있다.

2010년 국세청 자료에 따르면 40대 전체 836만 명 가운데 40.3퍼센트인 337만 명이 직장인이다. 이는 전체 828만 명 중 52.4퍼센트인 434만 명이 직장인인 30대와 대비된다. 40대가 30대에 비해 인구는 더 많지만 직장인 수에서는 97만 명이나 적은 것이다. 반면에 자영업자 수를 비교하면 40대가 30대보다 32만 명 더 많다.

40대가 되면 직장을 그만두는 사람이 급증한다. 동시에 자영업에 뛰어드는 이들은 그만큼 많아진다. 40대에 직장을 떠나는 사람들은 더욱 늘어날 것이다. 하지만 이는 40대만의 문제일 수 없다. 바로 30대 직장인의 내일이기도 하며, 직장을 준비하는 20대들 역시 반드시 염두에 두어야 할 미래의 현실이다.

이제 한국 사회에서 직장을 다니면서 경제문제를 해결하던 시대는 지났다. 자진 퇴직이 되었든, 명예퇴직이 되었든 아니면 강제 퇴직이 되었든, 40대로 앞당겨진 퇴직 시기와 그 이후의 짧지 않은 삶을 미리 준비하지 않으면 대책 없는 막막한 미래와 마주치게 될 가능성이 더욱 농후해졌다.

그렇다면 무엇을 준비해야 할까? 직장 이후의 '제2의 인생'을 시작하는 데 필수적인 준비사항이 몇 가지 있다. 이는 남녀노소 지위고하를 막론하고 해당하는 사실이다.

첫째, 패러다임을 전환해야 한다. 이제 조직의 일원이 아닌 프리 에이전트Free Agent의 삶을 각오해야 한다. 《프리 에이전트의 시대》라는 책에서 저자 다니엘 핑크는 "2000년대 초반 미국 노동인구 4명 중 1명이 프리 에이전트로 살고 있다"고 말했다. 어떤 기업에도 소속되지 않는 이른바 '1인 기업가'들의 시대가 오고 있다는 것이다.

오늘날 1인 기업가들의 증가는 세계적인 추세로 자리 잡고 있다. 한국에서도 독자적인 경제활동을 하는 프리 에이전트가 날로 늘어나고 있다. 중소기업청에 따르면 한국에서 1인 기업의 수는 매년 5퍼센트씩 성장하고 있다. 이는 향후 직장의 퇴조와 함께 더욱 빠른 속도로 증가할 전망이다. 어쩌면 직장에 다니고 있는 사람들조차 기업의 일원이 아닌 1인 기업가의 마인드를 가지고 업무에 임하는 것이 하나도 이상하지 않은 기업문화가 될 전망이다.

둘째, '평생 할 일'을 찾아야 한다. 평생 할 일은 정말 하고 싶어서 하는 일임과 동시에 시간이 갈수록 더 잘하는 일을 의미한다. 반드시 고소득을 전제로 하는 것은 아니다. 풍족할 정도의 물질적 보상을 받지 못할지라도 좋아하고 즐길 수 있으면서 비교적 안정적인 수입도 따라 준다면 그것으로 충분히 흡족하다. 돈이 아닌 만족도를 보고 일을 선택하면 정신적인 풍요로움과 함께 시간이 지남에 따라 물질적 풍요도 얻을 수 있다.

셋째, 충분한 시간을 두고 자기계발에 투자해야 한다. 평생 할 수 있는 안정적인 일을 지속하기 위해서는 상당한 투자가 필수적이다. 어느 분야에서 달인의 경지에 오르려면 1만 시간 정도의 투자가 필요하다. 직장생활을 하다 보면 부서를 여기저기 옮겨 다니는 바람에 어느 분야에서도 전문성을 갖추지 못한 채 겉돌고 떠돌다가 퇴직하기 쉽다. 따라서 평생 할 수 있는 일에 더 많은 경험과 지혜를 쌓을 수 있도록 장기적인 관점에서 꾸준히 자기계발을 해야 한다. 직장에 얹혀살아도 되는 시대는 점점 멀어지고 있다.

'뽕급'에
중독되지
말라

세상이 달라졌다. 경제 환경이 바뀌었다. 일의 세계에 큰 변화의 바람이 불고 있다. 일의 의미가 달라지고 있다. 과거에 일은 가족의 생계를 꾸려 나가기 위한 수단이었다. 그래서 하기 싫어도 해야 했다. 이제 그런 마인드로는 가족부양도 어렵다.

일 또한 사랑하는 사람을 선택할 때의 마음가짐으로 임해야 한다. 우리는 사랑하는 사람을 사귀기 위해 심혈을 기울인다. 여러 모로 공을 들인 결과 제 짝을 찾으면 그 이후로는 주변에서 아무리 말려도 헤어지려 하지 않는다. 심지어 부모가 강력히 반대해도 기어코 결혼을 한다. 그만큼 상대를 아끼고 사랑하기 때문이다.

그런데 일에서만큼은 이상할 정도로 관대하고 무던하지는 않은가. 아무 일이든 맡기기만 하면 다 하겠다는 식이다. 마치 아무라도 좋으니 결혼할 사람만 있으면 하겠다는 식이다. 좋아하는 일을 만나려고 애를 쓰거나 공력을 들이지도 않는다. 자신에게 잘 어울리는 배우자를 고르듯 자신에게 잘 맞는 일을 고르려고 하기보다는 일에 자신을 맞추려고 한다. 그러니 그런 일과 만나 오랫동안 잘 살 수 있겠는가?

이렇게 되면 사람들의 선택은 둘 중 하나다. 한 부류는 쉽게 그 일과 결별하고 또 다른 일거리를 찾아 나선다. 하지만 또 얼마 가지 않아 헤어질 수밖에 없다. 서로 맞지 않으니 그 일과 오래 동거할 수 있을 리 만무하다. 또 다른 부류는 지겹도록 싫지만 어쩌지 못하고 함께 사는 것이다. 이들이 그나마 버티는 이유는 딱 한 가지다. 한 달에 한 번씩 '뽕'을 맞기 때문이다. 바로 '월급'이라는 아편 주사를 매달 맞다 보니 어느새 중독이 되어 5년, 10년을 뽕 맞는 맛에 버티고 있다. 하지만 그렇게 뽕을 맞는 사이에 젊음은 점점 멀리 사라지고 영혼은 나날이 피폐해진다.

일에 대해 다시 생각해보자. 지금 하고 있는 일이 자신의 영혼을 바치기에는 너무 아깝다고 생각되거든 그 일을 숙명으로 받아들이지 말자. 세상 일이 다 그렇고 그렇지 뭐 특별한 것이 있겠느냐고 지레 포기하지 말자. 일해서 먹고살 수 있는 것만 해도 감지덕지해야 한다고 현실과 쉽게 타협하지 말자. 하고 싶은 일을 할 기회가 주어지지 않는다고 낙담하지도 말자.

인생은 원래 그런 것이 절대 아니다. 싫어도 무조건 참아내야 하는 고행이 아니다. 함께 있으면 답답하고 정나미가 떨어지는 사람과 오랫

동안 살고 싶은가? 결코 그렇지 않을 것이다. 하루라도 빨리 더 사랑하는 사람을 만나 행복하게 살고 싶을 것이다. 일도 마찬가지다. 지금 매일 만나는 일을 더 이상 사랑하지 않는다면, 더 나은 일을 찾아 하루라도 빨리 다른 대안을 모색하라.

그 일은 어디엔가 분명히 존재하고 있다. 그 일을 찾아내어 일과 함께 더욱 행복한 미래를 설계하라. 일 속에 그대의 영혼을 담아라. 그래야 롱런할 수 있다. 그것이 달라져도 한참 많이 달라진 일의 세계다.

2

'참나' 찾기

'컴맹'보다
무서운
'자맹'

우리는 저마다 색깔을 가지고 살아간다. 자신의 고유한 색깔이 무엇이며 그 색을 통해 세상을 어떻게 아름답게 만들 수 있는지는 오직 자신만 알 수 있다.

빨간색의 특성을 가진 사람이 아무리 파란색처럼 살려고 해도 잘 되지 않는다. 싸이는 싸이 방식대로, 김제동은 김제동 식으로, 김주하는 김주하 나름대로, 박지성은 박지성에 어울리게 저마다의 능력을 발휘하며 열정적으로 살아간다. 이들은 자신을 잘 알고 가장 자기답게 사는 멋진 사람들이다.

글자를 모르는 사람은 문맹이다. 색깔을 구분하지 못하면 색맹이다. 컴퓨터를 다룰 줄 모르는 사람을 컴맹이라고 한다. '맹盲'은 어두워서 보이지 않는다는 뜻의 한자어다. 보이지 않으니 답답하게 살 수밖에 없다. 그런데 세상에서 가장 불행한 사람은 문맹도, 색맹도, 컴맹도 아니다. 바로 자신이 누구인지 모르고 사는 '자맹自盲'이다. 자맹증은 원래지니고 있는 잠재능력을 발휘하지 못하게 함으로써 자신을 점점 무력하게 만드는 고약한 증상이다. 자맹증의 징후가 있다고 판단되거든 더늦기 전에 '내가 누구인지' 찾아나서야 한다. 그것이 진정으로 세상을행복하게 살아가는 출발점이다.

우리 사회에서 평생직장은 사라졌다. 직장제일주의에 빠져 있던 현대인들에게 실로 큰 혼란이 아닐 수 없다. 하지만 어느 누구도 거스를수 없는 시대적 흐름이다. 미래사회에서 진로에 대한 고민은 청소년이나 대학생뿐 아니라 한창 열심히 일하고 있는 기성세대에게도 예외일수 없다.

지금 하는 일이 하고 싶지 않은 일이라면, 지금 준비하고 있는 직업이 열정을 불러일으키지 못하는 일이라면, 더 늦기 전에 새로운 결단을내려야 한다.

사람마다 좋아하는 색깔이 다르듯이 사람마다 좋아하는 일이 다르다. 자신이 제일 좋아하는 일을 스스로 찾아내고 그 일에 열정을 쏟는것은 비단 경제적인 보상의 차원을 뛰어넘어 삶을 행복하게 살아가는지름길이다. 이 시대는 그렇게 사는 사람들에게 갈수록 많은 기회와 자리를 제공할 것이다.

세상 그 어떤 사람도 젊은 시절에는 방황하는 시기를 다 거쳤다. 중요한 점은 방황의 시간을 치기와 방종으로 허비할 것이 아니라 넘어지고, 깨지고, 부딪히고, 뒹굴고, 굴러 떨어지더라도 삶의 근육을 단련하고 내공을 기르는 데 진력해야 한다는 것이다.

그대도 언젠가 꽃피는 날을 반드시 맞이할 것이다. 그날을 대비해 지금 자신이 원하는 인생의 씨앗을 뿌리도록 내면세계를 잘 다져두라. 좋아하고, 하고 싶고, 잘할 수 있는 일에 젊음을 걸어라. 인생의 진검승부는 젊음이 지나고 난 어느 시기에 펼쳐진다. 그때를 대비해 지금은 자신의 강점을 찾아내 갈고 닦는 데 올인하라. 그대 또한 찬란한 꽃으로 피어나는 날이 틀림없이 온다.

후천성
자기정체성
결핍증

"무슨 일을 해야 돈을 많이 벌 수 있습니까?"라고 묻는 사람들이 있다. "어떻게 살아야 잘 사는 겁니까?"라며 조언을 구하는 사람들도 있다. "이렇게 취업이 어려운 시대에 안정적인 직업은 무엇입니까?"라는 질문도 받고, "어떻게 해야 하고 싶은 일을 하면서 멋지게 살 수 있느냐"고 고민을 토로하는 사람늘도 있다.

이런 말을 들을 때마다 나는 곰곰이 생각해본다. 혹시 너무 많은 사람들이 에이즈AIDS를 앓고 있는 것이 아닌가 하고. 생뚱맞게 무슨 에이즈 타령이냐고 볼멘소리를 할지 모르지만, 실제로 우리 주변에는 에이즈 때문에 고생하는 사람이 의외로 많다. '후천성 면역 결핍증' 때문에 괴로워하는 사람이 아니라 '후천성 자기정체성 결핍증AIDS, Acquired Identification Deficiency Syndrome' 때문에 황금 같은 삶을 너무 힘겹게 살아가는 이들이 많이 있어서 하는 말이다.

　이들에게는 공통된 증후군이 있다. 나는 누구이고, 왜 살고 있으며, 내 인생의 목적은 무엇인지 알려고 하지 않은 채 무슨 일을 해야 편하게 살고 어떻게 하면 잘 먹고 잘살 수 있을지 방법만 궁리하는 것이다.

　그뿐 아니다. 자신이 정말 좋아하거나 하고 싶은 일들은 무엇이며, 그 일을 실제로 하기 위해서는 어떤 준비가 필요하고 얼마만큼의 노력이 수반되는지, 그런데도 기필코 그 일을 하려고 하는 의지가 얼마나 강렬한지, 기왕 한평생 살 바엔 가장 자기다운 삶을 살고 싶은 열망이 얼마나 간절한지, 자신에게 직접 질문하고 대답을 들으려 하지 않는다.

　자신의 정체성을 찾지 못하면 이들은 아마도 죽을 때까지 에이즈 때문에 시달릴 것이다. 내가 누구인지 알게 되면 가장 나다운 일이 무엇인지 알 수 있고, 왜 사는지 알게 되면 어떻게 살아야 잘 사는 것인지도 알 수 있다. 자기정체성이 분명하면 세상 그 누가 뭐라 해도 가장 자기다운 삶을 살 수 있다.

　그러나 많은 사람들은 무엇이 그리 바쁜지, 무엇이 그리 조급한지, 정말 중요하고 참으로 근원적인 자기 질문 한번 없이 허겁지겁 살아간다. 자신에게 물으면 스스로 답을 구할 수 있음에도 자꾸 남들에게 물으니 아무리 물어도 공허한 메아리만 들려올 뿐이다.

　우리의 인생은 하루살이의 삶이 아니다. 하루살이도 자신에게 주어진 길지 않은 생에 최선을 다한다. 하물며 앞으로 살아갈 날이 창창하게 남은 우리가 하루하루를 그렇게 살면 안 된다. 자신이 누구인지도 모르고 산다는 것이 말이나 되는가?

이제라도 늦지 않았다. 아니 단 하루를 살더라도 꼭 먼저 해야 할 일이 있다. 내가 누구인지, 정말 살고 싶은 삶의 모습이 무엇인지, 어떻게 살아야 가장 자기답게 사는 길인지, 무작정 앞으로 나아가려고만 하지 말고 멈춰 서서 자기를 발견하라. 그런 치열함과 뜨거움 없이 100년을 살면 무엇하겠는가? 정녕 그 삶 속에 가장 살고 싶은 자신의 정체성을 모르고 산다면, 걸어 다니는 송장이나 허깨비 같은 삶을 산다고 누가 비아냥거려도 무슨 반박의 말을 할 수 있겠는가?

생각의
껍질
깨기

현직 판사가 쓴 이런 글을 읽은 적이 있다.

"감옥에서 달라져 나오는 사람들에게는 뚜렷한 특징이 있다. 이들은 감옥에 있는 동안 결코 후회나 분노, 자기 연민의 함정에 빠지지 않는다. 원한과 후회에 사로잡혀 좌절하는 다른 사람들과는 달리 이들은 지난날의 모든 것을 털어 버리고 과거에 휘둘리지 않는다. 또한 현실을 그대로 받아들여 지금 할 수 있는 일을 찾아 그 일에 목숨을 건다."

한 번 감옥에 갔다 온 사람들은 크게 두 가지 유형으로 나뉜다고 한다. 첫 번째는 자신을 감옥에 보낸 사람들을 원망하며 분노와 복수심을 키우는 유형이다. 이들은 출소한 후 사회에 적응하지 못하고 쉽사리 또 다른 범죄를 저지른다.

두 번째는 다시는 끔찍한 감옥에 가지 않기 위해 완전히 다른 사람으로 변신하는 유형이다. 이들은 어느 날 문득 이렇게 살다가 죽기에는 인생이 너무 아깝다고 생각한다. 또한 자신의 삶을 이 지경으로 만든 사람은 남이 아니라 알고 보면 바로 자신임을 깨닫는다. 그렇기에 완전히 새로운 사람으로 거듭나서 감옥을 나온다.

세상에는 육신의 자유를 빼앗는 '물리적 감옥'만 존재하는 것이 아니다. 인간관계의 갈등 때문에 늘 힘들어 하는 사람은 '사회적 감옥'에 갇혀 사는 수인이다. 돈 문제에 얽혀 삶이 한없이 터덕거린다면 '경제적 감옥'에 수감되어 있는 신세다. 끝도 없는 열등감에 시달리고 있다면 '심리적 감옥' 안에서 힘든 나날을 보내고 있는 것이다.

어디 그뿐이겠는가. 분노의 감옥, 미움의 감옥, 절망의 감옥, 부정의 감옥, 무기력의 감옥 등 세상에는 수없이 많은 감옥들이 있다. 모든 사람은 살면서 한두 번쯤 이런 감옥을 드나들었는지 모른다. 그 감옥에 수감되어 사는 동안 어떤 선택을 했느냐에 따라 이후의 삶은 완전히 달라진다.

다산 정약용 선생은 20년에 가까운 유배생활 동안 깊은 외로움과 좌절감을 이겨내고 무려 500여 권에 달하는 훌륭한 책들을 저술했다. 그는 유배지에서 분함과 억울함, 원망과 미움이라는 감정의 감옥에 갇히지 않고, 자기 삶의 가치를 재발견하는 창조의 공간으로 삼아 불후의 역작들을 빚어냈다.

감옥은 한 사람을 완전히 망가뜨리기도 하지만, 때론 전혀 새로운 사람으로 거듭나게 만들기도 한다. 지금 내가 보이지 않는 마음의 감옥에 갇혀 고통을 받고 있다면, 힘들어하거나 남을 원망하고 있기만 해서는 안 된다. 이 어둠의 상황을 극복하고 밝음의 세상으로 나가기 위해 지금 무엇을 어떻게 해야 할지 스스로 깊이 묵상하고 답을 찾아야 한다. 열등감, 가난, 미움, 원망, 분노, 좌절, 질투의 감옥에서 영영 빠져나오지 못하고 남과 세상을 탓하며 아까운 인생을 탕진할 것이 아니라 지긋지긋한 수형 생활에 종지부를 찍고 진정한 자유를 얻기 위해 어떤 결심을 하고 무엇을 실천해야 하는지 스스로에게 묻고 대답해야 한다.

살면서 누구나 감옥에 갈 수 있다. 아니 스스로 감옥에 갇힐 수 있다. 이유야 어찌 되었든 지금 내가 정신적 또는 육체적 감옥에 갇혀 있다면 나를 수감한 세상과 남을 원망하거나 증오할 일이 아니다. 더 중요한 것은 스스로 그 영어囹圄의 생활을 청산하기 위해 어떻게 할 것이냐다.

생명은 껍질을 벗었을 때 비로소 시작된다. 새가 알을 깨고 나오지 못하면, 씨앗이 껍질을 벗어버리지 못하면, 아기가 엄마 배 속에서 나오지 못하면, 그것은 곧 죽음을 의미한다. 모든 생명체는 껍질을 벗고 밖으로 나와야 비로소 하나의 독립된 존재로서 성장할 수 있다.

그러나 그것으로 끝나는 것이 아니다. 이번에는 다시 새로운 껍질을 둘러야 생명을 유지할 수 있다. 껍질이 없거나 연약하면 체온을 유지할 수 없을뿐더러 외부의 침입자에 대해서도 속수무책이기 때문이다. 새로운 껍질은 내부의 에너지를 유지함과 동시에 외부의 적들로부터 자신을 보호하는 방패가 된다.

그러나 껍질이 너무 단단하고 두꺼우면 그 또한 성장에 방해가 된다. 껍질이 너무 딱딱하게 굳어 있으면 내부의 성장 에너지가 뻗어나갈 여지가 없어져 버리기 때문이다. 그래서 많은 동물과 식물들은 스스로 탈

피를 하거나 변태를 거듭하면서 성장을 지속해 나간다.

인간에게도 피부 말고 껍질이 하나 더 있다. 정신을 보호해주는 생각이라는 껍질이 바로 그것이다. 생각의 껍질은 자신의 내적 성숙을 키워주는 동시에 다른 사람들의 생각을 무분별하게 받아들이지 않도록 보호해주는 단단한 성벽이다.

그러나 그 생각의 껍질 또한 너무 단단하고 두꺼우면 성장을 억제하는 족쇄가 되기 쉽다. 오로지 자신의 생각 안에 자신을 가두고 외부와 담을 쌓은 채 생각의 감옥 안에서 살아갈 수 있기 때문이다.

생각의 감옥에 갇히지 않으려면 생각의 껍질을 벗겨내는 탈피를 거듭해야 한다. 껍질을 벗고 속살이 드러나면 처음에는 심한 고통과 시련이 수반될지 모른다. 그러나 바로 그 탈피가 결국 자신을 새롭게 성장시켜준다. 생각의 껍질 벗기, 그것은 내 생명을 보호해줄 뿐 아니라 나날이 성장하도록 해주는 삶의 거듭나기 과정이다.

고독은
영혼을
살찌운다

외로움 때문에 힘들어하는 이들이 많다. 학교에서, 직장에서 또는 사회생활에서, 자신이 외톨이라고 생각하는 사람들이 갈수록 늘고 있다. 심지어 가족이나, 친구, 동료, 선후배와도 마음의 담을 쌓고 '은둔형 외톨이'로 생활하는 이들도 한국에만 수십만 명이 존재한다고 한다. 그런가 하면 평상시에는 남들과 어울려 웃고 떠들며 전혀 외로움을 타지 않을 것 같은데도 혼자 있으면 어김없이 찾아오는 외로움 때문에 남몰래 괴로워하는 사람들도 많다.

외로움은 왜 생길까? 외로움을 이겨내는 방법은 없는 걸까? 외로움이란 혼자 있을 때 느끼는 쓸쓸한 마음이나 감정 상태를 말한다. 그러나 때론 많은 사람 속에 있으면서도 외로움을 느끼는 경우가 있다. 혼자 있든 다른 사람들과 함께 있든 홀로 남겨졌다는 쓸쓸함과 허전함,

적적함이 모두 외로움이다. 이럴 때면 사람들은 외로움을 잊기 위해 자신만의 독특한 행동양식을 보인다. 여기에는 크게 두 부류가 존재한다.

첫째, 외로움을 달래기 위해 다른 수단이나 대상들에 매달리는 부류다. 성격상 남과 어울리기를 싫어하는 사람들 중에는 혼자 있을 때 그 무료함이나 외로움을 달래려고 컴퓨터 게임이나 각종 채팅, 웹 서핑 같은 매개체를 통해 외로움을 털어내려고 한다. 하지만 그것은 일시적인 효과가 있을 뿐, 그 매개체와 멀어지는 순간 더 깊은 외로움이 엄습해오고, 그것을 뿌리치기 위해 다시 똑같은 행동을 반복하곤 한다. 외로움이라는 정신적 고통을 피하기 위한 선택이 결과적으로는 더 큰 외로움의 함정에 빠져들게 만든다.

둘째, 외로움을 덜어줄 상대를 찾아나서는 경우다. 평소 대인관계의 폭이 넓어 늘 분주하고 바쁘게 사는 이들 중에도 의외로 심한 외로움을 타는 사람들이 있다. 이들은 다른 사람들과 함께 있을 때는 느끼지 못했던 외로움을 혼자 있을 때 곱절로 더 느끼는 경향이 있다. 그럴수록 남들과 함께 있어야 한다는 강박관념에 시달린다.

사실 외로움을 느끼지 않는 사람은 없다. 누구나 혼자만의 시간과 공간을 갖고 살아가게 마련이며, 그때 혼자 있다는 외로움을 느끼지 않는 사람은 없기 때문이다. 문제는 그 외로움과 마주했을 때 그것을 당연한 것으로 받아들여 자연스럽게 극복하려고 하지 못하고 고통 속에서 신음하면서 괴로워한다는 데 있다.

왜 혼자 있는 것을 못 견딜까? 자신과 만나는 것을 두려워하기 때문이다. 혼자 있을 때 마주치는 대상은 자신뿐인데, 자기라는 존재와 마주하는 것 자체가 낯설고 어색해 어찌할 바 몰라 하는 것이다. 엘리베이터처럼 밀폐된 공간에서 생면부지의 사람과 함께 있게 되면 몹시 어색하고 불편한 것처럼, 평상시 별로 만나 본 적 없는 생소한 자신과 마주하기란 가능하면 피하고 싶은 일이다.

모든 외로움은 자신에게 관심을 가져주는 사람이 없거나 진정으로 위해주는 사람이 없다고 느낄 때 찾아온다. 타인이나 세상과 떨어져 혼자만의 공간에 있을 때 자신을 바라보고 지켜봐줄 대상이 아무도 없다는 허탈감이 외로움을 더욱 깊게 만든다.

이럴 때는 외로움을 무작정 회피하려고만 하지 말고 적극적으로 대처하려는 마음가짐을 가져야 한다. 외로움을 뛰어넘어 고독의 차원으로 승화시켜야 한다. 지금 혼자 있어서 쓸쓸하다는 사실을 남들에게 알리고 싶은 몸부림이 외로움이라면, 고독은 그 쓸쓸함을 채워줄 주인공은 자신밖에 없음을 인지하고 남이 아닌 자신과 만나려는 마음의 표현이다.

고독이란 외로움의 타개책을 밖에서 구하려는 것이 아니라 자신의 내면으로 끌어들이는 것이다. 남의 시선이나 세상의 관심에서 홀연히 벗어나 어느 누구의 방해도 받지 않는 상태에서 있는 그대로의 자신의 실체와 마주하는 행위다. 밖에다 신경 쓰느라 무관심했던 자신의 존재와 단둘이 만나 깊은 침묵의 대화를 나누는 시간이다. 절대고독의 시간을 통해 자신이 어떤 사람이고, 무엇을 하고 싶어 하는 존재이며, 어떤 삶을 살아야 가장 멋지게 살 것인지 묻고 대답하는 일이다. 세상 어느 누구도 알지 못하는 자신과의 오붓하고 달콤한 데이트다. 그 고독의 시간을 통해 비로소 내적 충만감을 만끽하는 것이다.

외로움은 괴로워하거나 피할 감정이 아니다. 지극히 자연스런 감정의 일부일뿐더러 잘 승화시키면 우리의 내면을 풍요롭게 해줄 반가운 친구이기도 하다.

이왕이면 외로움 대신 고독을 즐기라. 외로움에 떨지 말고 자신과의 고독한 대화를 나누라. 외로움은 당신을 슬피 흐느끼게 하지만, 고독은 기뻐 미소 짓게 한다. 외로움은 마음을 움츠러들게 하지만, 고독은 마음을 활짝 열게 만든다. 외로움은 영혼을 야위게 하지만, 고독은 영혼을 살찌게 한다.

과거와
화해하고
미래를
영접하라

자신을 발견하고 가장 자기다운 모습으로 살기란 결코 쉬운 일이 아니다. 참된 자신을 찾는 일은 먼저 자신이 걸어온 과거의 삶의 흔적들을 찾는 일에서 출발해야 한다. 그것이 밝은 것이든 어두운 것이든, 있는 그대로를 받아들이는 일부터 시작해야 한다. 심리학자 칼 구스타프 융은 "자신을 받아들이는 것은 자신의 그림자까지도 다 받아들인다는 것을 의미한다"고 했다.

인간이라면 누구나 장점과 단점, 강점과 약점, 이성과 감성, 사랑과 미움, 자신감과 두려움, 이타심과 이기심을 가지고 있다. 대부분은 그중 주로 자신이 지니고 있는 밝은 면만을 상대방에게 보여주고 싶어 한다. 그러나 양면성을 지니고 있는 인간이 어느 한 면만 의식하며 살다 보면 다른 면은 그림자 속으로 숨어 버린다. 하지만 그림자 속에 가려져 있던 부분은 사라지지 않고 눌려 있다가 언젠가 부정적인 힘으로 작용을 할 가능성이 높다.

그렇기 때문에 어느 순간 자기 안에 감춰져 있던 약한 부분이 드러나면 매우 민감하게 반응하는 사람들이 있다. 늘 강해 보이던 사람이 어느 날 갑자기 한없이 약한 모습을 보이기도 한다. 늘 자신감에 넘쳐 보이던 사람이 느닷없이 폭삭 무너져 내리기도 한다. 그림자 속에 억압되어 있던 감정들이 폭발하면 다른 부분의 조절능력까지도 완전히 상실해 전혀 딴 사람이 되어버리고 만다.

하지만 자신의 그림자를 받아들인 사람들은 다른 사람들이 자신을 비판의 도마 위에 올려 놓고 맹렬히 공격해도 침착성을 잃지 않고 차분하게 대처한다. 이미 자신의 부족한 면들, 드러내고 싶지 않은 면들까지도 받아들인 상태이기 때문에 어떤 상황이 닥쳐도 좀처럼 흔들리거나 좌절하지 않는다. 그는 주위 사람들의 견해에 좌우되지 않고 독립적이고 주체적으로 살아간다.

자신이 된다는 것은 참된 나로 돌아온다는 뜻이다. 다른 사람들의 평가로부터 자유로워진다는 의미다. 자신의 과거가 어떠했든 상관없이 자신의 지나온 삶의 역사와 화해하는 것이다. 설령 그 길에 수많은 고난과 고통의 그림자가 드리워져 있었다 해도 그 어려움이 오히려 풍성한 열매를 맺게 하는 좋은 거름이 될 수 있다고 믿는다.

우리가 더 늦기 전에 진정으로 해야 할 일은 숨기고 싶었던 자신의 과거와 화해하는 것이다. 그런 다음 그것을 재료 삼아 미래의 삶을 새롭게 가꾸어야 한다. 과거야말로 미래의 삶을 위해 우리에게 주어진 훌륭한 재료다. 그것이 돌이든, 흙이든, 나무든 상관없이 우리는 그 재료를 가지고 아름다운 삶의 예술품을 창조할 수 있다. 돌을 다듬어 훌륭한 조각품을 만들 수 있고, 흙을 버무려 단아한 도자기를 빚어낼 수 있으며, 나무를 다듬어 아름다운 공예품을 탄생시킬 수 있다.

우리는 제각기 과거의 삶의 역사라고 하는 더없이 귀중한 자산을 소유하고 있다. 그러나 미래의 훌륭한 작품을 만들기 위해서는 먼저 재료가 무엇인지 잘 살펴야 한다. 진정으로 자신을 사랑하려면 가장 먼저 자신의 과거와 화해하라.

과거의 모든 것을 보듬어 안으라. 그대가 가진 삶의 모든 것을 사랑할 수 있을 때 비로소 참다운 자신을 발견할 수 있다. 참다운 자신을 발견해야 가장 자기다운 모습을 찾을 수 있다. 가장 자기다운 모습이 보여야 가장 자기답게 살 수 있다. 가장 자기다운 모습을 찾고 가장 자기답게 산다는 것, 그것은 조물주가 우리를 이 세상에 보내실 때 내준 가장 어려운 과제다. 하지만 그 과제를 해결하는 순간 제2의 탄생이 시작된다.

생각의
깁스를
풀어라

운동을 할 때마다 매번 몇 분 지나지 않아 서서히 숨이 차오르고 땀이 흐르고 호흡이 가빠지며 근육이 긴장해 통증이 느껴진다. 이때 몸은 스트레스를 받는다. 운동은 항상 스트레스를 동반하는 활동이다. 그렇다고 스트레스를 받지 않기 위해 아예 운동을 하지 않으면 어떻게 될까? 갈수록 몸이 무기력해져 결국에는 더 큰 스트레스에 시달리게 될 것이다.

우리의 삶도 이와 같지 않을까? 하루라도 스트레스 안 받고 살아봤으면 소원이 없겠다고 말하는 사람들도 있다. 그런데 스트레스를 안 받으면 정말 좋기만 할까?

오래전에 운동하다가 넘어져 왼쪽 어깨의 인대가 파열된 적이 있었다. 수술하고 왼팔에 깁스를 한 채 한 달을 지내야 했다. 왼팔과 왼손은 깁스를 한 상태에서 전혀 스트레스를 받지 않고 그야말로 '완벽하게' 보호를 받고 있었다. 그런데 한 달 후에 깁스를 풀었을 때, 철저하게 보호를 받았던 왼팔은 제대로 힘을 쓸 수가 없어 별도의 물리치료와 근력 강화 운동을 해야 했다. 근력을 회복하기 위해 역설적이게도 스트레스라는 자극을 주었던 것이다.

이와 같은 스트레스는 신체에만 적용되는 것이 아니다. 우리의 생각이나 감정 그리고 행동에도 그대로 적용된다. 스트레스는 일시적으로는 우리를 힘들게 하지만, 장기적으로는 성장에 반드시 필요한 필수 영양제와 같다.

생각에 깁스를 하려고 할 것이 아니라 긍정적 스트레스를 주도록 노력해 보자. 스트레스를 그저 피하려고만 하지 말고 적극적으로 활용해 보자. 어차피 살면서 피할 수 없는 스트레스라면, 긍정적이고 지혜롭게 관리하면서 자기성장의 밑거름으로 활용하자. 두 얼굴을 가진 스트레스, 그것은 우리가 대하기에 따라 삶을 망가뜨리는 독소가 되기도 하지만 아주 긴요한 삶의 에너지원이 될 수도 있다.

습관의
나비효과

늦잠 자는 사람은 늦잠을 잘 수밖에 없는 습관을, 지각을 자주 하는 사람은 지각할 수밖에 없는 습관을, 늦게 잠자리에 드는 사람은 그럴 수밖에 없는 습관을, 약속시간에 자주 늦는 사람은 늦을 수밖에 없는 습관을, 배가 나오고 비만인 사람은 살이 찔 수밖에 없는 습관을, 담배를 못 끊는 사람은 끊지 못할 수밖에 없는 습관을 반드시 가지고 있다. 이 크고 작은 습관들이 모여서 일상을 이루고 삶을 결정한다.

지긋지긋하게 싫어하면서도 고치지 못하는 습관들은 그럴 수밖에 없는 원인이 반드시 있게 마련이다. 아침에 눈을 떴는데도 잠자리에서 바로 빠져나오지 못하는 사람은 그럴 만한 이유가 있다. 간밤에 너무 늦게 잠자리에 들었기 때문일 수도 있고, 습관적으로 5분, 10분 이부자리에서 뭉그적거리다가 깜빡 다시 잠이 들어버리기 때문일 수도 있다. 원인을 제대로 찾아내야 만성적인 늦잠 자는 버릇을 고칠 수 있다. 그렇지 않으면 하루를 너무 허겁지겁 시작하게 되고, 하루 종일 시간에 쫓기며 별로 하는 일도 없이 바쁘게 보내곤 한다.

살이 쪄서 늘 걱정하면서도 여전히 비만의 굴레에서 벗어나지 못하는 사람은 식생활의 습관에 문제가 있거나, 운동을 전혀 하지 않거나, 아니면 타고난 체질적인 원인 때문일 수 있다. 지금의 습관을 불러온 원인이 무엇이든지 간에 먼저 정확한 진단이 나와야 올바른 처방이 내려질 수 있다.

사람은 누구나 좋은 습관과 나쁜 습관을 동시에 가지고 있게 마련이다. 어떤 분야에서든 성공한 사람들을 보면 나쁜 습관보다는 좋은 습관들을 몸에 익혀 생활화한다는 공통점을 지니고 있다. 그들 역시 처음부터 그런 사람은 아니었다. 나쁜 습관을 좋은 습관으로 바꾸려는 꾸준한 개선의 과정을 통해 마침내 완전히 다른 체질의 삶으로 거듭난 것이다.

늦잠 자는 버릇을 고치는 방법은 여러 가지가 있다. 그 전날 잠자리에 드는 시간을 앞당긴다거나, 이불 속에서 꿈틀거리는 시간에 자리에서 벌떡 일어나 5분 내지 10분 동안 하루의 이벤트를 구상해 본다거나, 바로 샤워실로 직행하는 방법도 있다. 그중에서 자신에게 가장 적합한 방법을 선택해 지속적으로 시도하지 않으면, 늦잠 때문에 겪게 될 불이익은 평생 동안 당신의 삶을 괴롭힐 것이다.

아주 작아 보이는 습관 하나가 우리를 성공의 길로 인도할 수 있다. 그런가 하면 아주 사소해 보이는 습관 하나가 우리를 서서히 실패의 늪에 빠지게 할 수도 있다. 지금 당장 노트에 자신의 좋은 습관들은 무엇이고 나쁜 습관들은 무엇인지 작성해 보라.

일찍 일어나기, 명상하기, 운동하기, 긍정적으로 생각하기, 일기 쓰기, 독서하기, 감사하기, 시간경영하기, 술 마시지 않기, 담배 피우지 않기, 지각하지 않기, 약속 늦지 않기, 게으르지 않기, 변명하지 않기, 미루지 않기 등등 익혀야 할 습관들과 버려야 할 습관들이 우리의 생활 주변에 널려 있다.

아무리 작고 사소한 습관이더라도 완전히 도려내고 새 살이 돋게 하기까지는 어느 정도의 시간이 필요하다. 특히 평소에 나쁘다고 생각한 습관들은 찰거머리처럼 찰싹 달라붙어 절대 쉽게 떨어지려고 하지 않는다. 그럴수록 빨리 떼어내지 않으면 평생 동안 붙어 다니며 자신을 조금씩 망가뜨릴 것이다.

지금 당장 버르장머리를 고쳐야 할 습관 한 가지를 찾아내라. 그놈의 버르장머리를 고치기 위한 3개월 또는 6개월간의 '자기쇄신' 프로젝트를 구상하라. 그리고 그 혁신을 반드시 성공적으로 완수하라. 그대의 생활이 점점 활기를 띠고 삶은 한결 윤택해질 것이다.

3

자존감 찾기

기회는
믿는 자에게
온다

'나는 공부를 못해 출세하긴 글렀어. 나는 돈이 없어서 원대한 꿈을 펼칠 수 없어. 나는 머리가 나빠서 좋은 대학에 가기는 틀렸어. 나는 외모가 형편없어서 내 마음에 드는 사람을 만날 수 없어. 나는 말주변이 없어서 사람들과 친해질 수 없어. 나는 학교가 후져서 좋은 데 취직할 수 없어.'

한결같이 하지 못하거나 할 수 없는 이유와 핑계거리들이다. 이른바 '빈곤의 심리'로, 자신을 구속하고 아무것도 못하게 하는 암적인 마음 상태다. 빈곤의 심리에 갇혀 살면 끊임없이 부정적인 자기암시를 하면서 모든 가능성의 문을 닫아 버린다. 그리고 실제로 그렇게 살아간다.

그런데 도대체 이 세상 어느 누가 그렇다고 말하던가? 누가 공부를 못하면 출세하지 못한다고 하던가? 돈이 없으면 꿈을 펼칠 수 없다고 말한 사람이 누구인가? 출신학교가 좋지 않으면 좋은 직장에 취직할 수 없다고 누가 그러던가? 자기 스스로 그렇게 단정한 것은 아닌가?

빈곤의 심리 상태가 심할수록 점점 무기력하고 무능한 사람으로 전락하기 쉽다. 삶의 전환점을 마련하고 싶다면 먼저 해야 할 일이 있다. 부정적인 감정의 포로상태에서 벗어나는 것이다. 세상에는 나에게 불리한 것도 많지만, 어딘가에 희망의 빛이 존재한다는 사실을 잊지 않는 것이다. 그 빛을 향해 의연하게 발걸음을 내딛는 것이다. 우리 모두는 한두 가지씩 빈곤의 심리를 가지고 살아간다. 다만 거기서 벗어나려고 노력하면서 사는 사람과 더욱 깊이 빠져드는 사람의 삶에 커다란 차이가 존재할 뿐이다.

빈곤의 심리가 아닌 '풍요의 심리'를 가져야 한다. 흙 한 줌 없는 바위틈에서 꿋꿋하게 뿌리를 내리는 소나무처럼, 물 한 모금 없는 사막 한 가운데서 홀로 장대한 모습으로 자라는 선인장처럼, 아무리 척박한 환경에서도 기필코 딛고 일어서고야 말겠다는 결연한 의지가 있어야 한다.

세상은 늘 불공평하다. 남들은 다 가지고 있는데 나만 없는 것 같다. 남들은 다 잘하는데 나만 못하는 것처럼 보인다. 남들은 다 잘사는 것 같은데 나만 지지리 못사는 것 같다. 그러나 세상은 늘 불공평한 것이 아니다. 아무리 어려운 상황에서도 포기하거나 좌절하지 않는 사람에게는 반드시 기회가 온다. 아무리 불리한 조건에서도 살아남고 번성할 수 있는 여지를 마련해 준다.

다만 그것을 믿느냐 믿지 않느냐는 것은 어디까지나 개개인의 몫이다. 믿는 사람은 더욱 강인하고 견고한 삶을 살아가겠지만, 믿지 못하는 사람은 더욱 피폐하고 황량한 삶을 살아갈 것이다. 믿는 사람에게는 역경이 오히려 성공적인 삶을 일구어내는 고마운 토양이 되지만, 믿지 않는 사람에게는 후지게 살 수밖에 없는 더없이 좋은 구실이 된다.

세상은 늘 양면성을 지니고 있다. 낮이 있는가 하면 밤이 있듯, 빛이 있으면 반드시 그늘이 존재하듯, 폭염이 이글거리는 정반대편에 혹한이 휘몰아치듯, 세상은 늘 이중성을 지니고 있다.

또한 세상은 참으로 역동적이다. 유리한 환경을 부여받은 사람에게는 언제든 추락할 가능성이 있음을 경고하며, 열악한 조건을 타고난 사람에게는 언제든 도약할 기회가 있음을 암시한다.

결국 모든 것은 자신의 관점과 선택에 달려 있다. 세상은 내게 일방적으로 불리한 것들로 가득하다는 빈곤의 심리에 함몰되면, 결과적으로는 초라하고 비참한 삶에서 헤어나지 못한다. 하지만 세상은 나에게도 반드시 기회를 베푼다는 풍요의 심리 속에서 살아가면, 언젠가 고난의 땅을 딛고 일어나 하늘로 웅비하는 위대한 역전승의 주인공이 될 수 있다. 미래의 내 운명은 세상에 달린 것이 아니라 세상을 바라보는 나 자신에게 달려 있는 것이다.

자신감
꺼내
쓰기

원인 모를 초조함과 긴장감으로 잠을 이루지 못하는 젊은이들이 많다. 불안 증세와 우울증으로 시달리는 20대 젊은이들이 갈수록 늘어나고 있다. 지금 한국은 정치·경제·사회적으로 어느 때보다 어려운 상황이다. 대학을 나와도 취직하기가 하늘에 별 따기 만큼 어렵다. 천신만고 끝에 직장에 들어갔다 해도 안정된 직장생활을 하기란 여간 어려운 일이 아니다. 그로 인한 과중한 스트레스로 인해 정신적 고통을 호소하는 직장인들이 점점 늘고 있다.

불안감을 가져오는 원인에는 여러 가지가 있을 것이다. 하지만 그중한 가지는 자신에 대한 불신으로부터 기인한다. 이제까지 뭐 하나 제대로 쌓아놓은 것 없이 살아온 데다 미래를 떠올리면 암담한 생각이 들때 우리는 심리적으로 불안해질 수밖에 없다. 이루어 놓은 것 하나 없는 과거, 여전히 갈팡질팡 방향을 잡지 못하고 있는 지금, 증폭된 위협의 얼굴로 다가오는 미래를 먹이 삼아 불안과 초조라는 괴물은 점점 몸집을 부풀린다.

불안감은 근본적으로 자신감이 없을 때 생기는 심리적 동요다. 무엇한 가지 자신 있게 할 수 있는 것이 없다고 판단할 때 불쑥 고개를 내민다. 반면 자신감이란 스스로를 믿고 신뢰하는 긍정적인 감정 상태다. 망설이거나 주저하지 않고 앞으로 나아가려는 용기다. 죽지만 않는다면 반드시 다시 일어날 수 있다는 강한 의지력이다.

이런 자신감은 어디서 나오는 것일까? 자신감이란 없는 것을 억지로 만들어내는 것이 아니다. 자신의 내면에 있는 것을 발견하고 꺼내어 세상에 드러내는 것이다. 이 내면 깊숙이 숨어 있는 자신감을 찾아내면 불안감이 슬그머니 자취를 감추어 버린다.

어렸을 때 숨바꼭질을 해본 기억이 있으면 알 것이다. 술래가 찾을 수 없을 정도로 기가 막힌 곳에 꼭꼭 숨어 있으면 그렇게 좋을 수 없다. 술래가 옆을 지나가면서도 못 찾아낼 때의 스릴과 짜릿함이란 이루 말로 표현할 수 없다.

그런데 너무 오래 숨어 있어도 찾지 못하면 서서히 맥이 풀린다. 웅크리고 숨어 있는 것 자체가 점점 괴로운 일이 되고 만다. 이쯤 되면 잡힐 셈 치고 스스로 밖으로 빠져나온다. 숨는다는 것은 잠깐은 재미있고 좋지만 시간이 갈수록 숨은 의미를 상실해 버리기 때문이다.

우리는 값이 나가고 귀한 물건일수록 꽁꽁 감추어 두는 경향이 있다. 좋은 옷은 옷장 안에 깊이 넣어 두고, 좋은 물건은 장롱 속에 꼭꼭 숨겨

둔다. 좋은 술은 벽장 속에 깊이 감춰 두고, 맛있는 것은 냉장고 깊이 보관한다.

소중한 것을 잘 보관하는 것은 좋지만 아무리 좋은 것도 제때 제대로 활용하지 못하면 가치가 떨어진다. 습기가 차고, 곰팡이가 슬고, 색이 바래고, 맛이 변해 쓸모없어져 결국 버려야 할 쓰레기가 되고 마는 것이다.

자신감 또한 마찬가지다. 꼭꼭 숨겨 놓기만 하고 꺼내 쓰지 않으면 영원히 빛을 보지 못한다. 우리는 누구나 내면 깊은 곳에 자신감이라는 보물을 숨겨두고 산다. 그 보물은 스스로 꺼내지 않으면 죽을 때까지 어둠 속에 묻혀 버리고 만다. 이제라도 늦지 않았다. 지금의 불안감과 초조함이 자신감의 결여 때문이라고 판단되거든 자신의 내면에 깊이 감춰져 있는 자신감의 정체를 찾아내어 세상에 드러내라.

그대는 무엇으로 세상에 자신 있는 모습을 드러내고 싶은가? 음악인가, 미술인가, 운동인가, 춤인가, 글인가, 사교인가, 여행인가? 요리인가, 컴퓨터인가, 교육인가, 비즈니스인가, 봉사인가, 상담인가?

이 세상에 존재하는 수많은 직업 중에서 가장 자신 있는 분야가 무엇인가? 하룻밤을 꼬박 새우면서라도, 한 달을 꼬박 고민하면서라도, 자신감이라는 마그마가 그 뜨거운 용암을 분출할 때까지 술래가 되어 찾아보라. 자신의 내면에 있는 타고난 보물을 찾지 못하는 한 지금의 불안하고 초조하고 긴장되고 조급한 마음은 결코 진정되지 않을 것이다. 무엇을 해도 마음이 편하지 않고 불안할 것이며, 그런 심리상태에서는 결코 자신의 능력을 제대로 발휘하지 못한다.

그러니 늦었다고 생각하지 말라. 지금 스스로 괴로움을 느끼고 있다면 그 괴롭다는 자체가 내면의 보물을 찾아나서야 할 때가 되었음을 알려주는 영혼의 울림이라고 받아들이라.

그대의 인생은 길다. 길게 호흡하라. 그리고 크게 숨 쉬라. 지금 이대로의 모습으로 살고 싶은가, 이제 더 이상은 이렇게 살고 싶지 않은가? 스스로 진솔하게 묻고 솔직하게 대답하라. 지금 어떤 삶을 살기로 결심하느냐에 따라 10년 후, 아니 20년 후 당신 삶의 모습은 확연히 달라져 있을 것이다.

뿌리를
키운 건
바람이다

《유쾌한 스트레스 활용법 7》에서 저자 제임스 로어는 한 화원 운영자의 말을 인용하고 있다.

"매년 이른 봄이면 나는 온실에서 식물들을 꺼내 아직도 차가운 땅에 옮겨 심습니다. 식물들은 온도에 민감합니다. 식물들이 얼어 죽지 않고 바깥 환경에 단련될 정도로만 날씨가 차가워야 합니다. 우리는 물도 주지 않습니다. 그래야 줄기가 굵어지고 강해집니다. 비료를 한동안 주지 않을 때도 있습니다. 식물은 온도, 물, 영양분을 박탈당하면서 점점 더 강해집니다. 위기를 겪으면서 더욱 커지고 강해져서 뿌리를 더욱 깊이 내립니다."

삶이 팍팍할 때, 일이 잘 풀리지 않을 때, 우리는 곧잘 이렇게 말한다. "좋은 집안에서 태어났더라면……."

"학교만 좋은 데 나왔더라면⋯⋯."

"머리가 조금만 더 영리했더라면⋯⋯."

그러나 좋은 환경과 뛰어난 머리가 있어야 뜻을 이루고 성공하는 것일까? 자원이 풍부한 나라들은 그 풍족한 환경이 오히려 발전을 가로막는 걸림돌이 되는 경우가 많다. 반면 자원이 빈약한 나라들은 그 척박한 환경이 오히려 강국으로 거듭나는 원동력이 되기도 한다. 핀란드나 네덜란드가 그 대표적인 국가들이다.

사람의 경우도 마찬가지다. 좋은 가정환경과 뛰어난 머리가 오히려 재앙으로 작용하는 경우가 허다하다. 그런가 하면 불우한 환경과 내세울 만한 재능이 아무것도 없기 때문에 자신의 의지와 노력밖에 믿을 게 없다고 생각하고 누구보다 치열하게 사는 사람들도 많다.

비닐하우스에서 곱게 자란 약초보다 척박한 야생에서 거칠게 자란 약초가 훨씬 효험이 있는 법이다. 시련 속에서 자란 식물이 강한 생명력을 유지하듯이, 우리의 삶 역시 깊이 뿌리를 내리게 하는 것은 풍요가 아닌 시련이다. 시련은 삶이 더욱 성숙해지고 지속적으로 성장하기 위해 반드시 필요한 거름과 같다.

허허벌판에 서 있는 나무는 바람으로부터 끊임없이 시달림을 당한다. 그것은 나무가 원한 일이 아니다. 어디까지나 바람이 알아서 한 일이지 나무의 뜻은 아닌 것이다. 강한 바람이 불 때 어떤 나무는 쓰러져 생명을 잃는다. 그러나 어떤 나무는 그럴수록 더욱 뿌리를 깊게 내리며 강인한 생명력을 얻는다.

우리에게도 시련과 고난의 바람이 시도 때도 없이 불어닥친다. 일부러 고난을 기다리는 사람이 어디 있겠는가? 크고 작은 불행과 고난이 닥쳐올 때 어떤 사람은 견디지 못하고 꺾여 버리고 만다. 그러나 기어이 시련을 이겨내고 더 강인해지는 사람도 있다.

우리 주변에는 간혹 세상의 모든 사람이 자기에게 피해를 주기 위해 존재한다고 생각하는 사람들도 있다. 이른바 '피해망상증Paranoid'에 빠져 있는 이들이다. 그들은 미풍만 불어도 금세 움츠리고 두려움에 떨며 어찌할 바를 몰라 한다. 그러면서 자기만 혹독한 불행을 당하고 있다고 세상에 분노한다.

천만의 말씀이다. 지금 다른 사람들은 더 가혹한 시련에 힘들어 하고 있음을 알아야 한다. 아무리 피하려 해도 고난과 시련의 바람은 우리네 삶의 현장에 수시로 불어닥친다. 그럴 바엔 차라리 이렇게 생각하면 어떨까?

'이 시련의 바람은 나를 아예 꺾어버리려고 부는 게 아니다. 나를 더욱 단단히 뿌리를 내리게 하여 지금보다 더욱 성장하게 하려고 하늘이 내려준 고마운 선물이다. 나는 이 시련을 통해 배우고 익혀 더 강인해질 것이다. 전에는 감히 해내지 못했던 일조차 능히 해낼 것이다.'

지금 당신에게도 고난의 바람이 불고 있는가? 그렇다면 하늘은 왜 당신에게 이런 고난을 주었다고 생각하는가? 당신을 꺾어버려서 아예 못쓰게 하려고 그런다고 생각하는가, 더욱 깊이 뿌리를 내려 큰일을 하도록 하기 위함이라고 생각하는가? 당신 스스로 내린 답에 따라 미래의 삶이 결정된다는 사실을 알고 있는가?

운전자는
멀미를
하지 않는다

아무리 멀미가 심한 사람이더라도 자동차를 직접 운전하면 희한하게 멀미를 하지 않는다. 왜 그럴까? 일단 핸들을 잡은 운전자는 커브를 만났을 때 언제 얼마만큼 핸들을 돌려야 하는지 알고 있다. 언제 브레이크를 밟아야 하는지도 잘 안다. 도로 상황을 예의 주시하기 때문에 자동차를 마음대로 움직일 수 있다. 그러나 운전자의 옆자리에 앉거나 뒷자리에 앉게 되면 상대적으로 차의 움직임이나 흔들림을 예상하기 어렵기 때문에 어지러운 증세나 멀미로부터 자유로울 수 없다.

삶도 마찬가지다. 삶의 핸들을 잡고 직접 운전하는 사람과 남에게 그 핸들을 맡긴 채 살아가는 사람은 삶의 상태가 확연히 다르다. 인생의 주도권을 쥐고 사는 사람은 아무리 심한 인생의 커브 길이나 장애물을 만나도 방향을 잃거나 멀미를 하지 않는다.

그러나 자신의 삶의 핸들을 다른 사람에게 맡기고 살아가는 사람은 경우가 다르다. 마치 차가 방향을 바꾸고 급정지를 할 때마다 속이 매스껍고 멀미가 나는 것처럼, 삶이 조금만 흔들려도 안정을 찾지 못하고 멀미를 심하게 하는 것이다.

살면서 멀미로 인한 고통에 시달리지 않으려면 어떻게 해야 할까? 자기 인생의 핸들을 누가 조정하고 있느냐에 따라 멀미 나는 삶을 살아갈 수도 있고 마음의 안정감을 유지하면서 살아갈 수도 있다. 지금 자신이 어디를 향해 가고 있는지 그 목적지를 분명히 알고 있고, 거기에 당도하기까지 어떤 길들을 경유해야 하는지 숙지하고 있는 사람은, 아무리 급커브가 나오고 커다란 장애물이 놓여 있어도 상황과 환경에 따라 주도적으로 유연하게 핸들을 조정하면서 삶의 여정을 헤쳐 나간다.

그러나 자기 삶의 핸들을 다른 사람에게 맡긴 채 사는 사람은 조그만 난관이나 굴곡을 만나더라도 삶 전체가 울렁거리고 심한 멀미를 앓게 된다. 자신의 삶이 지금 어디로 가고 있는지 모르고 있을 뿐 아니라 언제 어떻게 속도를 조절하고 방향을 바꾸어야 하는지 도무지 가늠할 수 없기 때문이다.

그대를 태운 인생의 차는 지금 어디를 향하고 있는가? 그대는 지금 그 방향과 목적지를 잘 알고 있는가? 결정적으로 그 차에서 그대는 지금 어디에 앉아 있는가? 운전석인가, 조수석인가? 핸들을 잡고 있는 운전자라면 인생의 차는 그대가 핸들을 움직이는 대로 굴러갈 것이다. 그러나 승객의 입장이라면 차가 움직이는 대로 그대 몸은 이리 흔들리고

저리 기울며 갈피를 잡기 어려울 것이다.

인생의 핸들을 남에게 맡기지 말라. 남이 그대의 삶을 좌지우지하도록 방치하는 한 죽을 때까지 멀미 나는 삶에서 해방될 수 없다. 삶의 목적지를 스스로 정하고 직접 핸들을 돌리며 자기주도적인 삶을 살아가려는 태도가 인생의 멀미로부터 자유로울 수 있는 유일한 비결이다.

다시 한 번 지금 자동차의 어디에 앉아 있는지 자신의 위치를 확인하라. 아직도 팔짱 끼고 조수석에 앉아 졸고 있다면 어서 깨어나 운전석으로 가라. 그리고 올해 말에 도착할 목적지가 어디인지 다시 한 번 확인하라. '해외여행을 가는 해', '토익 800점을 돌파하는 해', '비만에서 해방되는 해', '공무원 시험에 합격하는 해', '사랑의 결실을 맺는 해', '색소폰을 연주하는 해' 등 가고 싶은 목적지를 주도적으로 정하라.

자, 확인했다면 이제 시동을 걸고 가속 페달을 밟으라. 지금부터는 속이 울렁거리거나 멀미가 나지 않을 것이다. 도착할 곳을 떠올리면 가슴이 두근거리고 콧노래가 절로 나올 것이다. 인생 여정을 달리는 그대의 마음은 그 어느 때보다도 가벼울 것이다.

자존심은
죽이고
자존감을
살려라

살다 보면 기존에 갖고 있던 생각들 가운데 버려야 하거나 바꿔야 할 것들이 생긴다. 삶에서 부딪히는 수많은 문제 앞에서도 우리는 심한 마음의 갈등을 겪는다. 말끔히 해결하고 갈 것인가 아니면 그대로 가지고 갈 것인가. 설사 내가 실수나 잘못을 했더라도 끝까지 고집을 굽히지 않을 것인가, 순순히 인정하고 앞으로 더 잘하려고 노력할 것인가.

이때 우리는 '자존심'을 살려야 할지 '자존감'을 살려야 할지를 놓고 고민에 빠진다. 자존심과 자존감은 크고 작은 대인관계나 사회생활에서 성공적인 인생을 살아가는 데 매우 중요한 요소 가운데 하나다. 자존심이 강한 사람과 자존감이 강한 사람은 다른 사람들로부터 대우받는 정도가 달라지고, 그것은 고스란히 삶의 거의 모든 영역에 영향을 미친다.

자존심과 자존감은 같은 말일까, 다른 말일까? 다르다면 어떤 차이가 있을까? 둘 다 똑같이 존중받고 싶어 하는 인간의 기본적인 심리라는 점에서는 비슷하다. 그러나 자존심이 주로 다른 사람들로부터 존중받고 싶은 마음이라면, 자존감은 스스로를 존중하는 마음이라는 점에서 서로 다르다. 존중받고 싶은 대상이 남인지 나 자신인지에 따라 자존심과 자존감은 다른 것이다. 또한 자존심은 주로 '자신을 보호하려는 마음'의 소산인 반면, 자존감은 '자신을 존중하려는 마음'의 발로라는 점에서도 서로 다르다고 할 수 있다.

자존심의 뿌리는 우월감과 열등감이다. 반면 자존감의 뿌리는 자긍심과 자신감이다. 따라서 자존심이 강한 사람은 남들에게 열등하게 보이는 것을 견디지 못한다. 그래서 무엇이 되었든 남들에게 지는 것을 싫어하고 자신의 생각이나 의견이 상대방에 의해 묵살되거나 거부되는 것에 크게 반발한다. 이른바 자존심을 상하려고 하지 않는 것이다. 그 결과 나와 다른 상대방의 생각이나 행동에 대해 수긍하거나 인정하려고 하지 않는다.

한편 자존감이 강한 사람은 생각과 행동이 자존심이 강한 사람과는 다르다. 자존감이 강한 사람은 자신의 능력을 믿고 자랑스럽게 생각하는 자긍심이 강하고, 주어진 일을 잘해낼 수 있다고 믿는 자신감 또한 강하다. 그렇기 때문에 매사에 도전적이고 끝까지 해내려고 하는 의지가 매우 강하다. 또한 그런 과정에서 실수나 잘못을 저질렀다 하더라도 깨끗이 인정하고 다시 새로운 마음가짐으로 시작하기를 주저하지 않는다. 게다가 자존감이 강한 사람은 책임감과 배려심이 많아 다른 사람들과의 차이를 존중하고 상대방을 인정하려고 노력한다.

자존심이 강한 사람은 모든 관심사가 주로 밖을 향한다. 그래서 외모나 학벌 또는 배경을 중시하고 남과 능력을 비교하거나 경쟁하기를 즐긴다. 자존심이 강할수록 타인과 비교해 외모나 학벌 또는 다른 능력에서 자신이 앞선다고 생각하면 우쭐대고 만족해하지만, 조금이라도 뒤진다고 생각하면 감정적으로 힘들어한다.

반면 자존감이 강한 사람은 관심사가 주로 자신의 내면을 향한다. 따라서 자신이 존중받고 싶은 만큼 상대방도 존중하려고 애쓴다. 당연히 남을 인정하고 공감하고 배려하려고 하는 마음이 앞서다 보면 저절로 타인과 소통하고 협력하려고 한다. 완벽한 인간이 아닌 이상 자신도 얼마든지 잘못할 수 있다는 점을 겸허하게 인정하기 때문에 다른 사람들의 지적이나 충고에 대해서도 관대하게 마음을 연다.

살면서 자기를 존중하는 마음을 갖는 것은 매우 중요하다. 그러나 자존감과 자존심을 혼동하면 안 된다. 자존감이 주인의식의 발로라면 자존심은 노예의식의 소치다. 그래서 지나친 자존심은 자신을 과잉보호하기 위해 늘 반발하고 저항하게 만든다. 내면에 늘 저항의 피가 흐르면 삶은 날마다 자존심을 지키기 위한 피 터지는 전쟁터가 된다. 우리가 정작 지켜야 할 것은 '노예적 자존심'이 아니라 '주인적 자존감'이다.

자존감은 자신이 지니고 있는 모든 것을 존중하고 사랑하는 것이다. 강점뿐 아니라 약점까지도 끌어안고 다독여주는 것이다. 겸손을 잃지 않는 가운데 좀 더 나은 자신을 위해 부단히 노력하는 것이다. 자존심

자존감 VS 자존심

자존감	자존심
공감 / 인정 / 배려 / 협력 / 소통	경쟁 / 외모 / 능력 / 학벌 / 배경
자존감 스스로를 존중하는 마음	자존심 타인에게 존중 받고 싶은 마음
자긍심 + 자신감	우월감 + 열등감

이 남과의 투쟁이라면 자존감은 자신과의 투쟁이다. 그 결과 자존심을 내세우는 사람은 패자가 되기 쉬운 반면, 자존감을 지키려는 사람은 나날이 나아지는 사람이 되어간다.

내가
나를 아는
순간

나는 내성적이다. 아무데서나 자신 있게 나서지 못한다. 많은 사람 앞에 서면 엄청 긴장한다. 그래서 혼자 있을 때가 훨씬 편안하다. 혼자 놀기의 진수를 얼마든지 보여줄 수 있다. 그러나 강의할 때는 전혀 딴 판이다. 그때만큼은 사람이 많을수록 더 신바람이 난다. 내가 생각해도 이상하다.

나는 소심하다. 매사에 대범하지 못하다. 그래서 두둑한 배짱을 요하는 일은 근처에도 가지 않으려고 한다. 하지만 하고 싶은 일이 있을 때는 대담하게 저지른다. 그때는 물불을 잘 구분하지 못한다. 평소엔 소심하다가 어쩌다 한 번씩 미친 듯이 덤벼드는 내가 가끔은 좋기도 하다.

나는 변덕이 심하다. 늘 같은 것을 보면 지루하고 식상하다. 뭔가 새로운 일에 마음이 이끌린다. 그래서 색다른 방법으로 시도하는 것을 즐긴다. 이것이 나를 항상 변화할 수 있도록 만들어주는 원천이 되지 않나 싶다.

나는 잘 삐친다. 조그만 것에도 토라지고 마음을 상한다. 상한 만큼 상처를 받는다. 그래서 마음속으로 끙끙 앓곤 한다. 그러나 상대에 대한 관심이 없으면 삐칠 일도 없을 것이다. 잘 삐친다는 것은 그만큼 관심이 많다는 뜻이다. 앞으로는 마음공부를 더 많이 해서 상대에게 더 많은 관심과 애정을 보여주고 싶다.

나는 창조적이지 못하다. 그래서 수시로 모방을 한다. 그러나 모방은 늘 내 창조의 밑거름이 된다. 그 거름을 먹고 내 안에서 창조의 싹이 튼다. 모방은 나에게 창조의 씨앗이다. 앞으로도 모방을 통해 배우고 익히며 나만의 고유한 것들을 창조하려고 노력할 것이다.

나는 감성적이다. 그래서 때로는 이성적인 사람이 좋을 때도 있다. 그러나 이성적인 사람이 되고 싶지는 않다. 감성 때문에 손해를 보는 일이 있더라도 차라리 좀 어눌하고 인간적인 냄새가 나는 사람으로 살고 싶다.

나는 게으르다. 그래서 어떤 일을 미리 하려고 하기보다는 나도 모르게 자꾸 뒤로 미루려고 한다. 그 결과 막판에 가서 정신없이 바쁘다. 그러나 때로는 미리 해버리는 것보다는 관망하면서 여러 가지 정황을 최대한 고려할 수 있다는 점에서 미루는 것이 괜찮은 경우도 종종 있다. 그것이 가끔은 지독한 게으름에 대한 약간의 위안이자 변명이 되기도 한다.

나는 현실감각이 떨어진다. 안개 속 미로를 걷는 것처럼 비현실적이고 추상적인 생각에 빠지곤 할 때가 있다. 그러나 너무 현실적인 사람보다는 뜬구름에 인생을 실어 보내려는 내가 좋을 때도 있다. 인생 살다보니 좀 널널한 것이 더 좋아 보이기도 한다.

나는 정리정돈을 못한다. 어질러 놓기는 좋아하는데 치우는 일은 귀찮다. 그래서 내 주변은 늘 어지럽고 산만하다. 그러나 너무 깨끗한 것보다는 좀 털털한 게 편하고 좋다. 너무 깨끗한 물에서는 고기도 못 산다고 하지 않던가.

나는 계획적이지 못하다. 때로는 충동적으로 일을 벌이기도 한다. 그래서 손해 볼 때도 한두 번이 아니다. 그러나 계획 없이 떠난 여행이 주는 즐거움처럼 계획적이지 않은 삶이 주는 매력 또한 쏠쏠하다. 물론 그로 인해 치러야 할 대가도 만만치는 않지만 말이다.

나는 우유부단하다. 맺고 끊는 맛이 없다. 인정에 이끌려 단호함을 보이지 못하고 주저할 때가 많다. 그러나 예리한 칼처럼 날카로운 것보다는 차라리 두루뭉술한 돌처럼 무딘 것이 좋다. 그래서 '냉철하다'는 말보다는 '따뜻하다'는 말을 더 좋아한다.

나는 몸치다. 학교 다닐 때 기타를 치며 노래하는 것은 즐겼지만 춤은 완전 꽝이었다. 그래서 남들이 춤을 잘 추는 것을 보면 부럽다. 젊은 시절에 어쩌다 나이트클럽에 갈 일이 생기면 항상 고역이었다. 그러나 술 좋아하는 내가 춤까지 잘 추었다면 큰일 났을지도 모른다. 자고로 음주가무가 의기투합하면 못 말리는 일이 벌어지곤 하지 않던. 내가 춤을 못 추는 것이 차라리 다행이라고 생각한다.

그러고 보니 나는 흠집투성이다. 생각나는 것만 적어도 이 정도니 현미경으로 들여다보면 셀 수 없이 많을 것이다. 그러나 나는 결점 투성이인 지금의 내가 좋다. 굳이 뜯어고치고 싶지 않다. 많은 흠집이 있음에도 한두 가지 일에는 목숨을 걸 것처럼 달려드는 내가 마음에 든다. 게다가 그런 내게 호감을 갖는 이들이 있다면 나는 그들과 평생을 벗으로 살아가고 싶다. 내가 가진 모든 것을 그들과 함께 나누고 싶다.

그대의 흠이나 결점을 생각나는 대로 꺼내보라. 그런 다음 실컷 흉을 보라. 마치 자신이 아니라 남인 것처럼. 그렇게 하고 나면 의외로 마음이 후련해질 것이다. 또한 흠집으로만 여겼던 것들 속에도 은근한 매력이 숨어 있음을 발견하게 될 것이다. 밉게만 여겨지던 것들이 더 이상 밉지 않을 것이다. 자존감이란 자신이 숨기고 싶은 단점까지도 안아주는 것이다. 그것도 자신의 소중한 일부분이기 때문에. 그래야 비로소 자신을 진정으로 존중할 수 있기에.

그늘만큼
행복하다

"불행은 행복이라는 이름의 나무 밑에 드리워져 있는 그 나무만한 크기의 그늘이다. 인간이 불행한 이유는 그 그늘까지를 나무로 생각하지 않기 때문이다."

_이외수, 《감성사전》 중에서

그늘을 드리우지 않는 나무는 없다. 해가 쨍쨍 내리쬘수록, 날씨가 화창할수록 나무는 그 크기만큼의 그늘을 드리운다. 나무보다 그늘이 더 클 때도 있다. 어디 나무뿐이겠는가? 이 세상에 그늘 없는 삶이 어디 있겠는가? 어쩌면 행복의 나무 크기만큼이나 불행의 그늘도 비례하는 것이 인생인지 모른다.

삶에서 항상 행복하기만 바라는가? 그렇다면 그 행복의 크기만큼이나 불행도 그림자처럼 따라다님을 스스로 받아들이라. 지금 삶에 불행의 그늘이 짙게 드리워져 있거든 그것을 원망하거나 거부하려고만 하지 말고 불행의 크기만 한 행복이 반드시 존재할 것임도 잊지 말라.

씨줄과 날줄이 함께 어울려 아름다운 비단 옷감을 빚어내듯이 행복과 불행이 한데 어울려 우리네 일상의 파노라마를 펼쳐 나가는 것이 인생이다. 진정한 불행은 짙게 드리워진 불행의 그늘만 바라보느라 바로 머리 위에 행복나무가 있음을 미처 쳐다보지도 못하고 사는 것이다. 지금 내 마음에서 자라고 있는 작은 행복나무 한 그루를 더 잘 키울 생각은 하지 않고 엄청 큰 행복나무를 찾아다닌답시고 정신이 팔려 살아가는 것이다.

지금 내 마음속에는 행복의 나무와 불행의 그늘이 함께 자라고 있다. 행복의 나무는 사랑과 믿음, 희망과 열정, 미소와 칭찬, 베풂과 나눔, 끈기와 노력의 영양분을 먹고 자란다. 반면 불행의 그늘은 시기와 질투, 불만과 짜증, 절망과 좌절, 분노와 증오, 나태함과 게으름, 미움과 두려움의 먹이를 먹고 자란다.

그동안 나는 어디에 더 많은 양분을 주었을까? 아무리 생각해도 불행의 그늘만 쑥쑥 자라게 한 것 같다. 행복의 나무에는 아무것도 주지 않으면서 잘 자라지 않는다고 윽박지르고 미워한 것 같다.

행복을 가져다주지 않는다고 남 탓만 하며 살았지 정작 내 안에서 헐벗고 굶주린 행복나무에는 아무런 관심도 주지 않았다. 그 사이 내 행복나무는 여위고 앙상한 가지만 남아 보기에도 안쓰러울 정도로 가녀린 모습을 하고 있다.

이제는 알 것 같다. 행복은 밖에 있는 것이 아니라 내 안에 있다는 것을. 사람의 키가 같지 않듯이 행복의 키가 저마다 다르다는 사실도 이제는 알 것 같다. 지금부터라도 부지런히 행복나무를 키워야겠다. 사랑과 베풂의 물을 주고 희망과 열정의 햇빛을 쬐어 주며, 미소와 칭찬의 바람이 불게 하고, 끈기와 노력의 거름을 줄 것이다. 그리하여 5년 후, 10년 후엔 지금보다 성큼 자란 행복나무를 만나고 싶다.

내가 나에게 쏟는 관심이 곧 나를 만든다. 늦은 것은 아무것도 없다. 나에게 소중하고 중요한 것들에 매일 먹이를 주고 관심을 쏟아야 하겠다. 행복나무의 키를 키울 사람은 남이 아닌 바로 나 자신이므로.

성공은
외나무다리에서
만난다

태어나 죽을 때까지 한 사람의 '삶'을 뜻하는 한자 '생生'은 '소牛'가 '외나무다리—' 위에 서 있는 모습으로 해석할 수도 있다고 한다. 생각해 보라. 세찬 강물을 가로질러 외나무다리 하나가 놓여 있는데 그 위에 소 한 마리가 서 있으니 얼마나 위태로운 상황이겠는가.

도대체 이 소는 어떻게 해서 외나무다리 위에까지 오게 되었을까? 날이면 날마다 주인이 시키는 대로 죽어라고 일했지만, 나아지는 것은 하나도 없는 고달픈 삶에서 벗어나고 싶어서였다. 기왕 내친 김에 한가로이 풀을 뜯으며 자유로이 초원을 누빌 수 있는 강 건너편으로 가기 위해서였다. 하지만 그러기 위해서는 반드시 외나무다리를 건너지 않으면 안 되었다.

그래서 소는 지금 외나무다리 위에 서 있는 것이다. 그러나 강을 건너는 일은 생각처럼 쉬운 일이 아니다. 무거운 몸집에다 느린 발걸음으로 건너가자니 한참의 시간이 걸릴 것이다. 게다가 아래서는 금방이라도 집어삼킬 듯이 사나운 물살이 굽이쳐 흐르고 있다. 그렇다고 뒤로 돌아가자니 다시 옛날의 고달픈 삶이 기다리고 있다.

소는 어떻게 해야 할까? 위험을 무릅쓰고라도 외나무다리를 건너서 진정 자신이 원하는 삶을 향해 도전할 것인가, 아니면 다시 예전의 길들여진 삶으로 돌아가야 할 것인가?

이 물음을 우리 인간에게 적용시키면 그대로 '인생人生'이라는 한자의 뜻풀이가 된다. 인생이란 지금 눈앞에 있는 외나무다리를 보면서 건널지 말지를 끊임없이 고민하고 갈등하는 과정의 연속이다.

누구에게나 그토록 가고 싶어 하는 행복의 동산이 강 건너편에 있게 마련이다. 다만 그 파라다이스에 당도하려면 반드시 먼저 해야 하는 일이 있다. 바로 위태위태한 외나무다리를 건너는 일이다. 그렇기 때문에 '더 이상 지금 이대로 살 수는 없다'는 절박한 심정이 들 때 우리는 비로소 외나무다리에 발을 올려놓는다. 그러나 한 발짝 두 발짝 아슬아슬 발걸음을 옮길 때마다 위험을 무릅쓰고 이렇게 생고생을 할 바엔 차라리 다시 뒤로 돌아가 버리고 싶은 마음이 굴뚝같다.

결국 진퇴양난의 외나무다리에서 우리는 선택을 해야 한다. 도전할 것인가 포기할 것인가. 도전의 대가로 얻을 수 있는 것은 그토록 간절히 원하던 꿈과 행복을 이루는 것이다. 그러나 포기의 대가가 기다리고 있는 것은 좌절과 절망으로 가득한 과거의 삶이다.

어쩌면 지금 우리가 삶에서 부딪히는 수많은 고통과 회한은 건너야 할 외나무다리를 피했기 때문에 생긴 것인지 모른다. 삶에서 가장 치명적인 실수는 실패할까 두려워 아예 시도조차 하지 않는 것이다. 시도하고 나서 생기는 후회보다 시도를 하지 않아서 겪게 되는 후회가 훨씬 고통스러운데도 당장 겪게 될 고난이 두려워 다시 예전으로 돌아가는 것이다. 그리고는 늘 팍팍한 현실을 한탄하며 때로는 괴로워하고 때로는 체념하는 생활을 되풀이한다.

우리네 인생이란 어쩌면 외나무다리 위에 서 있는 소가 처한 상황과 유사하다. 앞으로 나아갈 수도 있고, 뒤로 돌아갈 수도 있다. 낯선 곳을 향해 모험을 할 수도 있고, 익숙한 곳을 향해 안주할 수도 있다. 삶에서 오늘이라고 하는 시간은 이렇듯 외나무다리 위에서 무엇이 되었든 선택을 하라고 주어진 매우 중요한 순간이다. 그리고 그 순간들이 모여 우리네 삶을 이룬다.

삶에서 더욱 중요한 것은 선택하는 것보다 결정하고 결단하는 것이다. 변화를 꾀할 수 있는 절호의 기회가 찾아와도 용기 있게 결단하지 못하고 우물쭈물 망설이기만 하면 결국 아무것도 달라지지 않는다.

그대에게 진정으로 필요한 기회가 무엇인지, 그대에게 찾아온 기회를 자신의 것으로 만들기 위해 무엇을 준비해야 하는지, 그러기 위해서 필요하다면 모험을 하거나 어떤 결단을 내려야 하는지, 그 모든 것은 오로지 그대 자신이 하기에 달려 있다.

산다는 것은 모험이다. 일상은 모험 아닌 것이 없다. 모험은 '현실 안주'라는 대가를 지불하고 선택하는 것이다. 그러기에 우리가 선택한 일상의 모험들은 더욱 값진 것인지 모른다.

모험이란 거창한 것이 아니다. 에베레스트 산을 등정해야만 모험인가. 태평양을 횡단해야 모험인가. 모험은 지금까지 하지 않은 일을 시도하는 것이다. 어제보다 나은 오늘이 되도록 내 삶을 가꾸는 것이다. 이제껏 하지 못했던 일을 지금 시작하는 것이다.

모험은 조금씩 달라지는 나를 만나러 가는 여정이다. 어제와 다른 오늘의 나를 내일의 길목에서 마주할 수 있게 해주는 설레는 여행이다. 하고 싶었지만 못했던 것을 마침내 저질러 버리는 것이다.

모험이 없으면 인생은 아무것도 아니다. 지금 삶이 무미건조하다면 모험이라는 팥소가 빠졌기 때문이다. 모험이 빠진 삶은 맛이 없다. 이래도 시큰둥 저래도 시큰둥 맥이 빠지고 풀이 죽는다.

지금 모험을 시도하라. 아주 작은 것부터 모험을 즐기라. 작은 외나무다리를 담대히 건너보라. 아침에 일찍 일어나 보고, 술과 담배를 절제해보고, 운동을 시작해보라. 그 모험이, 그 작은 도전이, 그대 일상에 어떤 희망을 선물하는지 직접 체험해보라. 그대가 살아 있음을, 이것이 진정으로 사는 것임을, 온몸으로 전율하듯 느껴보라.

날기 위한
솔개의 선택

솔개는 조류 중에서도 가장 장수하는 새에 속한다. 보통 솔개의 수명은 40년 정도라고 알려져 있다. 그런데 무려 70년을 사는 솔개도 있다고 한다. 그 장수의 비결은 무엇일까?

솔개가 40년 가까이 살면 먼저 발톱이 노화하기 시작해 사냥감을 제대로 낚아챌 수 없게 된다. 부리 또한 너무 길게 자라 구부러지는 지경에 이른다. 게다가 날개 부분의 깃털이 두껍게 자라 무거워지면 나는 일 자체가 점점 버거워진다.

이때가 되면 솔개는 두 가지의 중대한 선택을 하지 않으면 안 된다. 하나는 그대로 살다가 죽을 날을 기다리는 것이다. 다른 하나는 엄청난 고통과 인내가 수반되는 다시 태어남의 과정을 밟는 것이다.

재탄생의 험난한 길을 선택한 솔개는 먼저 산 정상 가까이까지 혼신의 힘을 다해 날아간다. 그러고는 거기에 새로운 둥지를 마련하고 고행의 삶을 시작한다. 먼저 자신의 부리로 힘껏 바위를 쪼아 부리가 깨지고 부서져서 마침내 빠지게 만든다.

그러고 나면 서서히 새 부리가 돋아나기 시작한다. 한참의 시간이 지나 부리가 제법 날카로워지면 그 부리를 이용해 자신의 발톱을 하나씩 뽑아 버린다. 그렇게 발톱이 새로 생기면 이번에는 두껍고 무거운 날개의 깃털을 차례로 뽑아낸다.

새 깃털이 돋아나기까지 무려 6개월이라는 고통스런 구조조정 기간을 거쳐 한 마리 솔개는 전혀 새로운 모습으로 거듭나게 된다. 그리고 다시 하늘로 힘차게 비상해 30년의 삶을 더 누린다.

보통의 솔개가 40년을 사는 반면 일부 솔개가 이례적으로 70년의 장수를 누릴 수 있었던 이유는, 기존 삶의 방식을 과감히 버리고 힘들고 고통스럽지만 변화와 개혁을 통해 자신을 구조조정하는 결단을 내렸기 때문이다.

이러한 솔개의 부활은 우리에게도 소중한 메시지를 전달한다. 지금 잘나간다고 해서 앞으로도 잘나간다는 보장은 어디에도 없다. 지금 보잘것없다고 해서 영원히 그렇게 살아야 한다는 법도 없다.

솔개가 고통스러운 자기 개혁의 과정을 거치면서 새로운 삶을 맞이하는 것처럼, 개인의 미래와 운명은 스스로 자신의 현재 처지를 어떻게 인식하고 필요할 때 얼마나 단호하게 변화할 수 있느냐에 달려 있다. 자신이 원하는 미래는 가만히 앉아 있기만 해서는 절대 오지 않는다. 불굴의 의지와 각고의 노력을 통해 스스로 미래를 만들어 나갈 때 마침내 아름다운 미래가 찾아온다.

솔개는 부리와 발톱과 깃털을 버림으로써 비로소 새 생명을 얻을 수 있었다. 자신의 삶에서 새로운 부활을 꿈꾼다면 마땅히 과거의 생각과 행동과 습관 정도는 기꺼이 버릴 수 있는 용기와 결단력이 필요하지 않을까.

과거에는 잘 통하던 방식이 전혀 도움이 되지 않을 때도 많다. 한때 잘나가고 성공했다고 해서 그 방식을 고집했다가는 오히려 미래의 발목이 잡힐 수도 있다.

창공을 훨훨 나는 나비가 되고 싶은 애벌레는 땅바닥을 기어 다니던 익숙한 삶의 방식을 버려야 한다. 그리고 번데기가 되는 것을 두려워하지 않아야 한다. 새로운 삶으로 거듭나고 싶으면 과거의 자신을 죽일 수 있어야 한다. 마치 솔개가 자신의 모든 것을 버림으로써 새롭게 부활할 수 있었던 것처럼 말이다.

살아남는
것이
강자다

아프리카에서는 매일 아침 가젤이 잠에서 깬다. 가젤은 가장 빠른 사자보다 더 빨리 달리지 않으면 죽는다는 사실을 알고 있다. 그래서 그는 자신의 온힘을 다해 달린다. 아프리카에서는 매일 아침 사자가 잠에서 깬다. 사자는 가젤을 앞지르지 못하면 굶어죽는다는 사실을 알고 있다. 그래서 그는 자신의 온힘을 다해 달린다. 내가 사자이든, 가젤이든 마찬가지다. 해가 떠오르면 달려야 한다.

_《마시멜로 이야기》 중에서

살아남기 위해 초원을 숨차게 달려야 하는 가젤과 역시 살기 위해 초원을 전속력으로 달리지 않으면 안 되는 사자를 생각하노라면 역사학자 토인비가 자주 인용했던 '청어 이야기' 가 떠오른다.

청어는 영국인들이 아침식사로 가장 좋아하는 생선이다. 특히 살아 있는 청어를 아침 식탁에 올린다는 것은 최고의 럭셔리한 아침을 먹는다는 의미로 받아들여질 정도다. 청어는 북해나 베링해와 같은 먼 바다까지 나가야 잡을 수 있다. 그래서 영국 사람들이 싱싱한 청어를 먹기란 여간 어려운 일이 아니었다. 장시간에 걸쳐 장거리를 배로 운반하는 과정에서 성질 급한 청어가 대부분 다 죽어버렸기 때문이다. 그래서 살아 있는 청어는 냉동 청어보다 월등히 비쌌다.

그런데 언제부턴가 영국에서는 일반인들도 아침식사에 싱싱한 청어를 먹는 일이 그다지 어렵지 않게 되었다. 그렇게 된 데는 한 가지 흥미로운 비밀이 숨어 있다. 청어를 잡은 다음 대형 수족관에 청어의 천적인 곰치와 함께 풀어놓는 것이다. 사납기로 소문난 육식 어종을 같은 수족관에 풀어놓자 청어들은 곰치에게 잡아먹히지 않으려고 안간힘을 다해 움직여야 했다. 그런 과정에서 대부분의 청어들이 죽지 않고 살아남을 수 있었던 것이다. 미꾸라지 양식장에 천적인 메기를 집어넣으면, 당연히 일부 힘없는 미꾸라지들은 메기의 밥이 되지만 살아남은 미꾸라지들은 더욱 통통하게 살이 오르는 것과 마찬가지다.

토인비는 혹독한 환경이 인류 발전의 원동력이 되었음을 청어 이야기를 통해 자주 설파했다.

중국에는 거대한 대륙을 가로지르며 도도히 흐르는 두 개의 강이 있다. 양쯔강과 황하다. 양쯔강은 기후가 온후하고 땅이 비옥해 농사짓기에 천혜의 환경을 갖추고 있었다. 반면 황하는 높은 산맥과 가혹한 환경으로 매년 범람이 반복되어 수많은 인명과 재산 피해를 입히는 거칠고 난폭한 강이었다. 하지만 고대 중국문명이 탄생한 곳은 양쯔강이 아닌 황하였다. 안락한 환경이 아닌 척박한 환경이 오히려 위대한 인류 발전의 견인차 역할을 한 것이다.

가혹한 환경은 그 속에서 사는 이들에게 엄청난 시련과 고난을 안겨 준다. 또한 그러한 혹독한 조건을 이겨내지 못하고 무너지는 이들도 수없이 많다. 하지만 자연과 역사는 매번 우리에게 묻는다. 살아남고 번성하는 데 주변 환경은 어떤 변수로 작용할까? 유리한 환경과 불리한 환경 중 과연 무엇이 생존에 더 좋을까?

그대는 사자인가 아니면 가젤인가? 아니, 사자이고 싶은가 아니면 가젤이고 싶은가? 하지만 그것은 별로 중요하지 않다. 사자이든 가젤이든 날마다 달려야 한다는 사실이 더 중요하다. 달리는 이유가 잡아먹히지 않기 위해서든, 굶어죽지 않기 위해서든, 아침에 일어나면 살기 위해 다시 달려야 한다.

이런 말이 너무 서글프게 들리는가? 그런 삶이 너무 고달프다고 생각하는가? 그대 혼자만 그렇게 사는 것 같아 더욱 슬퍼지는가? 그렇지 않다. 잘 몰라서 그렇지 사람들은 저마다 모두 치열하게 달리고 있다. 다만 달리고 있는 동기와 목적이 제각기 다를 뿐이다. 가장 위험한 것은 아예 달릴 생각을 접고 주저앉아 있는 것이다. 그것은 스스로 천적의 먹이가 되겠다는 것과 다를 바 없다.

열심히 뛰는 것을 너무 고단해하지 말자. 뛴다는 것은 생명이 펄펄하게 살아 있음을 스스로 확인하는 것이며, 심장이 더욱 뜨겁게 꿈틀대고 있음을 알려주는 명백한 증거이기 때문이다. 다만 뛰면서 꼭 생각해야 할 것이 있다. '나는 지금 무엇을 위해 뛰고 있는가? 잡아먹히지 않기 위해 뛰는가, 도약하기 위해 뛰는가? 남들을 뒤쫓아가느라 헐레벌떡 뛰고 있는가, 내 길을 가느라 치열하게 뛰고 있는가? 먹고살기 위해 뛰는가, 꿈을 이루기 위해 뛰는가? 죽지 못해 뛰는가, 눈부신 삶을 향해 뛰는가?

세상은 강자만 살아남는 것이 아니다. 그들도 생존하기 위해 끊임없이 달리지 않으면 안 된다. 약한 사람들도 얼마든지 살아남을 수 있는 길이 있다. 그들이 처한 악조건을 적극적으로 타개하다 보면 생존의 길은 항상 열려 있다. 결국 각자 주어진 환경 속에서 끝까지 살아남는 자가 진정 '강한 놈'이다.

삶에서 막다른 골목은 없다. 아무리 위급한 상황이더라도 돌파구는 반드시 있다. 어디엔가 생존의 길이 있다고 굳게 믿고 가젤처럼, 청어처럼, 미꾸라지처럼, 헤쳐 나가면 된다. 사즉생死則生의 각오로 임하면 두려울 것이 무엇이겠는가. 죽기로 임하면 절대 죽지 않는 법이다.

사는 것은 결코 녹록하지 않다. 어쩌다 햇빛 화창한 날도 있겠지만 언제 먹구름이 끼고 장대비가 쏟아질지 모르는 것이 인생이다. 그 비에 공들여 쌓은 모든 것이 한순간에 무너지고 떠내려갈지 누가 알겠는가. 이제는 아무것도 기대할 것이 없다고, 내가 여태껏 걸어왔던 길이 여기서 막혀 버렸다고, 이 죽일 놈의 세상은 무엇 하나 되는 것이 없다고, 한탄하고 주저앉아 아예 포기하지는 말 일이다. 그럴 때일수록 판도라 상자 안에 마지막으로 남아 있는 희망 하나 꺼낼 일이다.

길이 끝나는 곳에서 길은 없어지는 것이 아니다. 길이 끝난 그곳에서 다시 새로운 길은 시작된다. 막다른 골목에 이르렀다고 생각되거든 잠시 쉬고 주변을 둘러보라. 그 어디엔가 반드시 다시 시작되는 길이 있을 것이다. 인생의 길에 막다른 골목은 없다. 하나의 길이 닫히며 또 다른 길이 열리는 것이 인생이다. 길이 끝나는 곳에서 다시 길은 시작된다. 좋은 길은 어디에든 있는 법이다.

4

일거리
찾기

차라리
백수처럼
살아라

젊었을 때는 방황하라. 방황을 두려워 말라. 하고 싶은 짓이 있으면 지금 하라. 나중에는 하고 싶어도 못할 때가 틀림없이 온다. 그러기 전에 마음이 이끄는 '짓거리'가 앞길에 나타나거든 그 짓거리가 하자는 대로 몸과 마음을 맡기라. 젊었을 때는 이것저것 너무 재며 살지 않아도 좋다. 지금 아무리 미래를 정밀하게 진단하려고 애를 써 봐도 당장 10년 후 세상이 어떻게 변할지는 아무도 알 수 없다.

대부분의 선진국에서 출산율은 갈수록 줄어들고 노령인구는 점점 더 증가하고 있다. 이런 추이 속에서 앞으로 필요한 노동력을 확보하기 위해서는 해외 노동력을 수입할 수밖에 없게 될 것이다.

미래학자 자크 아탈리는 2030년 이후가 되면 1년에 5,000만 명이 이런저런 연유로 국가간 이동을 하게 되리라 예측한다. 국적이 분명하지 않은 다문화 사회가 보편화되는 시대가 온다는 말이다.

자생력을 가진 개인만 살아남고 번영하는 시대가 올 것이다. 그때를 위해 지금은 다양한 경험과 함께 위기관리 능력을 키워야 한다. 우리는 지금 잘 알려진 길만이 최선의 길이 아닌 시대를 살고 있다. 지금 하는 딴 짓이 나중에 엉뚱하게도 무척 잘한 짓이 될 수도 있다.

그러나 한 가지는 명심해야 한다. 딴 데로 가더라도 그것이 자신의 내공을 기를 수 있는 길이어야 한다. 완전히 에너지를 탕진하고 기력을 소진하게 하는 길은 분명 경계해야 한다. 내면의 열정이 이끈다면 그 길에서 방황하는 것은 좋다. 그러나 유혹이 손짓하는 길이라면 이를 악물고 뿌리치라. 젊음은 어떤 길이든 망설임 없이 나아가기에 최적의 시기이지만, 가도 좋은 길이 있고, 가서는 안 될 길이 있음은 꼭 새겨두라.

서른은 누구에게나 온다. 하지만 젊음의 방황과 절규의 몸부림 한 번 하지 못한 채 맞이하는 서른은 진한 회한으로 눈물짓게 할 것이다. 서른뿐이겠는가? 무엇 하나 제대로 다져놓은 것 없이 어느 날 덜컥 맞이하는 마흔 또는 쉰의 비참함은 그 길의 문턱을 밟아보지 않은 사람은 절대로 알 수 없다.

하지만 모두가 그런 것은 아니다. 지금 자신의 나이가 몇 살이든 기어이 태우고야 말겠다는 강렬한 열정이 있고, 자신에게 주어진 시간의 바늘코로 한 올 한 올 촘촘히 쌓아올린 재능만 있다면, 서른, 마흔, 쉰, 예순이 찾아와도 두려움의 망령 앞에 벌벌 떠는 일은 없을 것이다.

50대 중반이 된 필자도 삶의 길 위에서 끊임없이 몸부림치고 있다. 치열하게 살고 싶거든 젊었을 때 역동적으로 살라. 그럴수록 삶은 뜨거워진다. 두려워하지 말고 젊음의 혈기가 용암처럼 분출할 때 어서 길을 나서라. 젊음은 그렇게 살라고 주어진 시간이니까.

지금 무엇인가를 하고 있다는 것은 좋은 일이다. 자나 깨나 걱정만 하고 땅이 꺼져라 한숨만 푹푹 내쉬면서 아무것도 하지 않는 사람들에 비하면. 하지만 가끔 갈등이 생길 때가 있다. 그 일이 할수록 은근한 매력을 풍기는 일인지, 회의감이 들게 하는 일인지.

그럴 때면 나는 묻곤 한다. '우리가 세상에 태어나서 살아가는 진정한 이유는 무엇일까?' 그 일이 무슨 일이 되었든지 아무리 해도 자꾸 더 하고 싶어지고, 하면 할수록 신명이 나기 때문에 더욱 그 일에 자신을 내던지고 싶어지고, 그로부터 얻게 될 개인적 성취감과 함께 세상에 기여하고 있다는 자부심이 생기기 때문에 우리는 더욱 뜨겁게 삶을 살려고 하는 것이 아닐까.

나를 신명나고 미치게 할 일을 찾는 것, 거기에 이르지는 못하더라도 나를 설레게 하는 일을 찾는 것은 중요하다. 가슴이 뛰지 않는 일을 할 때는 열정이 생기지 않는다.

열정은 가슴속에서 발화한다. 처음부터 자신의 마음속에 담겨 있었던 열정의 심지에 스스로 불을 지피는 것이다. 그런데도 이 일 또는 저 일을 찾아 여기저기 돌아다니는 이유는 무엇일까? 가슴을 뛰게 하는 일이 무엇인지 잘 모르고 있기 때문이다.

어떻게 살고 싶은가? 그냥 현실에 자족하며 살고 싶은가? 아니면 과감히 떨치고 일어나 시련이 따르더라도 자신이 원하는 미래로 나아가고 싶은가? 하룻밤이라도 자신의 미래를 위해 번민의 시간으로 날을 지새운 적이 있는가? 삶에 진지하지 않은 자신이 미워 울어본 적이 있는가?

부나 명예는 없어도 살 수 있지만 열정이 없으면 살 수 없다. 살아도 진정 살아 있는 것이 아니다. 육신만 살아 움직이고 있을 뿐 영혼은 이미 생명을 다한 것이나 다름없다.

삶의 열정이 없다는 것은 자신이 누구인지 잘 알지 못한다는 반증이다. 물어보라. 자신에게. 너는 무엇을 하고 싶은지. 눈물이 나도록 슬퍼지고 자신이 미워질 때까지 치열하게 자신과 만나라.

자신 안에 있는 것을 꺼내어 갈고 닦아 윤기를 내려면 상당한 공력과 시간이 필요하다. 그 시간 동안은 백수가 되어도 좋다. 가장 어리석은 삶은 열심히 살기는 하는데 뭘 하는지 제대로 모르고 사는 것이다. 진정한 자신을 찾을 때까지는 차라리 백수처럼 사는 것도 나쁘지 않다. 2년 또는 3년 동안 자신을 찾느라 백수처럼 살다가 그 후에 자신이 진정하고 싶은 일에 신명을 바치며 살 수 있다면, 그 또한 나름의 매력을 지닌 꽤 괜찮은 삶이 아니겠는가.

기회
사냥꾼

세상은 언제나 두 가지 얼굴을 하고 있다. 잔뜩 흐린 날 어떤 사람은 구름을 보고, 어떤 사람은 구름 너머에 있는 햇빛을 본다. 구름과 해는 동시에 존재하고 있지만, 그 중에서 무엇을 보느냐는 그 사람의 마음에 달려 있다.

행복은 마음으로부터 온다. 항상 마음속에 자신이 꿈꾸는 멋진 영화 한 편을 만들어 놓고 살자. 그 영화 속의 주인공은 다름 아닌 자신이다. 좋은 영화는 반드시 여러 번의 반전을 거듭한다. 그 드라마틱한 구성 때문에 영화는 사람들을 매료시킨다. 좋은 인생 역시 그렇게 반전에 반전을 거듭한 끝에 찾아온다.

어려운 일이 닥치면 반전을 생각하라. 이 시련은 자신이 주인공으로 나오는 삶이라는 제목의 영화가 더욱 극적인 감동을 연출하기 위해 필연적으로 거쳐야 하는 과정이라고 생각하라. 어떤 고난인들 성공으로 가는 길목에서 반드시 거쳐야 한다고 생각하면 극복해내지 못할 이유가 하나도 없다. 성공을 믿지 못하기 때문에 중도에 그만 포기하고 마는 것이다.

지금의 길이 자신이 가고 싶은 길이라면 의연하게 가라. 하늘에 있는 별에 도달하지 못한 것이 부끄러운 일이 아니다. 삶에서 참으로 부끄러운 일은 도달하고 싶은 별이 없는 것이다. 그 별을 갖고 있다면 그대는 지금 행복한 사람이다. 별을 따러 가라. 그 과정에서 만나는 모든 것들이 즐거움이고 행복이다. 그때 우연히 산책 나온 행운도 그대의 편이 되어줄 것이다. 그렇게 할 수 있다고 믿으면 그렇게 된다. 해보라. 해봐야 그 말의 참뜻이 무엇인지 스스로 깨닫게 된다.

지금은 세계적인 성악가가 된 신영옥 씨의 데뷔 무대는 결코 화려하지 않았다. 오랜 시간 그녀는 뉴욕의 한 오페라 극단에서 무명으로 있었다. 그러나 언젠가는 자신이 주연으로 무대에 서리라는 꿈을 포기하지 않고 오페라 전 악장의 가사를 다 외워 두었다.

그러던 어느 날이었다. 주연을 맡은 프리마돈나가 갑자기 몸이 너무 아파 첫 악장을 연기한 후 더는 무대에 서 있을 수 없게 되었다. 매우 급박한 상황이었다. 그런데 수많은 조연들 중에서 자기가 맡은 악장 외에 전 악장을 소화할 수 있는 사람이 단 한 명 있었다. 바로 신영옥 씨였다. 그날 그녀는 무대에 올라 완벽하게 전 악장을 소화해냈다. 이 뜻하지 않았던 기회가 계기가 되어 신영옥 씨는 일약 세계적인 스타로 도약한다.

그녀는 운 좋은 신데렐라였을까? 결코 그렇지 않다. 그 기회가 자기 앞에 다가오기 전까지 그녀는 남몰래 피나는 노력을 통해 그만한 실력을 갖추고 있었기에 결정적인 기회를 놓치지 않고 거머쥘 수 있었다.

그대는 지금 이 순간 무엇을 하고 있는가? 언제 그대 앞에 불쑥 나타날지 모르는 기회를 자신의 것으로 만들기 위해 무엇을 준비하고 있는가? 기회란 예고 없이 찾아오는 법이다. 그러니 항상 낚싯대를 던져 놓고 있으라. 뜻하지 않았던 대어가 그대의 낚싯줄에 덜컥 걸릴 날이 있을 것이다. 그때까지 건강한 꿈을 포기하지 말고 계속 키우라. 누가 뭐라 하든 준비하라. 준비하고 있으면 언젠가 기회를 낚아챌 날이 반드시 온다. 하지만 준비하고 있지 않으면 설령 기회가 찾아온다 해도 그것은 결코 그대의 차지가 될 수 없다.

좋아하는 일이
잘하는 일이 된다

화가 그랜마 모지즈Grandma Moses(1860~1961)는 생전에 2,000점이 넘는 명작을 남겼다. 그러나 더 놀라운 사실은 그녀가 79세가 되어서야 그림을 그리기 시작했다는 사실이다. 게다가 그녀가 그린 작품 가운데 20퍼센트 이상은 100세가 넘어서 그린 것들이었다.

십대 시절 그녀는 뉴욕의 한 농장에서 일했다. 거기서 한 일꾼을 만나 결혼해 10명의 자녀를 낳아 길렀다. 본래 그녀가 좋아하는 것은 바느질이었다. 하지만 점점 나이가 들어가면서 관절염 때문에 손이 불편해 도저히 더 이상 바느질을 할 수 없게 되었다.

그래서 결심한 것이 손이 불편해도 할 수 있는 그림을 그리는 일이었다. 당시 그녀의 나이 일흔아홉이었다. 어느 날 뉴욕시의 미술품 수집상이 그녀의 그림을 보았고, 그것이 바로 그랜마 모지즈가 세계적인 명성을 얻고 화가로서 성공하는 결정적인 계기가 되었다. 그녀의 작품들은 뉴욕 현대미술박물관에 전시되었고, 남녀노소를 초월해 모든 사람에게 깊은 감동을 주고 있다.

그런 인물이 미국에만 있는 것이 아니다. 78살에 첫 개인전을 연 '신인화가'가 한국에도 있다. 바로 류해윤 옹이다. 제대로 된 미술 교육 한 번 받아본 적 없는 그가 그림을 그리기 시작한 나이는 일흔한 살이었다. 세탁소와 복덕방을 운영하던 그가 우연한 기회에 달력 뒤에다 부친의 영정사진을 베껴 그린 것이 발단이 되었다. 베끼는 횟수가 늘어갈수록 그의 그림은 점점 사진과 닮아갔다. 어느 날 사진과 구분하기 어려울 정도로 비슷한 그림이 탄생하자 그의 창작열에 본격적으로 불이 붙었다.

그림 속에서 그는 마도로스처럼 파이프 담배를 물고 캔버스에 붓을 대고 있는가 하면(자화상, 2000), 세련된 스트라이프 넥타이를 맨 정장차림으로 빨간 스포츠카를 타고 드라이브를 한다(나들이, 2000). 류 옹은 역시 화가로 활동하고 있는 아들과 2인전을 열기도 했다.

오륙도, 사오정, 삼팔선, 이태백, 청백전이 난무하는 시대에, 절망이라는 무기력증이 전염병처럼 사회 전반으로 번지고 있는 세상에서, 과연 우리는 내면에 잠재되어 있는 재능을 제대로 사용하며 살고 있는가? 혹시 아무것도 가진 것이 없다고 포기하거나 무엇인가 새로운 열정을 되살리기엔 이미 너무 나이가 많다고 한탄만 하고 있지는 않은가?

열정은 나이의 많고 적음과는 아무 상관이 없다. 세월은 얼굴의 주름살을 점점 늘려 갈지는 모르지만 열정을 가진 사람의 마음마저 주름지게 하지는 못한다. 우리는 나이를 먹어가기 때문에 늙는 것이 아니다. 열정을 잃어버리기 때문에 점점 늙어가는 것이다. 가슴속에서 뜨겁게 타오르던 열정이 사라지고 절망의 계곡에 눈이 덮여 무력감의 얼음덩이 속에 갇혀버릴 때, 우리는 나이에 상관없이 늙기 시작한다. 그래서 80세의 청년이 있는가 하면 18세의 노인이 존재한다.

푹신한 침대에 누워 이리저리 머리만 굴리고 있으면서 세상 다 아는 것처럼 오버하는 삶의 태도는 버리라. 못하고 안 되는 이유만 찾는다면 세상에 할 수 있는 일은 하나도 없다. 되는 일 또한 어디에도 없을 것이다. 하고 싶은 일이 있으면 나중으로 미루지 말고 지금 해봐야 미련이 남지 않는다. 쓸데없는 아집과 어쭙잖은 자존심으로 혼자서 도도한 척 사는 동안 늘어나는 것은 주름살과 나이뿐이다.

하고 싶은 일이 있거든 지금 당장 하라. '하고 싶은 일'은 점점 '좋아하는 일'이 된다. 좋아하는 일은 점점 '할 수 있는 일'이 된다. 할 수 있는 일은 점점 '잘하는 일'이 된다. 잘하려면 먼저 하고 싶어야 하는 것이다. 무엇인가 새로 시작하기에 늦은 나이는 없다. 우리에겐 아직 창창한 시간과 넘치는 에너지가 있다.

젊은이여! 지금 이 시간 무엇을 하고 있는가? 혹시 무엇을 해야 할지 몰라 갈팡질팡하고 있진 않은가? 아까운 젊음의 시간을 터무니없이 허비하고 있진 않은가? 더 늦기 전에 그대가 가장 하고 싶은 일을 찾으라. 좋아하고 하고 싶은 일에 그대의 젊음을 송두리째 바치라. 눈앞에 있는 것만 바라보지 말고 10년 후의 미래를 바라보라. 그 10년 후를 위해 지금 온몸을 던져 뜨겁게 살라.

젊은 그대여! 이제 그만 잠에서 깨어나라. 깊은 절망의 계곡에서 그만 빠져나오라. 무력감의 얼음을 깨뜨려 버리고 열정의 심지에 다시 불을 지피라. 마지막 한 줌의 재로 남을 때까지 그대의 젊음을 아낌없이 활활 불태우라. 그것이 진정 그대가 이 세상에 존재하는 이유 아니겠는가.

116

꿈으로
밥을 짓고
밥으로
꿈을 키운다

인간으로서 일을 한다는 것은 크게 두 가지 의미를 지니고 있다. 일을 하는 첫 번째 이유는 '밥' 때문이다. 일과 돈과 밥은 떼려야 뗄 수 없는 관계다. 우리는 일을 해서 돈을 벌고 그 돈으로 생계를 꾸려 나간다. 먹고사는 문제를 해결하기 위해 시간을 팔고 돈을 산다. 일을 하는 두 번째 이유는 '꿈' 때문이다. 꿈은 생각만 해도 가슴을 뛰게 하는 행복의 파라다이스다. 꿈은 아무리 어려운 고난이 닥쳐도 기필코 나아가게 하는 강렬한 유혹이다. 그리고 일을 통해 우리는 자신의 역량을 발휘하면서 그 꿈을 실현한다.

그런데 살다 보면 '밥'과 '꿈'은 서로 충돌하고 싸우는 경우가 많다. 이 싸움에서 밥이 이기면 먹고사는 문제는 해결할 수 있다. 하지만 싸움에서 진 꿈은 서서히 어디론가 자취를 감추어 버린다. 반대로 꿈이 밥을 이기면 자신의 존재감을 한껏 드러낼 수 있다. 그러나 그 대신 경제적 궁핍을 감내해야만 한다. 특히 보살펴야 할 부양가족이 있을 경우 그 경제적 곤궁함의 정도는 더욱 심해진다.

인간은 빵이 없으면 살 수 없지만 빵만으로도 살 수 없다. 밥과 꿈 중에서 어느 하나가 이기는 상황은 진정한 승리가 아니다. 가능하면 밥과 꿈이 서로 싸우지 않고 협력하게 만드는 것이 좋다. 그럴 수만 있다면 우리는 일을 통해 최고의 가치를 창출할 수 있다. 그러나 사람들은 현실에서 그러기란 거의 불가능하다고 말한다. 맞는 말이다. 우리의 현실이 밥과 꿈의 상생을 가만 놔두지 않기 때문이다. 그래서 모두가 이들 두 가지 상반된 가치를 두고 수많은 갈등을 겪는다. 그리고 대부분 어쩔 수 없이 밥의 손을 들어 준다. 물론 밥의 손을 들어 주었다고 해서 밥 문제가 말끔히 해결되는 것도 아니지만.

밥과 꿈의 공존은 정말 불가능한 것일까? 이 불가능해 보이는 모순을 극복하고 일을 통해 먹고사는 문제를 해결할 뿐 아니라 자신의 재능을 맘껏 발휘하며 꿈을 펼쳐 나가는 사람들은 도대체 어떤 비결이 있기에 그럴 수 있는 걸까?

여기에는 두 가지의 조건이 충족되어야 한다. 첫째는 자신을 잘 알아야 한다. 자신을 철저히 파악함으로써 일을 통해 가장 자기답게 사는 방식을 끊임없이 개발해 나가야 한다. 자신이 무엇을 좋아하는지, 무엇을 하고 싶은지, 무엇을 잘할 수 있는지, 자신의 관심과 흥미와 적성과 재능을 발견하는 데 시간과 노력을 투자해야 한다. 이를 위해서는 주먹구구식으로 막고 품는 접근방법이 아니라 이미 검증된 자기발견 프로그램들을 이용하는 것이 훨씬 효과적이다.

우리 주변에는 본인이 조금만 관심을 가지고 있으면 쉽게 접근할 수 있는 유익한 프로그램들이 여러 가지 있다. 그런데도 어떤 노력이나 관심도 기울이지 않는다면 그 게으름으로 인해 자신을 몰라 방황하는 일을 수없이 되풀이할 것이다. 이러한 과정을 통해 자신에게 가장 적합한 일의 세계가 무엇이며, 그 세계에 들어서기 위해서는 어떤 정보와 지식 그리고 기술이 필요한지 사전에 충분히 준비하고 발을 디디는 것이 가장 바람직하다.

둘째로 직업세계의 정보에 밝아야 한다. 자신을 아무리 잘 알아도 장점과 역량을 최대한 발휘할 직업과 매칭이 되지 않으면 밥과 꿈은 다시금 심한 갈등을 겪지 않을 수 없게 된다. 세상에는 참 많은 직업이 있다. 한국에만도 현재 1만 가지가 넘는 직업이 있다. 게다가 앞으로는 필요하다면 직업을 새로 만들어나가는 시대다. 하지만 대부분 알고 있는 것은 이름이 널리 알려진 소수의 직업뿐이다. 거기에 자신을 끼워 맞추려고 하니까 잘 맞지 않는다.

《2013 한국직업전망》이라는 책자는 변화무쌍한 직업 세계 속에서 새롭게 생성하거나 소멸되는 직업들을 체계적으로 조사 분석해 객관적이고 표준화된 직업 정보를 매번 새롭게 제공하고 있다. 이 자료를 잘 활용하면 취업이나 진로 선택을 위한 객관적인 기초 정보를 얻는 데 많은 도움을 받을 수 있을 것이다. 이 자료를 인터넷에서 보고 싶으면 고용노동부 웹사이트인 워크넷www.work.go.kr의 〈직업·진로자료실〉에서도 검색 및 무료 다운로드가 가능하다.

자신이 지닌 개인적 특성과 직업세계의 다양한 정보를 동시에 충족하는 접점을 찾을 때, 우리는 비로소 자신에게 가장 잘 어울리는 최고의 직업을 만날 수 있다. 가령 자신의 흥미나 적성 또는 재능을 종합적으로 검토한 결과 자신에게 가장 잘 어울릴 만한 직업 가운데 '자산관리사'가 있다고 하자. 자산관리사가 되기 위해서는 기본적으로 수집할 정보가 있다. 자산관리사는 무엇을 하는 직업이고, 평균적인 보수는 얼마나 되며, 이 직업에서 일하기 위해 가장 중요하게 갖추어야 할 소양은 무엇이고, 자산관리사가 되려면 어떤 자격과 지식을 갖추어야 할지 알아봐야 한다. 그런 다음 실제로 해당 분야에 종사하고 있는 전문가를 찾아서 자산관리사를 준비하는 데 꼭 필요한 팁이 무엇인지 자문을 받고 지속적인 유대를 통해 그 직업 세계로의 진출을 모색해야 한다.

우리는 하루 중에 깨어 있는 시간의 거의 대부분을 일을 하며 살아간다. 기왕이면 경제 문제를 해결할 수 있을 뿐 아니라 그것을 통해 삶의 만족을 얻을 수 있는 일이라면 더 이상의 바람이 없을 것이다. 그러나 현실은 그렇지 못하다. 많은 사람들이 '밥'과 '꿈' 중에서 어느 하나도 제대로 만족하지 못하면서 밥은 밥대로 부실하고 꿈은 꿈대로 시들해진 삶을 살아간다. 밥과 꿈은 포기할 수 없는 소중한 가치다. 지금 우리가 해야 할 일은 늦었다고 포기하는 것이 아니다. 기회가 없다고 미리 단념하는 것도 아니다. 나이가 많든 적든, 지금 어떤 일을 하든 안 하든, 지위가 높든 낮든, 이제부터라도 남은 삶을 통해 이들 가치를 실현할 수 있도록 각자가 가진 시간과 에너지를 힘껏 투입하는 것이 중요하다. 우리에겐 그럴 충분한 시간과 역량이 있다.

왜 부모의
직장을
구하는가

　일이란 무엇일까? 무엇을 위해 일하는 것일까? 왜 누군가는 하고 싶어도 일이 없어서 못하는 반면, 또 누군가는 일이 있어도 하려고 들지 않는 것일까? 자신이 가지고 있는 시간과 능력을 일에 투자하는 대신 그로부터 무엇을 얻고 싶어 하는가에 대해 진지하게 묻고 대답할 수 있어야 한다.

　어떤 사람은 일을 하는 주된 동기가 돈을 얻기 위함이다. 그런가 하면 어떤 사람은 돈이나 물질적인 보상보다도 일 그 자체로부터 얻는 즐거움이나 정신적인 보상을 좋아하기도 한다. 지극히 현실적이고 단기적인 관점에서 보자면 일단 돈이 되지 못하는 일은 무시당하기 쉽다. 일을 하는 중요한 동기 가운데 하나가 물질적 보상이기 때문이다. 하지만 너무 돈만 밝히는 일은 경멸의 대상이 되기 쉽다. 일이란 오로지 돈만을 벌기 위해 존재하는 것이 결코 아니며, 장기적으로 볼 때 우리는 일을 통해 삶에서 추구해야 할 소중한 가치를 실현하기 때문이다. 따라서 일이란 돈을 버는 것 이상의 의미를 지녀야 하는 것 또한 사실이다.

이렇듯 일은 단기적인 관점과 장기적인 관점에서 자칫 서로 상충하기 쉽다. 당장 먹고살아야 한다는 현실적인 요구와 꿈을 실현하고 싶다는 이상적인 소망이 일을 대하고 일에 임하는 우리로 하여금 끊임없이 갈등하고 번민하게 만드는 것이다.

남녀노소 지위고하를 막론하고 일에 대한 자신의 관점을 분명히 해야 한다. 특히 아직 본격적인 일의 세계에 뛰어들지 않은 청년 또는 청소년들은 미래에 자신이 어떤 일을 하고 싶으며, 왜 그 일을 하고 싶어 하는지, 그 일을 통해 얻고 싶은 소중한 가치들은 무엇인지 차분하고 진지하게 생각해야 한다.

이때 반드시 뛰어넘어야 할 두터운 현실의 장벽이 있다. 그것은 흔히 부모나 기성세대가 말하는 직업관에 흔들리지 말라는 것이다. 기존의 직업관과 미래의 직업관은 달라도 너무 많이 다르다. 한 마디로 말해 종전에는 직업에 나를 맞추어도 크게 무리가 없는 세상이었다.

그러나 지금은 다르다. 직업에 나를 맞추지 말고 나에게 맞는 직업을 찾아내야 롱런할 수 있다. 당장 눈앞의 먹는 문제를 해결하려고 아무 직업이나 구하려 하다가는 평생 동안 먹는 문제조차 해결하기 어려운 것이 미래의 직업 세계임을 명심해야 한다. 당장 인기가 없거나 화려하지 않더라도, 지금은 배고프고 남들이 초라하다고 할지라도, 그 일로부터 장기적인 관점에서 만족할 수 있어야 먹는 문제도 안정적으로 해결할 수 있다.

일의 세계에 과거 그 어느 때보다도 큰 변화의 물결이 밀려오고 있다. 지금 존재하고 있는 직업 가운데 상당수가 한 세대만 지나면 자취를 감출 것이다. 지금 잘나간다는 직업들 가운데 상당수가 10년 후엔 별 볼일 없는 직업들로 전락할 것이다. 그런가 하면 너무나 생소하고 희한한 직업들이 세상에 그 모습을 드러낼 것이다. 현재의 사회적 통념으로는 말도 안 되고 돈도 안 되는 직업들이 당당하게 주류로 부상할 것이다.

일work과 노동labor은 유사하면서도 분명히 다르다. 일이란 인간의 경제적 욕구를 충족하기 위한 유력한 수단이기도 하지만, 그 일을 통해 자신의 잠재력을 발휘하고 점점 더 나은 사람이 되어가기 위해 존재한다. 일은 육신의 배고픔을 달래기 위해 존재하기도 하지만, 심장과 영혼이 펄떡펄떡 뛰게 하기 위해 존재하기도 한다.

그대에게 일은 어떤 의미인가? 육신의 허기를 달래는 것이 주된 목적인가, 영혼의 허기를 달래기 위한 것이 더 큰 목적인가?

유망 직업
vs
유행 직업

어떤 일을 열심히 하는 것은 대단히 중요하다. 그러나 더 중요한 것이 있다. 열심히 하기 전에 무엇을 열심히 할 것인지 분명히 알고 해야 한다. 새로운 시대가 요구하고 필요로 하는 흐름과 물결을 탈 줄 알아야 한다. 단순히 성실하게 일하는 것만이 미덕인 시대는 이미 지났다.

지금 이 시간에도 숱하게 많은 직업이 사라지고 또 등장한다. 일의 세계에도 예상보다 훨씬 빠른 속도로 변화의 해일이 밀어닥치고 있다. 10년 전만 해도 인기 절정이던 직업이 이제 사람들의 흥미와 관심을 끌지 못한다. 그런가 하면 생전 들어보지도 못한 독특한 이름의 직업이 하루가 다르게 출현하고 있다.

우리 사회에 '유망 직업'은 있는가? 신문이나 직업 관련 정보지를 훑어보면 온통 미래의 유망 직업을 소개하고 추천하는 기사들로 넘쳐난다. 대도시의 학원가는 더 늦기 전에 그런 유망 직업에 필요한 자격증을 준비하라고 구직자들을 유혹한다. 어떤 직업이 유망 직업일까? 혹시 빠르게 변화하는 사회에서 일시적으로 떠오르는 '유행 직업'을 유망 직업으로 착각하고 있는 것은 아닐까.

미래사회에서 유망 직업은 없다. 세월 따라 수시로 변하는 수많은 유행 직업들이 존재할 뿐이다. 유일한 유망 직업이 있다면 그것은 자신이 하고 싶고 가장 잘할 수 있는 일에 지속적으로 시간과 노력을 투자해 전문성을 높여갈 수 있는 그런 일이다. 고객에게서 사랑을 받을 수 있는 '똑 소리 나게 잘하는' 일만 있다면, 어떤 분야의 일이든 평생 유망 직업이 될 수 있다. 그 일은 농사일 수도 있고, 프로게이머일 수도 있으며, 미술치료사일 수도 있다. 시대가 요구하는 유행에 자신을 맞추려고 하지 말고, 자신의 확실한 아성을 구축하기 위해 탄탄한 토대를 다지는 것이 오히려 현명한 미래의 직업 선택이다.

그 어느 때보다도 직업의 방향을 잘 잡는 것이 중요한 시대다. 우리는 사다리를 빨리 오르는 것이 최선이 아니라 사다리를 제대로 놓고 오르는 것이 최선의 선택인 시대를 살고 있다. 고기를 낚기 위해서는 낚시터에 가야 한다. 엉뚱한 곳에 낚싯대를 걸치고 대어가 물리기를 아무리 기다려봤자 아까운 세월만 다 흘러간다. 물이 좋은 곳이 어디인지 먼저 제대로 확인하고 난 다음에 낚싯대를 드리우자. 그래도 늦지 않을 만큼 시간과 고기는 충분히 있다.

하던 일이나
잘하라

직무를 수행하다 보면 그 일이 잘 맞을 수도 있고 잘 맞지 않을 수도 있다. 일을 하면 할수록 더 잘할 수도 있고 그렇지 못할 수도 있다. 그런데 원하는 만큼 성과를 거두지 못했다고 해서 곧장 다른 일거리를 찾아 나서는 사람들이 있다. 그렇게 해서는 무슨 일을 해도 결과는 마찬가지다.

그들은 어디에서도 제대로 일을 해내지 못하고 인정을 받지 못할 수가 있다. 재미있든 재미없든, 보수가 많든 적든, 모든 일에는 반드시 극복해야 할 난관과 시련이 있게 마련이다. 그 장애물들을 이겨내지 못하면 무슨 일을 하든 맨날 제자리를 맴돈다. 반복되는 지루하고 따분한 일상이 싫어지면 결국 하던 일을 그만두기도 한다.

직장이나 직업을 자주 바꾸는 사람들 중에는 하던 일이 자신의 적성에 맞지 않거나 비전이 없어서 어쩔 수 없이 그만두었다는 이유를 내세우는 사람들이 많다. 그럼 적성에 맞지 않을 경우 어떻게 해야 할까? 자신의 적성에 맞는 일을 찾을 때까지는 이일 저일 경험해보면서 계속 시행착오를 겪는 것이 최선의 방법일까? 그래도 될 만큼 삶에서 시간은 항상 넉넉한 것일까? 단 한 번이라도 과연 자신의 적성이나 성격과 잘 어울리는 일이 무엇인지 진지하게 성찰하고 구체적으로 탐색한 적은 있었는가?

자신의 적성이나 성격에 대해 알려고 하면 도움을 받을 수 있는 좋은 도구들이 주변에 얼마든지 있다. 그 흔한 진로적성검사 한번 제대로 받아 본 적이 없거나, 있었다 해도 그 결과를 직업과 연계시켜 보려는 노력 없이 1만 가지가 넘는 수많은 직업 중에서 자신에게 가장 적합한 직종을 찾아내기란 여간 어려운 일이 아니다.

설사 우여곡절 끝에 적성에 맞는 일을 찾았다 해도 만족할 만한 성과를 얻으려면 제법 많은 시간과 노력을 투자해야 한다. 그런데 대부분의 사람들은 그 과정을 진득하게 이겨내지 못한다. 평소 하고 싶은 일이면서 자신의 적성과도 잘 맞는다 해도 그 일을 하기 위해서는 최소한 몇 년의 시간과 노력을 투자해야 하는데, 그럴 엄두가 나지 않는 데다 그런대로 살 만한 현실을 박차고 나갈 용기와 배짱이 없어 어정쩡하게 살아간다.

다니는 직장이 비전이 없다는 얘기 역시 마찬가지다. 지금 다니는 직장에 비전이 없다는 것은 구체적으로 무슨 의미인가? 회사의 비전이 없다는 것인가 아니면 자신의 비전이 없다는 것인가? 혹시 자신의 비전이 없으면서 그 이유를 회사로 떠넘기고 있는 것은 아닌가? 많은 사람들이 사실은 자신이 꿈이 없어서 무엇 하나에도 집중하지 못하면서 꿈을 찾아보려고 노력할 생각은 않고 그렇게 사는 원인을 주변 환경 탓으로 돌리거나 소속된 회사나 조직, 출신학교 탓으로 떠넘기고는 한다.

직업적으로 성공하고 싶거든 먼저 지금 하고 있는 일에서부터 작은 성취감을 맛보라. 그대의 고용주가 보내기엔 너무 아까운 사람이라고 바짓가랑이 붙잡고 안 놓아주려고 할 만큼 다부지게 일하라. 지금 하고 있는 일이 성격이나 적성에 맞든 안 맞든, 비전이 있든 없든, 먼저 그 일에서 주변으로부터 인정을 받도록 하라. 그런 다음 그 일이 시시해질 정도로 실력을 키웠거든 그때 다른 도전을 시도해도 된다. 그래야 다른 일에서도 성공할 수 있다.

세상에 기여하는 사람이 돼라. 회사가 필요로 하는 사람이 돼라. 먼저 세상과 조직에 기여하라. 그러면 세상과 조직이 그대에게 보상을 해준다. 세상에 보탬도 주지 못하고 회사에 별로 도움도 되지 못하면서 과분한 대접과 과도한 보수를 바라는 사람은 그 어디에서도 환영 받지 못한다.

지금 하고 있는 일부터 잘하라. 자신의 몸값은 스스로 결정하는 것이다. 주변을 바꾸려고 하지 말고 자신을 바꾸라. 그대의 삶이 업그레이드되지 않으면 세상 어느 누구도 그대가 기대하는 만큼의 대우를 해주지 않는다.

하던 일을
다르게 하라

A와 B는 대학 동기생이다. 여느 대학생들처럼 둘 다 재학 시절 열심히 스펙을 쌓았다. 둘 다 대기업에 들어가기를 원했다. 여기 저기 원서를 내보았지만 같이 일하자고 그들을 부르는 기업은 한 군데도 없었다. 고만고만한 스펙은 준비했을지 모르나 남들과 차별화할 만한 특별한 경쟁력을 갖고 있지 못했기 때문에 면접관의 눈에 뜨일 리 만무했다. 할 수 없이 그들은 취업의 눈높이를 낮추기로 했다. 마침내 A와 B는 비슷한 시기에 각자 다른 회사에 입사했다.

그렇게 직장생활을 시작한 둘은 열심히 근무하며 경력을 쌓아 나갔다. 하지만 A와 B가 직장에 다니는 마인드는 사뭇 달랐다. A는 철저한 직장인으로서의 커리어를 쌓는 데 주력했다. 자신에게 주어진 업무를 빈틈없이 처리하며 상사들의 눈 밖에 나지 않으려고 최선을 다했다. 반면 B는 비록 지금 회사에서 하고 있는 업무가 자신이 본래 꿈꾸던 일과는 다소 동떨어져 있지만 그 연관 고리를 찾기 위해서 무진 애를 쓰며 일했다. 훗날 꼭 하고 싶은 일이 있었기에 그는 항상 미래의 포부를 생각하며 모든 업무를 처리했다.

처음 몇 년 동안 둘은 평범한 일반 직장인들과 전혀 다르지 않았다. 그런데 시간이 갈수록 둘 사이에는 조금씩 격차가 벌어지기 시작했다. 비록 자신이 꿈꾸던 일과는 멀어졌지만 그런대로 안정성을 담보하는 지금의 회사에 올인하기로 한 A는 승진의 사다리를 타고 위로 올라가는 일에 전념했다. 처음에는 뜻한 대로 잘 이루어지는 듯했다. 하지만 조금씩 위로 올라갈수록 진급을 위한 경쟁은 점점 치열해졌다. 그럴수록 업무의 전문성과는 멀어지면서 회사 내에서 좋은 인맥을 쌓는 일이 그에게는 주된 관심사가 되었다.

그 사이에 B는 자신의 전문성을 쌓는 일에 더욱 주력했다. 그러다 보니 승진에서는 A에 비해 점점 뒤처졌다. 하지만 자신의 꿈을 향해 나가는 면에서만큼은 절대 A에 뒤지지 않았다. 그는 자신의 업무 영역과 훗날 꼭 하고 싶은 일과의 접목을 염두에 두면서 전문성을 키워 나갔다. 그렇게 10년이 지나자 그들 둘의 라이프스타일은 확연히 달라졌다. A는 진급은 빠른 대신 자신의 본래 꿈과는 점점 멀어지는 삶을 살게 되었다. 반면 B는 전문성을 쌓으면서 자신의 꿈에 점점 가까이 다가갔다. 시간이 흐를수록 A는 회사에서 밀려나지 않기 위해 더욱 회사에 매달리지 않으면 안 되는 삶을 살게 되었지만, B는 직장인인 동시에 전문성을 바탕으로 한 독립적인 '1인 기업가'로 꿈과 일이 하나가 될 수 있는

극적인 삶의 전환을 꾀하게 되었다.

물론 이 이야기는 매우 단순화시킨 가상적인 직장생활의 한 단면이다. 그러나 직장인들을 크게 두 가지 부류로 나눈다면 거의 모든 사람이 A 아니면 B에 해당될 것이다. 나 또한 그랬다. 처음 대학 강단에 섰을 때는 모든 것을 다 얻은 듯 직장에 만족하며 열심히 일했다. 강의와 연구라는 두 가지 업무를 충실히 수행하기 위해서 최선을 다했다.

그런데 언제부턴가 그것만이 전부가 아니라는 생각이 들었다. 아마 교수로 부임한 지 10년이 지난 40대 초반이었던 것 같다. 예전부터 내게는 한 가지 꿈이 있었다. 학창시절의 나처럼 어디로 가야 할지 몰라 방황하는 젊은이들에게 용기와 희망을 주고 동기를 부여해 주며 길을 안내해 주는 '삶의 안내자' 역할이 바로 그것이다. 물론 특정 대학의 특정 학과에서 강의하는 것도 그 꿈에 다가가는 한 방편이긴 했지만, 당시 나는 꿈의 영역을 훨씬 더 넓게 보고 있었다. 그러다 보니 자연스럽게 강의를 하면서도 강의 내용과 내 꿈을 어떻게 접목시킬 수 있을까 늘 고민에 고민을 거듭했다.

그 과정에서 내가 꿈꾸던 세상에 다가가려면 전공 지식 외에도 다른 많은 공부와 준비가 필요함을 절감했다. 그래서 짬나는 대로 하나씩 둘씩 필요한 조건들을 갖추기 위한 준비를 해나갔다. 사비를 들여가면서 국내의 권위 있는 리더십 교육과정을 비롯하여 동기부여 및 자기계발 프로그램, 심리상담 교육과정 등을 이수했다. 하나를 하다 보면 그것만으로는 부족함을 느끼게 되고 그 부분을 채우기 위해 또 다른 과정에 발을 디디게 되는 일련의 훈련들이 거듭되었다. 그렇게 배우고 익힌 것들을 서서히 전공 및 교양 강의와 접목시켰더니 조금씩 나만의 독특한 강의 콘텐츠가 빚어지기 시작했다. 그렇게 반복하며 경험을 축적하는 과정에서 이제는 부족한 대로 한 사람의 인생 로드맵을 직접 그려보고 실천하도록 가이딩할 수 있는 독자적인 교육 프로그램을 세상에 선보일 수 있게 되었다.

똑같아 보이는 일이더라도 그 일을 꿈과 연계시켜 조금씩 다르게 하다 보니 시간의 흐름 사이로 새로운 틈새가 생기고, 그 틈새를 뚫고 나가니 뜻밖에도 꿈으로 이어지는 길이 나타났다.

하고 싶은
일을
먼저 하라

세상에는 네 가지 부류의 일이 있다. 하고 싶은 일이 있는가 하면, 하기 싫은 일이 있다. 이것은 주로 우리의 열정과 관련이 있다. 하고 싶으면 저절로 열정이 생기지만, 하기 싫으면 천하 없어도 열정이 나오지 않는다. 다음으로 잘하는 일이 있는가 하면, 잘하지 못하는 일도 있다. 이것은 주로 역량과 밀접한 관련이 있다. 어떤 일을 잘한다는 것은 역량이 있다는 말이며, 잘 못한다는 것은 역량이 없다는 말과 같다.

그런데 이들 네 가지 범주의 일들은 서로 연관되어 있다. 어떤 사람들은 하고 싶으면서도 잘하는 일을 하며 산다. 또 어떤 사람들은 하기도 싫고 잘하지도 못하는 일을 하면서 산다. 그런가 하면 하고 싶긴 한데 잘하지 못하는 일을 하며 사는 사람들도 있고, 잘하지만 하기 싫은 일을 붙들고 살아가는 사람들도 있다.

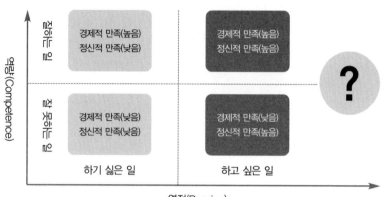

일과 만족의 4가지 유형

이 세상 어떤 일도 이 네 가지 범주 밖에 있을 수 없다. 그렇다면 어떤 일의 영역에 청춘과 삶을 바치는 것이 좋을까? 물론 최고의 환상적인 조합은 하고 싶은 일을 잘하는 것이다. 열정이 있는 데다 역량까지 갖추고 있으니 금상첨화라고 할 수 있다. 이러한 범주의 일은 유능한 사람으로 인정을 받을 뿐만 아니라 덤으로 부富까지 주어진다.

다음으로 잘하기는 하는데 의욕이나 열정이 생기지 않는 일을 하는 사람들이 있다. 의사나 변호사처럼 공인된 자격증을 획득할 정도로 그 분야에서 검증은 받았지만, 솔직히 하고 싶어서 한다기보다는 안정된 수입이 보장되기 때문에 그 일을 놓지 못한다.

그런가 하면 잘하지는 못하지만 하고 싶은 열정으로 그 일에서 손을 떼지 못하는 사람들도 있다. 그들은 아직 인정을 받지는 못하지만, 내면의 열정이 그 일을 계속하도록 끊임없이 격려하고 성원한다. 비록 돈이 되지는 않지만, 재미있어서 하기 때문에 일에서 보람을 느끼며 살아간다.

마지막으로 잘하지도 못하면서 하기조차 싫은 일을 해야만 하는 사람들이 있다. 하기 싫기 때문에 일에 대한 열정도 생기지 않으며, 잘하지도 못하기 때문에 능력 없는 사람으로 취급당한다. 하지만 자기의 손에 가족의 생계가 달려 있으므로 그 일에서 손을 떼는 것은 곧 산소 호흡기를 떼어내는 것과 다를 바가 없다. 가장 비참해지는 상황이 바로 이런 경우다.

그런데 현실에서는 유감스럽게도 가장 많은 사람들이 하기 싫지만 먹고살기 위해 어쩔 수 없이 하지 않으면 안 되는 일을 하며 팍팍하게 산다. 더욱이 그 일에서 손을 떼지 못하기 때문에 정말 하고 싶은 일에는 발을 디딜 여유조차 없다. 이 악순환의 고리를 끊지 않는 한 신바람도 나지 않을뿐더러 무능하다는 소리까지 들어가며 돈도 되지 않는 일을 고단하게 해야 한다.

이 사슬에서 벗어나려면 어떻게 해야 할까? 지금이라도 늦지 않았으니 스스로 혁신을 도모해야 한다. 그 혁신이란 먼저 하고 싶은 일이 무엇인지 찾아내는 것이다. 현재 하고 있는 다른 일이 있다면 그 일을 계속하면서 별도의 시간을 내어 진정으로 하고 싶은 일에 열정의 불을 지펴야 한다. 열정은 어떤 일에 마음과 정성을 바치는 것이며 그런 노력이 계속될 때 비로소 그 일에 정통할 수 있게 된다. 그렇게 해서 시간이 흐르다 보면 하고 싶어서 시작한 일이 어느새 잘할 수 있는 일로 바뀐다.

이제 자신을 냉정히 돌아보자. 지금 하고 있는 일이나 앞으로 했으면 하는 일은 어떤 부류의 일인가? 네 가지 일의 세계에서 가장 원하는 일은 어떤 범주의 일인가? 만일 그 일이 아직 잘하는 일이 아니라면 선택은 둘 중 하나다. 하고 싶은 일을 할 것인가, 하기 싫은 일을 할 것인가?

어떻게 할 것인가? 이미 답은 나오지 않았는가? 세상에서 잘하는 일이 하나도 없다면 먼저 하고 싶은 일을 하라. 가족을 굶기지 않겠다고 하기 싫은 일을 틀어잡고 있으면, 가족 모두를 평생 궁핍의 구덩이에서 끌어올리지 못할 가능성이 매우 크다. 살겠다고 겨우 잡은 지푸라기 놓지 않으려고 하다가 영영 표류하게 될지도 모른다. 차라리 지푸라기 놓아버리면 저만치에서 동아줄이 시야에 들어오는데도 말이다.

이렇게 말하면 "어떻게 하고 싶은 일만 하면서 살 수 있는가?"라고 반문할지 모른다. 맞는 말이다. 하기 싫은 일도 하지 않으면 안 되는 것이 세상살이 아니던가. 하지만 그런 상황에서도 하고 싶은 일은 언제든 할 수 있다. 하기 싫은 일을 하는 짬짬이 하고 싶은 일에 시간을 내야 한다. 그래야 하기 싫은 일에서 점점 손을 뗄 수 있기 때문이다.

하고 싶은 일을 하지 못하는 이유는 정작 다른 데 있다. 가장 핵심적인 문제는 정말 원하는 일이 무엇인지 모르기 때문에 별다른 생각 없이 이 일 저 일에 손을 대곤 한다는 사실이다. 내가 원하는 것이 무엇인지 분명히 알면, 나도 모르게 그 일에 손이 가고 마음이 쏠리기 마련이다. 설사 다른 일을 하더라도 늘 하고 싶은 일을 할 기회를 포착하려고 한다.

마음이 쏠리면 관심이 생기고 관심의 촉수가 곤두서면 눈에 잘 들어오는 법이다. 눈에 잘 들어오고 시야가 트이면 그것에 대해 더 잘 알게 되고 알면 알수록 더 잘할 수 있게 되기 마련이다. 결국 어떤 일을 잘하려면 먼저 하고 싶은 일을 해야 하는 이유가 바로 여기에 있다. 하고 싶은 일을 오래 지속해야 비로소 잘하는 일이 되기 때문이다.

매처럼
직업을
낚아채라

매는 먹잇감을 사냥할 때 목표물을 직접 공격하지 않는다. 토끼를 사냥할 때 매는 직접 공격을 가하지 않는 대신 공중에서 우회 비행을 하면서 먼저 충분한 높이를 확보한다. 그런 다음 높은 위치에서 수직으로 급강하해 아주 짧은 시간에 엄청난 속도와 에너지를 얻는다. 매가 본격적인 공격에 돌입하는 것은 이때부터다.

수직으로 낙하하면서 얻은 굉장한 가속도를 지상 가까이에 이르러서 곧바로 수평으로 전환한 다음 그 스피드를 이용해 순식간에 토끼를 덮쳐버린다. 직접 공격이 아니라 우회 공격을 통해 더 강력한 힘으로 목표물을 낚아채는 것이다. 얼른 먹이를 잡겠다는 생각에만 사로잡혀 충분한 힘을 비축하지 않고 서둘러 목표물을 공격했다가는 먹이를 잡기는커녕 땅에 곤두박질치기 십상이라는 것을 매는 본능적으로 잘 알고 있기 때문에 직선 공격이 아닌 우회 공격으로 목표를 쟁취한다. 이와 같은 매의 사냥 방법을 가리켜 '우회 축적의 원리'라고 한다.

우회 축적의 원리는 우리가 성장하고 발전하는 과정에서도 매우 유용하게 활용된다. 주변을 보면 간혹 준비도 제대로 하지 않고 충분한 에너지도 비축하지 않은 채 조급하게 목표에 접근하려고 하는 사람들이 있다. 물론 작은 목표물은 특별한 준비 없이도 쉽게 얻어낼 수 있을지 모른다. 그러나 제법 비중 있는 목표는 급하게 서두른다고 해서 덥석 잡히는 것이 아니다. 충분한 시간을 내어 꼼꼼히 준비하고 필요한 에너지를 비축한 다음 목표물을 공략해야 비로소 성공할 수 있다.

직업이나 직장을 선택하는 경우에도 우회 축적의 원리는 시사하는 바가 크다. 한두 달 또는 1~2년 일할 요량이라면 아무 일이나 닥치는 대로 해도 될지 모른다. 그러나 일은 삶을 통틀어 자아실현과 함께 경제 문제를 해결하는 매우 중차대한 경제활동이다. 그런데 많은 이들이 충분한 시간을 갖고 차분히 준비하려고 하지 않을 뿐 아니라 자신에게 어울리는 최적의 일거리가 무엇인지 진지하게 탐색하지 않은 채 세태나 유행 또는 주변의 시선이나 체면을 의식해 일자리에 뛰어든다. 우회 축적의 원리가 무엇을 의미하는지 깊이 헤아리지 않고 당장 눈앞에 보이는 직장이라는 먹잇감을 사냥하는 데만 정신이 팔려 있는 것이다.

다행히 '직장 사냥'에 성공했다고 하자. 그러나 힘을 비축하지 않았기 때문에 직장이라는 먹잇감을 잡았다가도 금방 놓쳐버린다. 아니면 그나마 간신히 사냥에 성공한 직장을 잃어버릴까 늘 노심초사하면서 살아가야 한다.

일시적인 일자리가 아니라 평생 일거리를 원한다면 그렇게 접근해서는 곤란하다. 다가오는 미래 사회에서 직장이나 직업의 선택은 평생 차원에서 접근해야 한다. 그렇지 않으면 어디에서 무엇을 해도 늘 불안한 것이 미래의 일거리이기 때문이다. 여기서 말하는 평생 일거리란 금전적 보상의 크기를 따지기에 앞서 얼마나 즐겁고, 얼마나 오래 그 일을 할 수 있겠는지에 초점이 맞춰져야 한다. 얼마나 많이 벌 수 있느냐가 아니라 얼마나 오래 지속할 수 있느냐가 관건이다. 그러기 위해서는 철저하게 자신의 흥미와 관심, 적성과 역량에 가장 잘 어울리는 일거리가 무엇인지 체계적으로 접근해야 한다. 시간이 걸리더라도 자신이 원하는 일을 자신이 원하는 방식으로 준비해야 평생을 통해 가장 안정적인 일거리를 장기적으로 확보할 수 있기 때문이다.

당장 눈앞에 닥친 취직문제 때문에 그렇지 않아도 골머리 아파 죽겠는데 어느 세월에 자신이 원하는 일을 준비해 평생 일거리로 만들겠느냐고 생각할 수 있다. 그러나 바로 그러한 생각이 5년만 투자하면 우회 축적을 통해 강력한 힘을 비축하고 평생 일거리 문제를 근원적으로 해결할 수 있는 절호의 기회와 시간을 다 놓쳐버리게 한다.

그뿐 아니라 어디에서도 알아주지 않는 지극히 평범하고 비전문적인 역량으로 직장 몇 군데를 전전하다가 나중에는 30~40대에 직장에서 아예 토사구팽 당하는 수모를 감수해야만 한다. 빨리 취직해야 한다는 성급함으로 엄벙덤벙 살다가 힘을 축적하고 내공을 쌓아야 할 시기를 놓쳐버리면, 당장 눈앞에 닥친 끼니를 해결하기 위해 하지 않으면 안 되는 일을 평생 해야 한다.

이제 그런 방식으로 일자리에 접근하는 것은 그만두어야 한다. 오히려 평생 일거리를 성공적으로 확보하고 싶으면 우회 축적의 원리를 지혜롭게 활용할 줄 알아야 한다. 평생 일거리의 성공 여부는 얼마나 체계적으로 얼마나 오랜 시간을 투자해 꾸준히 준비하느냐에 달려 있다.

평생 일거리는 금방 찾을 수 있는 것이 아니다. 이른 나이에 준비할수록 그만큼 일찍 평생 일거리를 확보할 수 있다. 가령 20대에 준비해놓으면 30대 이후가 훨씬 순탄하게 전개되는 것이다. 10년 이상 롱런할 일거리는 구하는 것이 아니라 스스로 준비하고 만들어 나가는 것이다. 다시 말해 미래의 평생 일거리는 남이 제공해주는 '취직就職' 차원이 아니라 본인이 스스로 창조하는 '창직創職' 차원에서 접근해야 한다. 바로 그런 일을 하기 위해 우리는 다시 한 번 우회 축적의 원리를 상기할 필요가 있다. 매가 왜 사냥감을 직접 공격하지 않고 우회하는 공격법을 채택하는지를 말이다.

무엇이든 한순간에 이루어지는 것은 없다. 새롭게 하고 싶다면, 다르게 하고 싶다면, 가장 먼저 해야 할 일은 단호하게 결단을 내리는 것이다. 그런 다음 그 결단을 과감하게 실천에 옮기는 것이다. 그럴 때 비로소 미래는 상상이 아니라 현실이 된다.

우리가 살아갈 세상은 실업이 보편화되는 사회다. 정규직 취업은 특별한 것이 되고 비정규직은 일반화의 길을 가는 추세다. 고용에 목숨을 걸면 역설적으로 목숨을 부지하기 점점 힘들어지는 세상이다. 개인의 일거리 문제는 국가가 결코 책임지지 않을 것이다. 기업이 대신 멍에를 짊어지고 새로운 일자리 창출을 위해 땀을 흘리지도 않을 것이다. 그렇다면 어떻게 해야 할 것인가? 대답은 너무 자명하지 않겠는가?

그대 스스로 고용주가 되어 자신을 고용하라. 그것만이 미래의 일거리를 가장 안전하게 담보하는 길이다. 그 일거리를 찾아내는 데 가지고 있는 모든 역량과 에너지와 시간을 결집하라. 매가 사냥하는 방법인 우회 축적의 원리를 최대한 발휘해서 말이다.

그대
스스로를
고용하라

우리는 누구도 먹고사는 문제로부터 자유로울 수 없다. 자신뿐 아니라 가족의 생계까지 책임지고 있다면 더더욱 그러하다. 그러기 때문에 인간은 누구나 먹고사는 문제를 해결하기 위한 수단으로 직업을 갖는다.

국어사전에서 직업職業의 뜻을 찾아보면 '생계를 유지하기 위해 자신의 적성과 능력에 따라 일정한 기간 동안 계속해 종사하는 일'이라고 정의하고 있다. 직업에는 두 가지 중요한 의미가 담겨 있다. 첫째는 '생계를 유지할 목적'으로 직업을 갖는다는 것이고, 둘째는 '자신의 적성과 능력에 맞춰 지속적으로 종사하는 일'이다.

그런데 흥미로운 것은 영어사전에서 직업에 해당하는 단어를 찾아보면 'Job'이나 'Occupation'이 있는가 하면 'Calling'이나 'Vocation'

도 있다. 모두 직업을 의미하지만 본질적으로는 뜻이 다르다. 전자의 경우엔 주로 먹고사는 수단이라는 뜻이 강하다. 그러나 후자의 경우엔 단순한 생계수단이 아니라 태어날 때부터 타고난 적성이나 능력을 발휘해 행하는 일이 직업이다.

직업은 각자가 스스로 자신의 직업을 어떻게 규정하느냐에 따라 상당히 다른 의미를 지닌다. 스스로 자신이 하고 있는 일을 먹고사는 문제를 해결하기 위한 수단이라고 생각한다면, 그의 직업은 무슨 일이 되었든 '생계문제를 해결하기 위한 수단'이 된다. 하지만 자신의 직업을 생계문제를 넘어 삶에서 추구해야 할 '가치를 실현하기 위한 수단'이라고 생각하면 그에게 있어서 직업은 인생에서 반드시 이루고자 하는 자신의 소명을 구체적으로 실천하는 수단이 된다.

직업에 대한 관점은 저마다의 가치관과 처한 환경에 따라 다를 것이다. 그러나 앞에서 언급한 것처럼 직업이 두 가지의 서로 다른 의미를 함축하고 있다면 생계 해결의 수단보다는 가치 실현의 수단으로 접근하는 것이 장기적인 차원에서 볼 때 더욱 바람직하지 않을까 생각한다.

직업을 먹고사는 문제를 해결하기 위해 자신의 적성이나 능력을 무시한 채 좋아하지도 않고 하고 싶지도 않지만 어쩔 수 없이 해야 하는 일이라고 생각하기보다는, 이 세상을 살면서 자신이 타고난 재능을 살려 좋아하고 하고 싶은 일을 하면서 인생에서 꼭 추구하고자 하는 가치와 소명을 실현하기 위한 일이라고 생각한다면 어떤 직업을 갖는 것이 후회하지 않는 선택이 될지 더욱 명확해질 것이다. 세상에 존재하는 수많은 직업 가운데 자신이 좋아하고 하고 싶은 일을 직업으로 삼으면 된다.

하고 싶은 일을 하다가 굶어 죽은 사람을 본 적이 있는가? 하기 싫은 일을 하다가 굶어 죽는 사람은 있을지 몰라도 자신이 정말 하고 싶은 일을 하다가 굶어 죽는 사람은 없다. 있다면 지속적으로 하지 않고 중간에 포기해 버렸기 때문일 것이다.

하고 싶은 일을 지속적으로 하는 사람과 하기 싫지만 어쩔 수 없이 하는 사람의 운명은 앞으로 시간이 가면 갈수록 분명하게 차이가 나게 된다. 하고 싶은 일이긴 했지만 그 과정에서 필연적으로 부딪히게 되는 시련과 난관을 극복하는 사람과 극복하지 못하는 사람의 미래 또한 극명하게 갈릴 것이다. 직업을 통해 인생의 가치를 실현하려고 하면 덤으로 생계문제까지 해결하겠지만, 생계문제부터 해결한답시고 '묻지마 직업'을 선택하는 경우엔 가치 실현은커녕 생계문제조차 제대로 해결하지 못하는 상황에 직면하기 쉽다.

직업에 나를 맞추는 시대는 이제 점점 종말을 고하고 있다. 바야흐로 나에게 맞는 직업을 스스로 만들어야 하는 시대가 오고 있다. 언제 사라질지 모르는 기존의 직업에 무작정 자신을 맡길 것이 아니라, 하고 싶고 잘할 수 있는 일을 직업으로 삼으려는 마인드를 가져야 한다.

'현존하는 직장·직종의 80%가 앞으로 10년 후에 소멸할 것'이라는 미국 노동부의 자료나 '2030년이 되면 1인 기업이나 자영업이 전체 직업의 90%를 차지할 것'이라는 미래학자들의 예측을 허투루 흘려듣고 넘겨 버리지 말아야 한다.

21세기에 우리가 가져야 할 직업관은 분명하다. 다른 CEO 밑에서 일하려 하지 말고 그대 스스로 CEO가 되어 일하라. 남에게 고용될 생각을 버리고 그대 스스로를 고용할 생각을 하라. 면접 볼 생각만 하지 말고 1인 창업도 생각해 보라. 그대를 구제할 수 있는 유일한 주체는 바로 그대 자신이기 때문이다.

불후의
현역

1998년 당시 나이로 60세였던 가수 패티 김은 데뷔 40주년을 기념하는 순회공연을 가졌다. 말이 그렇지 한국의 문화에서 노래로만 무려 40년을 롱런한다는 것은 전례를 찾아보기 어려울 정도로 경이적인 일이었다. 물론 공연은 성황리에 끝났다. 그녀는 40주년 기념 공연을 마무리하는 인터뷰에서 이렇게 말했다.

"앞으로 제 꿈은 70살에 50주년 기념무대에 서는 것입니다."

당시 나는 그녀가 과연 그럴 수 있을까 의문스러웠다. 그런데 2008년 그녀의 꿈은 마침내 현실이 되어버렸다. 전국 주요 도시를 돌며 순회공연을 가졌으며 해외 공연도 이어졌다. 당시 그녀의 음악 인생 50주년을 기념하는 의미에서 축하연이 열렸다. 그 자리에서 '영원한 현역' 패티 김은 인사말에 앞서 자신의 히트곡이었던 '초우'를 열창했다. 과연 그녀다운 발상이었다. 그런 다음 인사말이 이어졌다.

"가수는 말보다 먼저 노래를 해야 긴장이 풀립니다. 반갑습니다. 패티 김입니다."

'가수는 오로지 노래로 자신을 표현한다'는 그녀의 인생철학은 마무리 인사말에서도 그대로 묻어나왔다.

"지금의 저는 온 세상을 붉게 물들이며 절정의 화려함과 신비감을 자랑하는 저무는 해가 아닌가 해요. 일몰 직전 모든 에너지를 연소하며 최고의 아름다움을 발산하는 태양처럼 올 50주년 기념공연에 혼신의 힘을 쏟아 부을 것입니다."

패티 김은 우리 시대에 보기 드물게 만날 수 있는 '불후의 현역'이다. 그녀가 걸어온 삶의 발자취를 따라가다 보면 정말이지 어떻게 사는 것이 가장 아름다운 삶인지 난마처럼 얽혀 있던 인생의 실타래가 조금씩 풀린다는 느낌이 든다.

자신이 가장 좋아하고 잘할 수 있는 일에 일생을 건다는 것, 그리고 그 여정에서 끊임없이 꿈을 꾸며 치열하게 산다는 것, 그것이야말로 그녀보다 훨씬 젊은 우리들이 닮아가야 할 아름다운 삶의 귀감이 아닐까. 나이를 잊고 영원한 현역으로 자신의 인생을 뜨겁고 붉게 물들이고 있는 패티 김을 보면서, 앞으로 세상을 어떻게 살아가야 할지 명쾌한 해답을 얻은 것 같은 기쁨과 설렘으로 내 가슴도 뜨거워진다.

가슴이
시키는 일에
목숨을 걸어라

사슴은 사자보다 빠르지 않다. 그렇다고 모든 사슴이 사자의 먹잇감이 되는 건 아니다. 사슴이 살기 위해 목숨을 다해 도망친다면 사자의 추격을 얼마든지 따돌릴 수 있다. 하고 싶은 일에 목숨을 걸어보라. 목숨을 걸고 덤벼들면 그 누구도 막을 수 없고, 그 누구도 당신을 이길 수 없을 것이다. 설령, 이루고자 하는 것을 얻지 못했다 하더라도 분명 후회는 없을 것이다.

_김이율, 《가슴이 시키는 일》 중에서

죽어라고 뛰지만 말고 가끔 생각해야 할 일이 있다. 나는 지금 생존을 위해 뛰고 있는가, 꿈을 위해 뛰고 있는가? 내 관심이 지금 당장 생존하는 데 못 박혀 있다면 좋아하거나, 하고 싶거나, 잘할 수 있는 것을 따질 겨를이 없다. 당장 눈앞에 닥친 먹고사는 문제를 해결하기 위해 죽어라고 달리지 않으면 안 되기 때문이다.

언젠가 발레리나 강수진의 발 사진을 보았다. 축구선수 박지성의 발 사진도 인상적이었다. 사람의 발이라기에는 깜짝 놀랄 만큼, 두 사람의 발에는 엄청난 굳은살이 박이고 뒤틀려 있었다. 그들은 무엇을 위해 그렇게 발이 뭉개질 때까지 열심히 노력했을까? 밥을 위해서일까, 꿈을 위해서일까? 그들은 그 피나는 노력의 결과로 무엇을 얻었을까?

자기가 목숨을 걸고 싶을 만큼 하고 싶은 일을 찾는 데 시간을 쓰는 것은 정말이지 값진 선택이다. 자기가 누구이며 어떤 일을 통해 사람답게 살고 싶은지 자신을 발견하는 기회를 제공하는 것은 가장 소중한 선물이다. 자신에게 가장 잘 어울리는 분야를 탐색하는 것은 아무리 시간이 많이 걸리더라도 참으로 가치 있는 투자라고 할 수 있다. 그것은 미래에 엄청난 수익으로 보상을 받을 수 있는 최고의 투자임에 분명하다.

무조건 죽어라고 뛸 것이 아니라 자신에게 맞는 분야를 찾아낸 다음 죽어라고 뛰면 그 분야에서 성공하지 못할 사람은 없다. 알면서도 하기 힘들고, 하다가 중도에 포기해서 그렇지, 목숨을 걸고 끝까지 덤벼들면 그 누구도 이길 장사가 없다.

그렇게 했는데도 설령 이루지 못하면 어떤가? 누구보다 치열한 삶을 산 그대의 인생 자체가 빛나는 보석이거늘.

그대가 인생을 걸고 싶은 그것이 무엇인가? 진정 행복한 삶을 원하거든 적당히 타협하지 말라. 사력을 다하고 싶은 일에 목숨을 걸어보라. 그 치열함과 뜨거움이 정녕 그대가 살고 싶은 인생 아니던가.

직업으로
꿈을
실현하라

일전에 선후배 교수들과 모처럼 술자리를 할 기회가 있었다. 이런저런 대화를 주고받다가 정년퇴임이 5~6년 정도 남은 한 선배 교수에게 넌지시 물었다.

"선배님은 꿈이 무엇입니까?"

아마 맨 정신이었다면 건네지 못했을 당돌한 질문이었다. 그 선배 교수는 잠시 멈칫하더니 이렇게 말했다.

"지금 이 나이에 꿈이란 게 특별히 뭐 있겠어? 그저 퇴임하고 나서도 명예교수로 계속 강의나 할 수 있게 몸과 마음이 건강하면 그 정도로 만족하면서 지내야지."

나이 60을 바라보는 선배 교수의 말속에서 욕심 부리지 않고 현재 상태에 만족하면서 편안하게 살고 싶어 하는 '지족안분知足安分'의 마음이 느껴졌다. 하지만 다른 한편으로는 아쉬움이 남았다. 한때 내가 본받고 싶어 했던 선배 교수의 말에서 어딘가 모를 '노회의 그림자'가 짙게 드리워져 있음을 감지했기 때문이다.

나는 어떤 사람이든, 무슨 일을 하는 사람이든, 나이나 직업에 관계없이, 꿈이 사라지는 순간부터 늙어가고 초라해지기 시작한다고 믿는다. 아무리 잘나가고 알아주는 직업을 가진 사람이더라도 꿈이 없으면 삶은 시들해지게 마련이다. 그저 이제까지 쌓아올린 것을 지키고 잃지 않으려고 안간힘을 쓸 뿐 더 이상 가슴을 뛰게 하는 그 어떤 것에도 도전하려고 하지 않기 때문이다.

거창하거나 그럴 듯한 직업이나 일이 있어야만 꿈이 있다고 자부하는 것이 아니다. 그 일을 하고 있는 내 모습을 상상만 해도 저절로 가슴이 뛰고 심장이 쿵쾅거리는 것이면 된다. 꿈을 직업과 동일시하는 것은 자칫 꿈의 실체를 왜곡할 수 있다.

내 공식적인 직업은 교수지만 내 꿈은 교수가 아니다. 직업인으로서 교수는 강의와 연구가 주된 업무다. 두 가지 영역 중에서도 나는 강의에 더 강점이 있음을 알고 있다. 나는 강의를 할 때면 시간 가는 줄 모르고 몰입하는 나 자신을 좋아한다. 또한 나는 시간이 나는 대로 글 쓰는 것을 즐긴다. 글을 잘 쓰고 못 쓰고를 떠나 즐길 수 있는 활동을 한다는 그 자체가 좋다. 지금 쓰고 있는 이 글도 그런 내 즐거움의 한 토막일 것이다. 시간이 흘러 글쓰기의 산물이 책이 되어 나올 때면 내 기쁨은 더욱 커진다. 재미 삼아 했던 활동이 미천하나마 하나의 작품으로 재탄생하는 기쁨은 이루 말로 표현할 수 없을 만큼 벅찬 희열과 보람을 준다.

나는 다양한 동기부여 프로그램을 개발해 보급하는 일에도 관심이 많다. 그 결과 나온 것이 최근 대학생들을 중심으로 자신에서 가장 잘 어울리고 가장 잘할 수 있는 천직을 스스로 찾아서 실행하도록 도와주는 〈천직발견〉이라는 이름의 교육 프로그램을 개발한 것이다. '천직 코치'로서 나는 다양한 자기발견의 과정을 거쳐 자신의 천직을 스스로 찾아냄으로써 20대의 젊은이들이 자신의 삶과 직업에 대한 정체성을 분명히 하고 더욱 열정적으로 살아가도록 돕는 일을 하고 있을 때면 오롯한 삶의 희열을 만끽한다.

나는 2025년경에 2년 과정의 가칭 〈글로벌 비전대학교〉를 설립해 운영하려는 구상을 하고 있다. 10대에서 70대에 이르기까지 연령대별로 학년을 편성해 자신의 향후 삶에 대한 구체적이고 실현가능한 꿈을 설계하고 디자인하도록 학년별로 차별화된 교육과정을 개설해 운영할 계획이다. 그럼으로써 누구나 자신의 미래 삶을 더욱 행복하게 살아가도록 힘을 실어주는 것이 60살 이후에 내가 구상하고 있는 〈글로벌 비전대학교〉의 설립 취지이자 목적이다. 결론적으로 내 천직은 교수이자 천직 코치이며 글로벌 비전대학교 총장이다.

꿈과 직업은 같은 의미가 아니다. 직업은 꿈의 일부분일 뿐이다. 내 꿈은 사람들이 각자 자신의 재능과 강점을 살려 자기 주도적이고 자기 혁신적인 삶을 살아가도록 인생의 의미를 발견할 수 있게 도와주고 동기를 부여해주는 '삶의 불쏘시개' 역할을 하는 것이다. 그 꿈을 실현하는 과정에서 나는 교수이자 천직 코치라는 직업을 통해 내 역할을 수행하고 있을 뿐 아니라 향후에는 대학 경영자로서 또 다른 역할을 수행하려고 하는 것이다.

꿈같은 인생을 살아보고 싶은가? 그렇다면 먼저 자신의 진짜 꿈이 무엇인지를 찾아내라. 그런 다음 그 꿈을 현실에서 펼쳐 나가다 보면 자연스럽게 그와 관련된 일이 생기고 직업이 나온다. 가령 사람들이 여행을 통해 삶의 기쁨을 느끼도록 해주는 것이 꿈이라면 먼저 스스로 시간과 여비를 마련해 깊은 눈으로 바라볼 수 있는 여행을 자주 체험하라. 그런 과정에서 특별한 주제가 있는 '테마여행 코디네이터'가 될 수도 있고 '오지 체험 여행 에이전트'로 일할 수도 있다.

정신적·육체적 아픔과 시련으로 고통스러워하는 사람들을 돕는 것이 꿈이라면 자신이 구체적으로 어떤 활동을 통해 그 꿈을 실현할 수 있을지 고민하라. 의사가 되어야 할지, 재활치료사가 되어야 할지, 상담전문가가 되어야 할지, 성직자가 되어야 할지 아니면 자선사업가가 되어야 할지, 호스피스가 되어야 할지, 꿈을 실천하는 과정에서 자신에게 가장 잘 어울리는 직업이 찾아진다.

수영을 하고 싶으면 먼저 물속에 첨벙 뛰어들어야 한다. 허우적거리다가 눈, 코, 귀, 입으로 물도 들이켜야 한다. 수영을 하고 싶다면서 풀장의 깊이나 재려고 하고 수온이나 측정하려고 해서야 어느 세월에 원하는 수영을 할 수 있겠는가.

좋은 인생은 나이와는 무관하다. 아무리 나이가 젊어도 꿈이 시들면 인생은 쭈글쭈글 주름투성이가 된다. 그러나 아무리 나이가 많아도 싱싱한 꿈이 있는 사람은 탱글탱글한 인생을 살 수 있다. 꿈은 세상 모든 사람의 마음 안에 보관되어 있다. 각자의 심연에 고이 간직되어 있는 꿈의 씨앗을 꺼내어 삶의 현장에 뿌리고 가꾸는 일은 자기 스스로 하지 않으면 아무도 할 수 없다.

내 인생은 내가 사는 것이지 남이 대신 살아줄 수 없다. 내 꿈은 내가 키우는 것이지 남이 대신 키워줄 수 없다. 자신이 간절히 원하는 꿈을 찾아내 좋아하고 하고 싶은 일을 하면서 즐겁게 살고 그 즐거움으로 세상 사람들에게 도움을 주고 기여할 수 있다면 '꿈같은 인생'이라고 아니할 수 있겠는가.

5

천직 찾기

나에게 맞는
직업을
창조하라

세상에는 세 가지 부류의 직업이 있다. 생계직, 전문직, 천직이 그것이다. 생계직일 때 일하는 목적은 주로 돈을 버는 데 있다. 일을 하는 본인을 포함해 가족의 생계를 꾸려나가기 위해 돈은 기본이고, 취미활동이나 여가생활을 즐기기 위해서도 돈은 꼭 필요하다. 따라서 생계직에 종사하는 이들에게는 돈을 많이 벌 수 있는 직업일수록 좋다. 반대로 돈을 주지 않는다면 일을 해야 할 이유가 사라져버린다.

전문직은 일을 하는 목적이 돈이나 명예를 얻는 데 있다. 전문직 종사자들은 돈과 함께 사회적 지위나 명성을 얻는 것이 매우 중요하다. 그래서 이들은 부교수에서 정교수로, 부사장에서 사장으로 이미 만들어진 승진의 사다리를 타고 오르는 데 온 힘을 쏟는다. 하지만 사다리의 맨 꼭대기에 오르고 나면 더 이상 일하는 의미를 상실하게 된다.

천직은 일 그 자체가 좋아서 자신의 일에 사명감을 갖고 모든 열정을 쏟아 붓는다. 자신이 하고 있는 일을 통해 스스로 만족을 얻는 동시에 이웃과 사회에 기여하고 공헌한다는 점에서 더 큰 행복을 느낀다. 이들은 정신적 또는 육체적 능력이 허락하는 한 평생 일하고 싶고 전혀 그만두고 싶어 하지 않는다.

생계직과 전문직 그리고 천직은 여러 면에서 서로 다르다. 일에 임하는 동기와 목적이 다르고 일을 대하는 마인드 자체가 상이하다. 일을 하면서 느끼는 심리상태나 일의 지속성에서도 서로 차이가 난다. 이러한 차이점들을 정리하면 아래 표와 같다.

살면서 우리는 어차피 어떤 일이든 해야 한다. 그리고 일한 대가로 무언가를 얻는다. 그것은 돈일 수도 있고, 명예일 수도 있으며, 행복일 수도 있다. 《긍정심리학》의 저자 마틴 셀리그만은 생계직과 전문직, 천직의 차이를 명쾌하게 해부한다. "어떤 생계직이든 천직이 될 수 있지만, 아무리 잘나가는 전문직이더라도 생계직에 지나지 않는 경우가 있

3가지 직업세계와 직업의식

	생계직	전문직	천직
목 적	먹고 살기 위해 일한다	출세와 명예를 위해 일한다	소명을 실천하기 위해 일한다
동 기	돈, 생계	승진, 신분	공헌, 기여
마인드	시키지 않으면 안 한다	싫어도 한다	자발적으로 한다
지속성	언제든 그만두려 한다	정상까지만 가려 한다	평생 지속하려 한다
심 리	부족의 심리	경쟁의 심리	보람의 심리

다"는 것이다. 가령 돈을 버는 일에만 관심을 두는 의사라는 전문직은 천직이 아니며, 비록 쓰레기를 치우고 거리를 청소한다 하더라도 환경미화원 스스로 그 일을 세상을 깨끗하고 위생적으로 만드는 일이라고 생각한다면 그 일은 천직이라는 뜻이다.

어떤 일이든 천직이 될 수 있지만 모든 일이 다 천직은 아니다. 그 차이는 어디에 있을까? 일을 대하는 자신의 마음에 달려 있다. 지금 하고 있는 일 또는 앞으로 하고자 하는 일이 주로 돈을 벌기 위한 것이라면, 그에게 일은 생계직의 차원에 머무르기 쉽다. 그 일이 돈과 명예를 추구하는 것이라면 그는 전문직 수준의 일에 관심이 있는 것이다.

반면 돈이나 명예를 떠나 일 그 자체를 좋아하거나 하고 싶어서 하는 경우라면, 또는 일 그 자체에 의미를 부여하고 자아를 실현하며 세상에 기여하는 것이라면, 그가 하는 일은 천직이라고 할 수 있다.

일 그 자체가 좋아서 모든 에너지를 쏟아 붓는 사람은 그 결과로 돈이나 명예까지 덤으로 얻을 수 있다. 하지만 돈이나 명예만 생각하고 일하다 보면 설령 그것을 얻었다 하더라도 언젠가 찾아오게 되는 좌절감이나 상실감을 벗어나기 힘들다.

그대는 지금 어떤 일을 하고 있는가? 그대가 하려고 하는 일은 어떤 부류에 속하는가? 생계직인가, 전문직인가 아니면 천직인가? 직업에 대한 패러다임은 가깝게는 경제문제를 해결하는 열쇠가 될 수 있을 뿐 아니라 멀게는 미래 삶의 질을 결정하는 매우 핵심적인 요소다.

천직은
하늘이 아니라
스스로 만든
직업이다

천직天職. 문자 그대로 태어날 때부터 하늘이 내려준 직업이 천직이다. 그런데 언제부턴가 천직을 이야기하면 다소 진부한 느낌이 든다. 요즘 시대에 천직이 어디 있으며, 천직을 찾아낼 만큼 세상사는 것이 그렇게 한가롭지 않고, 설사 찾아냈다 하더라도 우리 사회에서는 잘 통하지 않는다는 것이다. 맞는 말이다. 교육 현장 어디에서도 천직을 발견하라고 진지하게 이야기하지 않는다. 무진 애를 써서 천직을 찾았더라도 일단 돈이 되지 않으면 별 쓸모가 없다고 생각한다.

그런 연유 때문일까? 어떤 사람들은 '천직이 밥 먹여 주냐'며 냉소를 머금는다. 그들은 그저 학교 졸업하고 좋은 조건의 직장에 취직하는 것이 최선이라고 강조한다. 그러기 위해 필요한 '스펙 쌓기'에 전념하라고 젊은이들을 채근한다.

그러나 반드시 그런 접근방법이 최선인 것은 아니다. 필자는 지난 2011년 이후 주로 대학 재학생들을 대상으로 〈천직발견 캠프〉라는 유망 직업찾기 과정을 운영하고 있다. 지금까지 전국 약 20개 대학에서 이 캠프를 진행했다. 프로그램 전반에 관한 참가자들의 만족도는 매우 높은 편이다. 만족도조사를 해보면 평균 95% 수준에 이른다. 그런데 이는 어쩌면 너무나 당연한 수치인지 모른다. 캠프 기간 내내 참가자들은 시종일관 자신의 천직을 발견하기 위해 매우 진지한 자세로 캠프에 임한다. 자신의 유망 직업을 찾지 못해 방황하던 젊은이들이 스스로 자신에게 가장 적합한 직업후보를 찾아냈으니 만족도가 높지 않을 수 없다. 참가자들이 자신에게 가장 어울리는 직업후보군을 찾아가는 모습을 지켜보면서 비록 그들이 지금은 20대이고 아직은 직업적으로 숙련되거나 성숙하지 않았지만 10년 후 그들의 30대는 누구보다 탄탄해지리라 필자는 믿는다.

10년이라는 기간은 대단히 의미 있는 시간이다. 그것은 앤더스 에릭슨 교수나 대니얼 레비틴 박사에 의해 이미 검증된 것처럼, 어떤 일에서 전문가의 경지에 오를 수 있는 분수령이 바로 자신이 하고 싶은 일에 '1만 시간'을 투자하는 것이며, 하루에 3시간씩 꾸준히 할 때 10년이면 도달할 수 있는 시간이기 때문이다.

어느 분야에서든 하고 싶고 잘할 수 있는 재능을 가진 일에 1만 시간의 노력을 바치면 누구라도 그 분야에서 남들과 차별화할 수 있는 전문성을 갖게 된다는 것은, 자신의 천직을 발견하고 거기에 시간과 에너지를 쏟아 부을 때 누구나 성공의 기회를 거머쥘 수 있음을 확신하게 하는 결정적인 증거인 셈이다. 지금부터 10년이라고 하는 숙성의 과정을 거쳐 거듭나게 되었을 때 세상 그 누구보다도 자신이 하고 싶은 일을 즐겁게 하면서 더욱 더 전문가의 경지를 향해 나아가고 있을 그들을 떠올릴 때면 내가 하고 있는 일에 대한 긍지와 자부심으로 마음이 충만해진다. 우리 모두에게는 반드시 천직이 있다고 나는 믿는다. 천직은 없는 것을 인위적으로 만들어내는 것이 아니라 처음부터 자신에게 내재되어 있던 것을 발견하고 찾아내는 것이다. 남에게 있는 게 아니라 내 안에 있는 것을 끄집어내는 것이다.

일이란 단지 경제적 보상으로만 끝나는 것이 아니다. 일로부터 얻게 되는 정신적 보상 또한 무척 가치 있다. 또한 삶이라는 긴 시간의 여정 속에서 정신적 만족이 없는 경제적 만족이란 결코 오래가지 못한다. 그래서 사람은 누구나 자신의 천직이 무엇인지 진지하게 성찰하고 스스로 찾아나서는 탐험의 시간을 꼭 가져야 한다고 생각한다. 그래야 비로소 자신의 삶을 더욱 열정적으로 살아갈 수 있다고 확신한다.

인생은 생각보다 긴 여정일 수 있다. 하지만 그 가운데 젊음이란 시간은 그리 오래 주어지지 않는다. 부풀어 오를 대로 올라 마침내 화사한 꽃망울을 터뜨렸다가 어느 날 살랑거리는 봄바람 한 줄기에도 속절없이 지고 마는 벚꽃이나 목련처럼 잠깐의 화려함으로 머물렀다 훌쩍 떠나고 마는 아쉽고 아쉬운 순간이기도 하다. 그 짧은 시간에 무엇을 해야 할까? 먼 훗날 자신의 삶이 진정 아름다운 꽃으로 피어나게 하기 위해 인생의 텃밭에 소중한 삶의 씨앗을 뿌려야 하지 않을까?

젊음은 결실의 시기가 결코 아니다. 수확의 기쁨은 인생의 가을에 만끽하는 것이다. 그러기 위해서는 인생의 봄날에 씨를 뿌려야 한다. 그런 다음 인생의 여름날엔 굵은 땀방울로 정성스레 가꾸어야 한다. 그때 비로소 우리는 풍요로운 결실의 가을을 향유할 수 있다.

그대는 지금 인생의 텃밭에 어떤 씨앗을 뿌렸는가? 그 씨앗에서 싹이 트고 가지와 줄기가 뻗어 나오고 있는가? 지극정성으로 물을 주고 거름을 주며 키워나가고 있는가? 아직 아무것도 하지 않고 있다면, 언젠가 다가올 인생의 가을에 어찌하려고 그러는가?

천직 발견은 인생의 가을에 자신이 수확하고 싶은 꽃과 열매의 씨앗을 골라내는 것이다. 아름다운 꽃과 탐스런 열매가 주렁주렁 매달려 있을 풍요의 계절을 떠올리며 오늘 하루 자신에게 주어진 시간을 거기에 몽땅 바치는 것이다. 천직을 통해 진정한 삶의 의미와 목적, 인생의 사명뿐 아니라 직업의 사명을 발견하고, 이를 바탕으로 삶의 비전과 목표를 분명하게 확립하며, 하고 싶고 잘할 수 있는 일에 자신의 일생을 오롯이 거는 것이다.

나는 젊은이들이 그렇게 살아가도록 돕고 싶다. 그래서 언젠가 그들에게 찾아올 인생의 가을이 풍요로움으로 넘실거리도록 힘을 보태고 싶다. 그래야 나 또한 삶의 보람을 느낄 수 있을 테니까. 내 삶의 의미를 다시금 확인할 수 있을 테니까. 그렇게 하는 것이 바로 내가 이 세상을 뜨겁게 살아가도록 해주는 내 천직이기도 하니까.

직업탐색
여행

아무리 멋지고 고급스럽게 보이는 옷이더라도 나와 어울리지 않거나 사이즈가 맞지 않으면 그것은 내 옷이 아니다. 아무리 근사하고 먹음직스러워 보이는 음식이더라도 내 입맛에 맞지 않거나 소화를 시키지 못하면 그것은 나와 궁합이 맞는 음식이 아니다. 직업도 마찬가지다. 아무리 돈을 많이 벌 수 있는 직업이거나 멋있어 보이는 직업 또는 이른바 유망하다고 알려진 직업일지라도 나와 어울리지 않거나 하기 싫은 일이면 아무 소용이 없다.

나에게는 나에게 어울리는 직업이 따로 있다. 문제는 그 직업을 어떻게 찾아내고 실제로 내가 잘 해낼 수 있을지 직접 경험해보는 것이다.

《2012 한국직업사전》에 의하면 2012년 현재 한국에는 11,655개의 직업이 존재하고 있다. 이 많은 직업 가운데 자신이 알고 있는 직업이 몇 개나 된다고 생각하는가? 1천 개 이상의 직업 이름을 알고 있다면 직업에 대해 대단히 많은 정보를 가지고 있는 셈이다. 대부분의 경우에는 1백 개 정도의 직업을 알고 있을 뿐이다. 한국에 있는 직업들 가운데 단지 1퍼센트 정도만 알고 거기에 자신을 애써 끼워 맞추려고 하다 보니 자신에게 가장 잘 어울리는 '직업 옷'을 골라낼 수 없는 것이다. 천신만고 끝에 그 일을 한다고 하더라도 억지로 자신을 끼워 맞췄기 때문에 얼마 가지 못해 직업 옷을 벗지 않을 수 없다. 이것이 현재 구직을 준비하고 있는 대다수 젊은이가 또는 이미 취직은 했지만 심적 갈등에 힘들어하는 이들이 공통적으로 안고 있는 커다란 딜레마가 아닐까 한다.

직업 탐색에도 패러다임 시프트가 필요하다. 자신에게 가장 잘 어울리는 직업을 탐색하기 위해선 몇 가지 필수과정을 거쳐야 한다. 다시 말해 강점, 흥미, 선호, 성향, 핵심가치 등을 종합적으로 고려해 최적의 직업후보군을 선정한 다음, 최종적으로 선택한 관심 직업의 우선순위에 따라 그 직업에서 자신이 업무를 잘 수행할 수 있을지의 여부를 체험해보는 기회를 반드시 가져야 한다. 막연하게 좋아 보이거나 하고 싶었던 일도 사전에 준비할 것들과 실제로 경험을 하는 과정에서 뜻밖에도 관심이 사라지는 경우가 많기 때문이다.

자신에게 가장 잘 어울리는 직업을 발견하기 위해서는 구체적으로 어떤 단계를 거치면서 '직업탐색여행'을 떠나야 할까? 지금부터 하나하나 밟아가보자.

아주
매력적인
도구

어떻게 해야 나와 가장 잘 어울리는 직업 궁합을 찾을 수 있을까? 가장 먼저 해야 할 일은 자신을 아는 것이다. 자신의 고유한 성품이나 성격은 어떤 유형에 속하고 어떤 분야에 더 흥미와 관심을 갖고 있는지 알지 못하면, 마치 사이즈나 체형을 모르고 무작정 옷가게를 찾아가 닥치는 대로 옷을 입어보려는 것과 같은 오류를 범하기 쉽다.

어디 그것뿐이겠는가. 음식점에 가서 주문을 할 때 우리는 아무 음식이나 시키지 않는다. 호주머니 사정을 헤아려 자신이 먹고 싶고, 좋아하는 음식을 주문한다. 하물며 일생을 함께 할지 모를 직업을 선택함에 있어서 닥치는 대로 옷을 걸치는 식으로, 아무 음식이나 시키는 식으로 신성한 직업을 고를 수는 없는 일이 아니겠는가.

직업 선택이라는 중요한 문제를 앞에 두고 꼭 유념해야 할 사실이 있다. 자신의 체질에 맞는 직업을 골라야 잘할 수 있고 롱런할 수 있는 것이다. 그렇다면 어떤 부류의 직업이 나와 가장 잘 맞는 것일까?

이를 도와주는 매력적인 도구가 있다. MBTIMyers-Briggs Type Indicator(성격유형검사)가 바로 그것이다. 최근에는 MBTI가 상당히 많이 알려져 있어서(물론 에니어그램 역시 널리 알려진 훌륭한 검사이지만) 16가지 유형 중에 자신이 어느 유형인지 알고 있는 이들이 많다. 그러나 내가 알기로 검사를 받아본 사람들은 많지만 그 결과를 어떻게 유용하게 활용할 것인지에 대해서는 별다른 생각이 없는 경우가 의외로 많다. 검사를 받아보긴 했는데 유형을 잊었다거나 아직 MBTI검사를 한 번도 받아본 적이 없다면, 주저하지 말고 이번 기회에 반드시 검사를 받아보길 권한다.

검사를 받은 다음에는 꼭 유념할 사실이 있다. 아주 짧게 언급되어 있는 개인 프로파일만 받는 것은 별 의미가 없다. 반드시 《16가지 성격 유형의 특성》이라는 책에 나와 있는 상세한 유형별 특징을 꼼꼼히 읽어보고 주의하고 개발할 점들이 무엇인지 잘 챙길 필요가 있다. 이 책은 자신의 유형에 관해 비교적 소상하게 설명되어 있다. 하지만 한번만 읽어서는 바로 와 닿지 않을 수도 있다. 왜냐하면 거기에 묘사된 모든 설명이 자신을 다 표현하지는 못하기 때문이다. 따라서 그 가운데 자신의 특징을 언급한 표현들을 모두 메모해야 한다. 그런 다음 그 메모를 바탕으로 자신을 묘사해보는 시간을 갖기 바란다. 나는 누구인지, 어떤 성품의 사람인지, 무엇에 흥미를 갖고 있으며, 어떤 일을 하면 잘할 수 있을지, 스스로 자기발견의 소중한 시간을 꼭 가져보기 바란다. 요즘은 온라인에서도 MBTI검사를 받아볼 수 있다. 하지만 신뢰도는 오프라인에 비해 떨어질 수밖에 없다. 충분한 사전 오리엔테이션을 받지 않고 검사에 임하면 자칫 참 유형이 아닌 엉뚱한 유형이 나올 수 있고 그렇게 되면 검사의 의미가 전혀 없기 때문이다.

마지막으로 한 가지 더 당부하고 싶은 말이 있다. 무릇 모든 검사가 다 그렇겠지만 MBTI 역시 만능이 아님을 유의해야 한다. 검사는 단지 스스로 자신을 발견해 나가는 과정에서 쓸모 있는 도구 가운데 하나로 활용하면 된다. MBTI는 15가지의 다른 유형들과는 차별화되는 자신만의 고유한 유형을 발견함으로써 그저 막연하게 일의 세계에 접근하는 것보다 시행착오를 훨씬 줄일 수 있는 매우 유익한 도구다.

IQ로
설명할 수 없는
재능들

일찍이 벤저민 프랭클린이 말한 것처럼 "인생의 비극은 우리들 각자가 강점을 충분히 갖고 있지 않기 때문이 아니다. 인생의 진짜 비극은 우리가 갖고 있는 강점을 충분히 활용하지 못하기 때문이다."

인생에서 승부가 갈라지는 것은 약점이 아니라 강점이다. 승부수는 강점에서 나오는 것이지 약점에서 나오는 것이 결코 아니다. 마커스 버킹엄은 20여 년간 성공한 사람들을 인터뷰한 결과 '그들은 자신의 강점을 강화하는 데 시간과 에너지의 80%를 쏟은 반면, 약점을 보완하는 데는 불과 20%만을 사용했음을 발견했다'고 한다.

그런데도 우리는 보통 강점을 더 강화하기보다는 약점을 보완하는 데 치중하려고 한다. 강점을 살리기 위해 노력하면 강점이 더욱 빛을 발하지만, 약점을 보완하려고 노력하면 잘해야 중간 정도 가는 것이 보통이다.

그렇기 때문에 기왕 같은 시간과 에너지를 투자할 바엔 강점에 집중하는 것이 훨씬 낫다. 다만 그것을 알면서도 강점에 집중하지 못하는 이유는 무엇일까? 바로 자신의 강점이 무엇인지 모르기 때문이다. 더더욱 안타까운 것은 그 강점이 무엇인지 찾으려고 애를 쓰지도 않고 산다는 사실이다.

나와 가장 잘 어울리는 직업을 찾아가는 두 번째 체크 포인트는 자신의 내면에 잠재하고 있는 강점을 찾아내는 것이다. 이와 관련해 미국 하버드대학교 교육심리학과 하워드 가드너 교수가 창안한 다원지능검사MIT, Multiple Intelligence Test를 받아보기를 권한다. MIT는 기존의 IQ검사보다 훨씬 효용가치가 높다. IQ검사에서는 국어·영어·수학만 잘 하면 지능이 높다고 말한다. 노래나 춤, 그림이나 운동을 잘하는 사람들, 글을 잘 쓰거나 말을 잘하거나 친화력이 있는 사람들은 그들이 갖고 있는 강점이 전혀 반영되지 않는다.

그러나 오랜 시간에 걸쳐 사람의 지능을 연구하는 과정에서 새롭게 속속 드러나는 사실들이 있다. 영어 단어는 못 외워도 한번 읽은 대사는 기가 막히게 잘 외우는 배우를 IQ로 어떻게 설명할 것인가? 미국 역사에 대해서는 아는 바가 거의 없지만 메이저리그의 스코어는 줄줄 꿰고 있는 사람도 있고, 말을 통해 자신의 감정을 표현하는 데는 서투르지만 곡을 한번만 들으면 악기로 바로 연주할 수 있는 사람도 있다.

하워드 가드너 교수는, 마치 하늘의 햇빛이 한 가지인 것 같아도 자세히 보면 7가지 무지개 빛깔로 구성되는 것처럼, 사람들은 무지개의 색깔 수와 비슷하게 8가지 지능 가운데 개인에 따라 가장 점수가 높은 능력들이 상호작용하면서 시너지를 발휘하면 자신만의 고유한 강점을 더욱 빛나게 발휘할 수 있다고 믿었다. 그 결과로 개발한 것이 바로 다원지능검사다.

MIT검사는 언어지능, 논리수학지능, 공간지능, 신체운동지능, 음악지능, 인간친화지능, 자기성찰지능, 자연친화지능 등 총 8가지의 지능 영역별로 56개의 항목에 답한 다음 영역별 환산점수에 따라 상대적으로 더 강점을 지닌 지능을 찾아내는 것이다. 인간은 누구나 다른 사람에 비해 상대적으로 더 잘할 수 있는 다양한 역량을 가지고 살아가는 것이 일반적이다. 그것이 무엇인지 발견하고 계발하려는 노력이야말로 결코 게을리 해서는 안 될 자기발전을 위한 필수적 과정이다.

그런 의미에서 보더라도 MIT검사가 시사하는 바는 크다. 성공은 노력과 반드시 비례하지 않는다. 다시 말해 열심히 노력만 한다고 해서 모두 성공하는 것은 아니라는 말이다. 무엇에 노력을 기울이느냐가 더 중요하다. 똑같은 노력을 경주하더라도 더 잘할 수 있는 것에 집중할 때 그로부터 얻을 수 있는 성과는 당연히 높을 수밖에 없다. 강한 지능을 더 강하게 계발하면 성공의 가능성이 그만큼 높아지는 것이다.

MIT검사를 받아보고 싶으면 몇몇 서적을 읽어보면 된다. 56개 문항에 대한 검사가 끝나면 지시에 따라 스스로 채점을 하고 영역별 환산점수를 산출할 수 있다. 그런 다음 상위 둘 또는 세 가지의 강점 영역이 무엇인지를 확인하고, 그와 관련된 직업후보군들을 추려내는 작업을 계속 진행해 나간다. 아울러 MBTI검사로 나온 자신의 유형이 지닌 특징과 MIT검사 결과 나온 강점 영역들 간에는 어떤 연관성이 있는지, 그리고 공통점이 있다면 그것을 어떻게 활용할 것인지, 다양한 직업 세계를 염두에 두고 심도 있게 검토하는 과정이 필요하다.

MIT검사 결과 나온 자신의 강점지능을 어떻게 해석할 것이며 향후 직업 선택과 관련해 어떻게 활용할 것인가에 대해서는 필자가 쓴《성공하는 직업인의 시간관리 자기관리》를 살펴보면 다소나마 도움이 될 것이다.

'직업 옷'
쇼핑

MBTI검사 및 MIT검사를 통해 나온 자신의 특성과 함께 직업선호도 검사를 함께 받아볼 것을 추천한다. 이 검사는 개인의 흥미, 성격 및 생활사에 따라 자신에게 적절한 진로를 탐색할 수 있도록 도와주는 검사다. 직업선호도검사는 온라인에서 받을 수 있다. 먼저 고용노동부 워크넷www.work.go.kr에 접속하여 〈직업·진로〉 창을 클릭한 다음 〈직업심리검사〉 중에서 〈성인용 심리검사〉 창을 클릭한다. 그 중에서 〈직업선호도검사 S형〉을 선택해서 검사를 시작하면 된다. 검사 시간은 약 25분 정도 소요된다. 검사 결과는 6가지 척도(실재형, 탐구형, 예술형, 사회형, 진취형, 관습형)의 직업 유형별로 자신의 직업선호도가 어떻게 나타나는지 보여준다.

다만 온라인검사를 할 때 주의할 점이 있다. 검사 도중 휴대폰이 울리거나 다른 방해를 받게 되면 집중하기가 쉽지 않다는 점이다. 그런 만큼 산만한 분위기에서 검사를 받으면 그 결과의 신뢰도가 떨어질 수 있다는 점을 유념해야 한다.

이들 검사를 모두 마치고 검사별로 나온 자신의 프로파일을 종합적으로 검토해보면 거의 틀림없이 자신이 어떤 사람이며 어떤 분야에 관심을 가지고 있고 어떤 유형의 일을 하면 더 잘할 수 있을지 유사점들이 발견될 것이다. 자신의 특성에 관한 모든 파일을 한데 묶어서 읽고 또 읽어봐야 한다.

최소한 이제까지 언급한 작업이 어느 정도 마무리되면 다음 단계로 해야 할 일이 있다. 이 세상에 존재하는 직업들과 자신에게 어울릴만한 직업들의 본격적인 짝짓기를 시도하는 것이다. 마치 옷가게에 있는 수많은 옷 중에서 자신에게 가장 잘 어울릴 만한 맵시 있는 옷을 고르는 작업과 유사하다. 이와 관련한 유익한 정보를 얻을 수 있는 방법이 있다. 고용노동부 워크넷에 접속해 〈직업 · 진로〉 창을 클릭한 다음 〈직업탐방〉 중에서 〈테마별 직업여행〉 창을 클릭하면 된다. 여기에는 각 테마 별로 관련 직업들의 하는 일, 근무환경, 되는 길, 적성 및 흥미, 종사현황, 수입, 직업전망 등에 대해 자세히 소개되어 있다. 이 외에도 고용노동부 워크넷에는 현재 한국에 존재하는 주요 직업의 이름과 특징에 관한 정보가 담겨 있을 뿐 아니라 내게 적합한 직업 및 직업 탐방, 커리어 상담 등 직업에 관한 매우 상세하고 유익한 정보가 가득 들어 있어서 마치 '직업 찾기 백화점'과 같은 역할을 하고 있다.

여기까지 했으면 이제 마지막 단계에 대해 언급할 때가 되었다. 자신의 전공과 흥미, 특성과 강점 등을 종합적으로 고려해 가장 하고 싶고, 좋아하고, 잘할 수 있을 만한 직업후보군 3가지를 선정한 다음 그 분야에서 종사하고 있는 분들과 직접 만남을 통해 그 일을 하려면 어떤 준비를 해야 하고 어떤 어려움이 있는지 구체적이고 본격적인 직업 탐방에 들어가라.

헤어디자이너가 되고 싶으면 침대 위에서 공상만 하고 있을 일이 아니다. 직접 헤어디자이너가 일하는 현장을 방문해 바닥에 떨어진 머리카락부터 쓸어 담는 일을 해보고 얼마나 많은 노력과 인내심이 필요한지 체험해야 한다. 그런 과정에서 뜻밖에 생각하지 못한 난관에 부딪힐 수도 있고, 그런 어려움을 자신이 극복할 수 있는지, 그럴 만한 가치가 있는지 체험하는 과정에서 스스로 판단하고 결정할 수 있다.

현장 체험이 어렵다면 적어도 그 분야에서 활동하고 있는 전문가의 의견을 들어보아야 한다. 그래야 현재 자신의 입장에서 해당 분야에서 일하기 위해 무엇이 필요하고 무엇을 준비해야 할지 실질적인 도움을 받을 수 있다. 이 정도의 발품은 기꺼이 팔 각오가 되어 있어야 한다.

우리는 1박2일 일정의 짧은 여행을 떠나려고 해도 사전에 목적지를 정하고 어떻게 가야 할지 코스를 체크한다. 시간과 경비는 얼마나 소요되고 어떤 준비를 해야 하는지 면밀히 검토하고 난 후에 본격적인 여행길에 오른다. 하물며 자신의 삶의 가치를 실현할 직업을 고르는 데 있어서 어디로 가고 싶은지 행선지도 구체적으로 정하지 않고, 어떤 코스를 택할 것이며, 얼마나 시간과 노력을 투자해야 할지도 모른 채 아무런 준비도 없이 무작정 길을 나서고 보자는 자세로 직업을 구하려 한다면, 수많은 시행착오와 혹독한 시련을 겪지 않을 수 없다.

일자리를 구하는 것이 너무 시급한 나머지 이것저것 따져 보지 않고 어떤 일을 시작했다고 해서 다 해결된 것은 아니다. 마치 시간이 없거나 다른 데를 둘러볼 여유가 없다는 이유로 처음 눈에 띤 옷을 대충 입고 다니다 보면 자신의 체형이나 스타일과 어울리지 않아 옷을 입는 내내 불편한 심리상태를 벗어날 수 없듯이, 무작정 취직을 하게 될 경우 불편한 상황을 감수하고 근무하든지 아니면 직장을 그만두지 않을 수 없다. 마음에 내키지는 않지만 어쩔 수 없이 그 자리에 있게 된다 하더라도 그런 상황에서는 해당 업무를 잘할 리 없기 때문에 결국 언젠가는 더 있고 싶어도 내몰리게 되는 신세가 되기 쉽다.

우리는 각 분야의 직업에서 최고의 경지에 오른 이들을 보면 부러움을 느낀다. 나도 저런 위치에 오르고 싶고, 그런 일을 해보고 싶다고 생각한다. 그러나 우리가 간과하고 있는 것들이 있다. 그들이 그렇게 되기까지 얼마나 많은 시간과 노력을 투자했는지 보다 지척의 거리에서 구체적이고 면밀하게 알아보려 하지는 않는다는 것이다.

그들에게는 한 가지의 공통점이 있다. 어느 분야에서든 전문가가 되기 위해서는 오랜 시간이 걸린다는 것이다. 그 과정에서의 어려운 고비를 여러 차례 넘겼기에 누구도 올라가지 못한 최고의 경지에 이르게 된 것이다. 또 한 가지는 그들은 자신의 일을 사랑하고 아낀다는 것이다. 좋아하지 않으면 그 일에서 전문가가 되기 어렵다. 설사 전문가가 되었다 하더라도 오래 지속하기가 어렵다. 하고 싶고 좋아해야 잘할 수 있다는 것이다.

지금 자신의 진로를 결정하지 못해 이 시간에도 고민을 거듭하고 있는 이들에게 권하고 싶은 말이 있다. 기왕에 하는 일이라면 좋아하고, 하고 싶고, 잘할 수 있는 일을 찾아라. 똑같은 시간과 노력을 투자하더라도 자신과 궁합이 잘 맞는 일을 하게 되면 일이 즐거울 뿐 아니라 성과도 훨씬 높게 나타난다. 물론 어떤 일을 하든 그 과정에서 힘든 상황을 만나기 마련이다. 그러나 하고 싶고 좋아하는 일을 할 때는 힘이 들어도 참고 극복할 수 있다. 그 결과 고비를 넘어서서 더 높은 경지로 올라갈 수 있다. 반면 마음에 내키지 않거나 싫어하는 일을 할 때는 힘든 상황을 극복해내는 것 자체가 무척 힘들게 된다. 그 결과 더 이상 견디지 못하고 중도에 그 일을 포기하고 만다.

너무 많은 사람들이 자신의 재능이나 흥미나 강점과는 상관없이 이런저런 이유들 때문에 잘 맞지 않는 일을 하면서 살아가는 것이 우리네 현실이다. 이것은 본인은 말할 것도 없거니와 사회적으로도 매우 큰 낭비가 아닐 수 없다. 그러나 일자리의 선택을 사회가 책임질 수는 없다. 어떤 직장, 어떤 직업을 선택할 것인가는 결국 개인에게 달려 있다. 그리고 그렇게 선택한 일의 세계는 한 사람의 운명을 좌우한다.

앞으로 수십 년, 아니 어쩌면 죽는 날까지 지속하게 될 직업 선택을 위해 우리는 더 많은 노력을 경주해야 할 것이다. 자신에게 가장 잘 어울릴 수 있는 직업을 찾아내는 데 시간과 노력을 투자하기를 주저하지 말아야 한다. 이것을 게을리하면 평생을 불만족스럽게 살아야 할지 모른다. 마치 자신에게 맞지 않는 옷을 걸치고 평생을 불편하게 살아가는 것처럼 말이다.

인생에는
내비게이션이
없다

올해 스물다섯인 대학생의 이야기를 소개하겠다. 그는 산업공학을 전공했고 품질관리기사 자격증을 취득했다고 한다. 하지만 그 쪽 분야에서 일하고 싶은 마음은 생기지 않는단다. 또한 MBTI유형이 INFJ형으로 나왔고, Holland검사 결과는 RS형이라고 했다. 그가 지금 하고 싶은 일은 물리치료사란다. 어떻게 해야 좋을지 몰라 고민이라며 내게 조언을 청했다.

이럴 때 나 역시 참 고민스럽다. 한 사람의 미래 행로가 결정되는 중요한 선택 앞에서 내가 할 수 있는 역할은 극히 제한적일 뿐 아니라 충분한 주변 여건과 변수들을 고려하지 않은 채 함부로 얘기했다가는 도움을 주기는커녕 "선무당이 사람 잡는다"고 원망의 소리를 듣기 딱 십상이기 때문이다. 그런 위험을 안고 참고가 될까 해서 여기에 몇 자 내 생각을 남기겠다.

지금 마음속으로 하고 싶어 하는 물리치료사는 본인의 코드와 잘 어울리는 직업 가운데 하나라고 생각한다. 다만 그에 앞서 먼저 생각하고 결정해야 할 일들이 있다. 물리치료사를 통해서 세상에 어떤 기여를 하고 싶은지 스스로에게 물어야 한다. 어떤 어려움이 닥쳐도 그 일을 하고 있는 자신이 자랑스러울지도 혼자 묻고 답해야 한다.

MBTI 검사 결과 나온 INFJ유형에 비추어볼 때 기본적으로 마음속에 자리 잡고 있는 에너지는 도움을 필요로 하는 사람들을 도와주며 봉사하는 일과 어울린다. Holland 검사가 RS형으로 나왔다면 이것 또한 실질적인 업무이면서 남을 돕고 사회적으로 기여하는 일에 보람을 느끼는 유형이니 물리치료사와 잘 맞는다.

하지만 물리치료사가 되기 위해서는 최소한 몇 년 동안의 투자가 필요하고, 자격증을 취득한 이후 취업을 포함해 경제적 보상은 어느 수준이며, 실제로 그 직업 세계에서의 현장 체험을 통해 일에 대한 만족도는 충분히 얻을 수 있는지, 자신이 정말 잘해낼 수 있을지 진단하는 과정이 필요하다.

결국 만만치 않은 과제들이 먼저 해결되어야 결단을 내릴 수 있다. 물론 최종적인 선택은 본인이 해야 하겠지만 내가 꼭 하고 싶은 이야기는 자신의 내면에서 들려오는 목소리에 귀를 기울이라는 것이다.

그 나이 대 많은 젊은이가 주변의 상황에만 관심을 돌리는 경향에 비해 이 대학생은 자신을 발견하기 위한 노력에 더 관심을 쏟는 것이 틀림없다. 매우 바람직한 태도다. 이번 기회에 기왕이면 삶 전반에 걸쳐 다시 한 번 그림을 그려보기 바란다. 줄잡아 앞으로 60년을 살아야 한다. 스무 살까지의 삶은 주로 부모나 학교에 의존적일 수밖에 없었다면, 독립적인 주체로서의 삶의 나이는 사실상 다섯 살인 셈이다. 이제 갓 시작한 삶이라고 생각하고 일상에 임해야 한다.

그렇다면 어떻게 해야 할까? 지금까지의 결정을 숙명으로 받아들이고 그 길로 가야 하는 것일까? 진정 가고 싶은 길이 따로 있다면 그 길을 선택해야 하는 것일까? 한참을 더 가서 40살쯤 되었을 때 어떤 길을 선택한 것이 좋았다고 생각할까? 그때가 되면 다시 옛날로 되돌아가기에는 이미 너무 먼 길을 갔을 텐데 그 시점에서 볼 때 20대 중반의 선택 중에 최선은 무엇이었다고 생각할까?

아직 늦은 것은 아무것도 없다. 60년의 행복한 삶을 위해 4~5년 정도 더 투자하는 것도 괜찮지 않겠는가? 그러니 모든 것을 원점에서 다시 한 번 차분히 숙고해보기 바란다. 지금의 선택은 인생에서 매우 중요한 갈림길 중의 하나로 들어서는 단계임에 틀림없다. 주변의 조언에 귀를 기울이되 최종 결정은 본인의 마음이 이끄는 길을 따르는 것이 좋다. 그리고 그 결정에 대해서는 당당하게 책임져야 한다. 인생에는 내비게이션이 없다. 스스로 길을 찾아가야 한다. 이 학생이 최선을 다해 현명한 선택을 하리라고 믿는다.

직업탐험의
북극성,
천직발견

이제까지 언급했던 모든 내용은 사실 자신의 천직을 발견하기 위한 워밍업 단계이자 기초 작업이라고 보면 된다. 그럼 지금부터 〈천직발견 캠프〉 프로그램에서 실제로 진행하는 천직 찾기 과정에 대해 개괄적으로 소개하기로 한다. 이 프로그램은 '천직 검사 및 제공 방법 및 그 시스템'의 명칭으로 특허청으로부터 특허(제 10-1223325호)를 취득했다. 또한 이 책의 부록에 프로그램 전체를 소개하고 있다.

천직발견 과정은 3단계로 구성된다. 먼저 1단계는 자기발견을 하는 과정이다. 이는 크게 자아분석과 자아탐색으로 구성되어 있다. 첫째, 자아분석은 주로 객관적 시각에서 자신의 특성을 찾아내는 것이다. 이를 위해 〈한국천직발견교육개발원〉에서 자체 개발한 3가지 종류의 검사(일명 MVP검사)를 실시한다. 강점재능 발굴하기(M), 직업유형 찾아내기(V), 고유성격 탐험하기(P)가 그것이다. 이 검사는 애니메이션을 활용하여 온라인을 통해 진행된다.

둘째, 자아탐색은 저마다 다른 개인의 주관적 특성을 파악하는 것이다. 이를 위해 역시 자체 개발한 3가지의 검사(일명 ACE검사)를 활용하고 있다. ACE검사의 내용은 진짜 열망 꺼내기(A), 핵심가치 파악하기(C), 선호활동 간추리기(E)로 구성되어 있다. 이들 검사 역시 온라인을 통해 이루어진다.

2단계는 천직발견을 하는 과정이다. 오프라인을 통해 캠프로 진행하는 집중과정은 여기서부터 시작한다. 먼저 천직발견 캠프에 참가 신청을 한 참가자 전원은 캠프가 시작되기 전에 앞에서 언급한 6종 검사를 온라인을 통해 마치고 각자의 프로파일을 출력해 오도록 안내를 받는다. 캠프에서는 이들 검사의 결과들이 참가자 개개인의 특성을 파악하는데 어떻게 활용될 수 있는지 구체적으로 설명한다. 이때 가장 주안점을 두는 것은 개별검사들이 지니고 있는 공통점을 찾아내는 것이다. 검사 결과를 종합하는 과정에서 검사들 상호간에는 개인의 특성을 파악할 수 있는 매우 의미 있는 단서들이 반드시 담겨 있다. 이것을 잘 추려내는 것이 자기발견의 핵심이 됨은 두 말할 나위가 없다.

이들 모든 검사들은 세상에 존재하는 수많은 산업과 직업 중에서 자신에게 가장 적합한 유망 산업들이 무엇인지 찾아내고 자신에게 가장 어울리는 유망 직업들이 무엇인지 압축하는 핵심 골격이 된다. 이를 통해 자체적으로 엄선한 100가지가 넘는 주요 산업과 500개에 달하는 주요 직업들 가운데 검사 결과를 바탕으로 하여 가장 경쟁력 있는 5가지 산업과 15가지 직업을 선정한다. 이 선정 과정은 현장에서 진행하는 주 강사와 보조 강사의 코칭을 받으며 철저히 개인 작업 위주로 이루어진다.

천직을 발견하는 과정에서 산업과 직업을 동시에 고려해야 하는 이유는 이렇다. 흔히 무슨 일을 하고 싶으냐고 물으면 방송 일을 하고 싶다거나 여행 관련 일을 하고 싶다고 대답하는 경우가 많다. 그런데 사실 엄밀히 따지고 보면 방송이나 여행 분야는 단지 산업의 한 부류일 뿐 직업이라고 말하기 어렵다. 방송 관련 일 중에는 아나운서, PD, 작가, 분장 담당자, 촬영 담당자, 조명 담당자 등 적어도 수십 가지의 직종이 존재하고 있다. 따라서 방송은 본인의 흥미와 관심이 끌리는 산업이지 직업 자체는 아니다. 방송 분야에서 구체적으로 무슨 직무를 담당할 것인지는 자신의 역량과 재능 그리고 성격적 특성과의 일치 여부를 따져봐야 한다. 따라서 산업과 직업을 연계해 접근해야 제대로 된 천직을 찾아낼 수 있다.

이 과정이 천직발견의 핵심이 된다. 산업과 직업의 매칭을 통해 자신에게 최적의 직업 후보를 간추려 내는 것이다. 그런 다음 최종적으로 별도의 체크리스트를 활용해 가장 유망한 천직 후보 세 가지를 선별한다. 천직 후보 3순위가 결정되고 나면 그중 현실적으로 제일 먼저 준비할 수 있는 직업이 무엇인지 확정한다. 여기까지가 제2단계의 간추린 내용이다.

마지막 3단계는 최종 선정한 천직을 기반으로 미래 설계를 구상하는 것이다. 이 단계는 먼저 천직사명서를 작성한 다음, 장단기 목표를 설정하고, 시각화 작업을 통해 인생 로드맵을 짜는 순서로 진행된다. 사명서는 리더십 과정이나 자기관리 및 시간관리 워크숍 과정에 참석해본 경험이 있는 사람이라면 누구나 한번쯤 작성해봤을 것이다. 인생사명서를 갖고 사는 것은 대단히 의미가 있다. 그것은 어두운 밤에 바다를 항해하는 배가 안전하게 항구에 도착할 수 있도록 안내해주는 등대의 역할을 한다. 또한 사막을 건너는 여행자가 사막 한 가운데서 길을 잃고 헤맬 때 방향을 알려주는 북극성 같은 역할을 수행한다.

이처럼 중요한 인생사명서에 직업적인 언급이 곁들여지면 그야말로 금상첨화다. 자신이 살고자 하는 미래의 인생행로에 천직을 탑재하면 훨씬 현실적이고 실질적으로 사명을 수행할 수 있다. 그렇기 때문에 천직발견 캠프에서는 '천직사명서'라는 명칭으로 자신의 천직이 명시된 사명서를 작성하게 한다. 또한 사명서의 내용이 너무 길고 장황하면 사명에 대한 응집력이 떨어질 수 있으므로 단 하나의 문장으로 완성하도록 안내한다. 여기에는 사명서에 담겨야 할 4가지의 필수항목을 제시하고 그 틀에 맞춰 자신만의 고유한 천직사명을 작성하도록 한다. 캠프참가자들이 직접 만든 천직사명의 사례 몇 가지를 소개하겠다.

- 나의 천직사명은 매력 있고 유능한 라이프 컨설턴트가 되어 어려움을 겪고 있는 모든 사람들이 행복한 인생을 살 수 있도록 열정을 가지고 도움을 주는 것이다.
- 나의 천직사명은 관광상품 개발자가 되어 이색적인 여행을 원하는

사람들에게 이색관광 상품을 개발하여 잊지 못할 기쁜 추억이 될 수 있는 여행을 선물하는 것이다.

- 나의 천직사명은 행복한 삶을 찾아 주는 사회복지 공무원이 되어 복지혜택을 필요로 하는 사람들에게 찾아가는 상담서비스를 제공하고 실제적 혜택을 받을 수 있도록 돕는 것이다.

- 나의 천직사명은 미술관 관장이 되어 삭막하고 건조한 현실속에서 사람들의 아름다운 감성을 일깨우며 개성과 독창성을 발휘할 수 있는 도전적인 삶을 꿈꾸도록 동기부여 하는 것이다.

- 나의 천직사명은 좋은 품성과 전문성을 갖춘 비행기 승무원이 되어 항공기를 이용하는 고객들이 신뢰할 수 있는 최상의 서비스를 제공하는 것이다.

- 나의 천직사명은 끈기있고 유능한 동시통역사가 되어 언어의 장벽에 부딪힌 사람들이 원활하게 소통할 수 있도록 돕는 것이다.

일단 사명서가 나오고 나면 이어서 그 사명을 실천하기 위한 목표 설정작업이 진행된다. 목표는 장기·중기·단기의 3단계로 접근한다. 각각의 목표들은 자신의 천직을 준비하고 실행하는 구체적인 내용을 담도록 한다. 사명과 목표가 일관성을 가지고 실제 생활에서 행동에 옮길 수 있도록 설계하게 한다. 이렇게 하여 캠프 참가자는 다음 표와 같은 통합 프로파일에 천직 관련 개인의 핵심 정보를 한 장으로 정리할 수 있다.

개인별 천직발견 통합 프로파일

나 ( )의 천직 통합 프로파일					
MVP			ACE		
강점재능발굴	직업선호찾기	고유성격탐험	열망 Best 5	선호 Top 10	핵심가치 Big 3

강점재능발굴	직업선호찾기	고유성격탐험	열망 Best 5	선호 Top 10	핵심가치 Big 3
(M) (N) (I) (O) 강점재능 (L) (T) (K) (S)	(P) (A) (T) (C) (E) (S)	협력자 겸손자 / 사고자 헌신자 / 관리자 실용가 탐구자 전략가 고유성격 / 활동가 지도자 도전자 통솔자 / 통찰가 비전가 / 정열가 달변가	Ⓐ Ⓑ Ⓒ Ⓓ Ⓔ	❶ ❷ ❸ ❹ ❺ ❻ ❼ ❽ ❾ ❿	가치 1 / 가치 2 / 가치 3
유형	유형	유형			

천 직	천직사명	행동목표
1.	나의 천직 사명은	20 년:
2.		20 년:
3.		20 년:

이상의 미래 설계 작업은 인생 로드맵을 만드는 것으로 피날레를 장식한다. 자체적으로 디자인한 여러 가지 스타일의 로드맵 제작용지(일명 비전 보드Vision Board)를 취향에 따라 고르도록 한 다음, 거기에 자신의 천직사명과 장기·중기·단기 목표를 새겨 넣도록 하고, 그 내용을 상징하는 이미지 사진이나 그림들을 편집해 세상에서 하나밖에 없는 자기만의 고유한 인생 로드맵을 완성하도록 하는 것이다.

비상의
원리

누구나 높이 날아오르고 싶어 한다. 빌빌거리며 땅바닥을 기어 다니는 삶이 아니라 날개를 달고 푸른 하늘을 자유로이 비행하는 삶을 원한다. 하지만 그런 삶은 막연히 동경만 한다고 해서 이루어지는 것이 아니다. 높이 비상하는 삶을 누리기 위해서는 먼저 충족해야 할 조건이 필요하다.

비행기가 활주로를 이륙하려면 두 가지 조건을 만족해야 한다. 첫째, 일정한 속도 이상을 낼 수 있어야 한다. 둘째, 일정한 거리 이상을 달려야 한다. 탑승을 완료한 비행기는 서서히 활주로를 따라 이동한다. 정해진 행로를 느린 속도로 움직이던 비행기는 어느 순간 잠시 멈춘 다음 직선 코스를 전속력으로 달리기 시작한다. 이때 비행기는 많은 양의 연료를 소모한다.

그러나 전속력으로 달린다고 해서 이륙하는 것은 아니다. 그 무거운 몸체를 들어 올려 하늘로 날아오르기 위해서는 최소한의 속도와 최소한의 거리를 동시에 충족시켜야 하기 때문이다. 먼저 300km 이상의 속도를 낼 수 있어야 한다. 속도가 이 수준에 이르지 못하면 이륙할 수 없다. 그 속도로 최소한 1.8km의 거리를 질주해야 한다. 그보다 짧은 거리에서는 아무리 속도가 높아도 날아오를 수가 없다. 이것이 바로 '비상의 원리Principles of Flight'다.

하늘을 향해 날아오르기 위한 조건이 비행기에게만 적용될까? 우리의 삶에서도 더 높은 곳으로 올라가려면 꼭 충족해야 할 조건이 있다. 그것은 일정한 속도로 일정한 거리 이상을 전력을 다해 질주하는 것이다. 여기서 속도라 함은 각자가 지닌 재능과 역량을 의미한다. 또한 거리라 함은 시간과 노력의 투자를 지칭한다. 자신이 지닌 재능과 역량을 발휘해 최대한의 속도를 내되 반드시 일정한 시간과 노력을 쏟아 부어야 마침내 비상할 수 있는 것이다.

무슨 일을 하든 그 일에서 탁월해지기 위해서는 꼭 필요한 것이 있다. 비행기가 이륙해 수평고노를 유지할 때까지 가장 많은 에너지를 쓰는 것처럼 어떤 일이든 처음 시작해 초기 1~2년이 가장 힘들고 에너지도 많이 소모한다. 그러나 이 과정은 삶의 비상을 위해 반드시 필요하다. 또한 이때 자신이 가진 역량과 노력을 집중적으로 투자해야 한다. 이 초기 단계에서 충분한 추진력을 얻지 못하면 절대 하늘로 날아오를 수 없다.

답답한 바닥을 뱅뱅 맴도는 삶에서 벗어나 저 높은 하늘로 훨훨 날아오르는 삶을 꿈꾸고 있다면 자신의 행동이 비상의 원리와 부합하는지 꼭 점검해야 한다. 지금 하고 있는 일이나 공부는 정말 그대의 기량을 유감없이 발휘하기에 부족함이 없는가? 그렇다면 거기에 그대의 역량을 얼마나 집중하고 있는가? 이륙하기 위해 시속 300km의 속도에 이를 만큼 전력을 쏟고 있는가? 그 일이나 공부에 과연 얼마만큼의 시간과 노력을 투자하고 있는가? 적어도 1.8km의 거리만큼 지속적으로 거기에 전력투구하고 있는가?

실제로는 그렇게 하지 않으면서 비상하는 삶만 꿈꾸고 있다면 그런 삶은 죽을 때까지 만날 수 없을 것이다. 삶이 도약할 수 있는 조건을 하나도 충족하지 못하고 있는데 언제 저 높은 창공으로 비상할 수 있단 말인가.

사명이 있는
직업이
아름답다

어느 돈 많은 고관이 사는 저택에 도둑이 들었다. 다음날 아침이 되어서야 그 사실을 알게 된 집안 식구들은 한바탕 난리법석을 떨었다. 그런데 그 집에서 키우던 강아지만 영문을 모른 채 여느 날과 다름없이 촐랑거리며 뛰어다녔다. 그것을 보고 화가 난 집주인이 강아지를 발로 치면서 말했다.

"이 놈의 개새끼, 당장 내다 버려! 도둑놈이 와도 짖지도 않는 놈을 뭐 하러 키워!"

그러자 강아지를 귀여워하던 딸아이가 이렇게 말했다.

"아빠! 잃어버린 물건은 모두 아빠가 부정하게 벌어서 사들인 것이잖아요. 아빠가 정상적인 돈으로 모은 것이 아니라 모두 도둑질해 모은 것인데, 강아지가 누가 진짜 도둑인지 알아야 짖지요!"

우리의 행동을 지배하는 것은 각자의 가치관이지만, 그 결과를 지배하는 것은 세상의 원칙이다. 정당하지 않은 방법으로 돈을 긁어모으겠다고 작정한 사기꾼은 많은 사람에게 사기를 칠 수도 있다. 그것은 그의 가치관에 따라 스스로 선택한 행동이지만 사기꾼은 결국 언젠가 벌을 받는다. 행동의 결과로 받게 되는 벌은 그가 선택하는 것이 아니라 세상의 원칙이 결정한다.

히틀러는 가치관이 분명한 사람이었다. 그는 게르만 민족의 우수성을 세계에 과시하는 것을 일생의 가치관으로 삼았고, 그 가치관에 매우 충실한 삶을 살았다. 그러나 그는 결국 권총 자살로 생을 끝내야 했다. 원칙에 어긋나는 가치관에 따라 행동한 결과 세상이 그에게 내린 준엄한 심판이었다.

이렇게 가치관과 원칙은 다르다. 세상의 원칙에 뿌리를 둔 가치관을 정립하는 것은 그래서 중요하다. 내 가치관은 어떤 원칙에 뿌리를 두고 있는지 생각하며 살아야 한다. 그것은 내 삶이 올바른 방향으로 가고 있는지 알려주는 등불이기 때문이다.

원칙이란 우주의 법칙이자 자연의 섭리다. 원칙은 인간이 임의로 규정하는 것이 아니다. 원칙을 따르는 삶을 살 것인지, 그렇지 않은 삶을 살 것인지의 여부를 선택할 수 있을 뿐이다.

원칙에 따르는 삶이란 무엇일까? 남을 도와주는 삶, 세상에 기여하는 삶, 어려움에 처한 사람들을 위해 봉사하는 삶, 타인을 배려하는 삶, 사랑을 실천하는 삶, 자연을 보호하고 환경을 보존하는 삶, 지역사회를 위해 공헌하는 삶, 공동체를 위해 희생하는 삶 등 원칙을 따르는 삶은 실로 다양하다.

 멋진 인생을 살고 싶으면 가장 먼저 해야 할 일이 '내가 꿈꾸는 세상'이다. 이것이 분명하게 윤곽이 잡혀 있어야 좀 더 구체적인 설계도를 그릴 수 있다. 사람들의 아픔을 치유해주는 삶을 살고 싶다면, 사랑과 봉사와 헌신의 정신을 가지고 의술을 펼칠 수도 있다. 정신적 고통을 치유하기 위해 상담이나 카운슬링을 할 수도 있다. 또는 육체적·정신적 고통 때문에 힘들어 하는 사람들에게 건강한 웃음을 선사하는 일을 할 수도 있다.

 그대가 이루고 싶은 세상 속에는 그대가 그토록 찾고 싶어 하던 인생의 사명이 숨 쉬고 있다. 그대가 꿈꾸는 세상이 곧 그대의 사명이 되는 것이다. 가령 내가 꿈꾸는 세상은 '어디로 가야 할지 몰라 방황하고 있는 이들이 꿈과 희망을 찾아 열정적으로 살아가도록 힘껏 돕는 것'이다. 나는 이런 세상을 만들기 위해 내 사명을 이렇게 정리했다.

 "나의 직업 사명은 배우고 익힌 지적 자산을 소중한 이들과 함께 나누며 세상의 행복 증진에 기여하는 것이다."

 이러한 세상을 만들기 위해 나는 하고 싶은 일로 교육, 강의, 저술, 상담 활동 등을 주로 하고 있다. 그리고 이런 일들을 하기 위해 직업적으로 교수, 저자, 천직코치, 컨설턴트 등의 몇 가지 직업을 병행하고 있다. 내가 꿈꾸는 세상이 무엇인지 알고 나니 그 속에서 사명이 나오고 직업이 나온 것이다. 위에서 말한 인생사명서를 직업을 통해 구체적으로 실천하기 위해 나는 '직업사명서'를 다음과 같이 만들었다.

직업사명서

강의	저술	상담
국내 최고 수준의 강의 서비스를 지속적으로 개발하고 공유한다	독자의 마음을 움직이게 하는 좋은 책을 써서 동기를 부여하고 꿈을 나눈다	삶에 어려움을 겪고 있는 이들의 마음을 어루만져주고 희망을 전한다

직업 사명 나의 직업 사명은 배우고 익힌 지적 자산을 소중한 이들과 함께 나누며 세상의 행복 증진에 기여하는 것이다.

"단순하지만 누를 길 없이 강렬한 세 가지 열정이 내 인생을 지배해 왔으니, 사랑에 대한 갈망, 지식에 대한 탐구욕, 인류의 고통에 대한 참기 힘든 연민이 바로 그것이다. 이러한 열정들이 마치 거센 바람과도 같이 나를 이리저리 제멋대로 몰고 다니며 깊은 고뇌의 대양 위로, 절망의 벼랑 끝으로 떠돌게 했다."

버트런드 러셀의 《러셀 자서전》 서문에 나오는 내용이다. 1872년에 태어나 98세의 나이로 세상을 떠날 때까지 러셀은 세 가지 열정이 지배하는 삶을 살았다. 사랑과 탐구와 연민이라는 세 가지 열정이 거센 바람처럼 그를 이리저리 몰고 다니며 치열한 삶을 살게 했다. 철학, 문학, 수학 등 여러 학문 분야를 섭렵하며 불후의 명작들을 남겼고 노벨문학상까지 수상한 그의 삶은 누가 봐도 위대해 보인다.

누군들 한심하게 살고 싶겠는가. 누군들 시시하게 생을 마치고 싶겠는가. 그런데도 어떤 이의 삶은 세상의 귀감이 되고, 어떤 이의 삶은 별 볼 일 없이 끝나는 이유는 어디에 있을까.

한 가지 분명한 사실은 우리의 생각과 행동이 우리의 삶을 지배한다는 것이다. 또한 그 생각과 행동의 근저에는 참을 수 없는 열정이 숨 쉬고 있다는 것이다. 바로 그 열정이 이끄는 삶을 사는 사람과 그렇지 못한 사람에 따라 '좋은 삶이란 무엇인가'에 대한 대답의 실마리가 풀리지 않을까 생각한다. 그런데 지금 이런 말을 하고 있는 나의 삶을 이끄는 열정은 정작 무엇일까? 나는 언젠가 내 플래너에 다음과 같은 글을 메모한 적이 있다.

"나는 불쏘시개처럼 살고 싶다. 고단한 일상에 지쳐 삶의 생기와 활력을 잃고 점점 자신의 꿈과 멀어지는 삶을 살아가는 이들에게 새로운 불씨를 지펴주고 다시 뜨겁게 활활 타오르는 삶을 살도록, 그 불꽃이 세상을 환하게 비칠 수 있도록 도와주는 삶, 그것이 내가 살고 싶은 불쏘시개의 인생이다."

나는 이 생각을 하면 갑자기 가슴이 뜨거워진다. 해이해진 마음에서 뜨거운 열정이 피어오른다. 좋은 삶이란 꿈을 놓지 않는 것이다. 하고 싶은 일에 시간과 열정을 쏟으며 되고 싶은 내가 되기 위해 한 걸음씩 앞으로 나아가는 것이다. 내 꿈에 이르기 위해 올인하는 것이다. 소중한 것을 위해 덜 소중한 것을 기꺼이 포기할 줄 아는 것이다. 내가 꿈꾸는 삶은 바로 그런 것이다.

6

명품 인생 찾기

마지막
승부를
위하여

인생은 어쩌면 농구경기인지 모른다. 누구나 4쿼터의 경기를 뛰어야한다. 1쿼터는 학창시절에 벌이는 경기다. 1쿼터가 시작되는 초반에는 별 차이가 나지 않는다. 그러나 시간이 지나 고등학교에 다닐 때쯤이면 조금씩 스코어가 벌어지기 시작한다. 대학에 들어갈 무렵이 되면 점수 차는 상당히 벌어진다.

그런 다음 첫 번째 휴식시간이 주어진다. 사회생활로 막 진입하는 20대의 어느 시점이다. 일단 2쿼터에 해당하는 사회생활이 시작되면 경기의 흐름은 얼마든지 바뀔 수 있다. 학창시절에 뒤지던 사람들이 사회에 나가 제 실력을 발휘하기 시작하면서 30대 후반쯤 되어 2쿼터가 끝날 무렵에는 경기를 역전시키기도 한다. 그런가 하면 학창시절에 벌어진 격차를 줄이지 못하고 2쿼터 내내 여전히 끌려 다니는 삶을 사는 이들도 있다.

그러나 아직은 모른다. 이제 겨우 전반부를 소화했을 뿐이다. 인생의 진검승부는 40대 이후의 3쿼터부터 펼쳐진다. 따라서 후반부에 들어가기 전 휴식시간에 어떤 전략을 세우느냐가 중요하다. 이때 2쿼터까지의 전반전 경기 내용을 냉정하게 평가해 전반전과는 다른 전략으로 후반전에 임할 필요가 있다. 이기고 있다면 마지막까지 전반부의 페이스를 유지하기 위한 전략을 수립해야 할 것이다. 지고 있다면 심기일전해 극적인 역전 승부를 펼치기 위한 주도면밀한 전략을 세워야 한다.

3쿼터는 대부분 40대부터 현직에서 은퇴할 때까지 진행된다. 전반전에 리드를 많이 했더라도 후반전인 3쿼터 들어 흐트러진 마음으로 경기에 임했다가는 어느 순간 승부가 뒤집힐 수 있다. 반면 전반전에 크게 뒤졌다 하더라도 그것을 거울삼아 자신이 가지고 있는 기량을 맘껏 발휘하는 사람은 3쿼터부터 서서히 경기 분위기를 유리한 방향으로 바꿔나갈 수 있다. 3쿼터야말로 중대한 승부처가 되는 것이다.

다시 잠시 동안의 휴식이 끝나면 이윽고 마지막 4쿼터의 시작을 알리는 부저가 울린다. 4쿼터는 은퇴 이후 삶이 끝나는 마지막 순간까지 이어진다. 최종 승부는 4쿼터 결과에 따라 결정된다. 제 아무리 초반에 큰 스코어 차이로 리드하고 있다 하더라도 4쿼터 들어 기력을 잃고 경기에 집중하지 못하면 반드시 역전패의 수모를 당한다. 하지만 비록 3쿼터까지 뒤지고 있었다 해도 경기를 포기하지 않고 비장한 각오로 끝까지 최선을 다하면 마침내 모든 관중의 기립박수를 받는 명승부의 주인공이 될 수 있다.

　나이가 몇 살이든 상관없이 지금부터 펼쳐질 인생의 승부에서 이기기 위한 필승전략을 짜야 한다. 20대라면 2쿼터 이후를 철저히 준비해야 할 것이며, 30~40대라면 3쿼터 이후를 대비해야 한다. 지금 50대나 60대에 접어들었다면 마지막 4쿼터의 승부에서 승자가 되기 위해 어떻게 경기에 임할지 탄탄한 전략을 세워야 한다.

　누구에게나 삶은 고귀한 것이다. 그 고귀한 삶이 빛나는 날들로 수놓아지기 위해서는 그에 걸맞은 '인생설계도' 가 있어야 한다. 인생설계도는 인생이라는 긴 승부에서 이길 비결을 담고 있는 비밀지도와 같은 존재다.

가장
나답게 사는 게
명품인생

제너럴 일렉트릭GE의 회장이었던 잭 웰치는 기회 있을 때마다 "너 자신이 돼라Be Yourself!"는 말을 자주 인용했다. 이 말에는 궁극적으로 '가장 너답게 살라'는 의미가 함축되어 있다. 이어령 교수의 말처럼 '베스트 원Best One'이 되려고 안간힘을 쓰기보다는 '온리 원Only One'을 꿈꾸며 부단히 자신을 갈고 닦으라는 뜻이다.

그것은 남을 닮아가려고 자기 몸에 맞지도 않는 옷을 걸치고 우스꽝스럽게 사는 것이 아니다. 자기 체형에 잘 어울리는 옷을 입고 멋스럽게 행동하며 사는 것이다. 저 산 너머에 보이는 무지개의 환상을 쫓아다니며 아까운 인생을 낭비하는 것이 아니다. 자신의 참 모습을 찾아서 내면 깊숙이 가슴 설레는 탐험을 떠나는 것이다. 자기만의 고유한 성품과 기질이라는 위대한 광맥을 발견하고 그 속에 담긴 찬란한 보석을 캐내는 것이다.

삶에서 우리가 가장 먼저 해야 할 일은 내면의 광맥에 들어있는 보석의 정체가 무엇인지를 찾아내는 일이다. 그런 다음 그 자원을 다듬고 가공해 시장에서 고객의 관심을 끌기에 충분한 '제법 쓸 만한 물건'으로 만들어내는 것이다. 이 과정까지가 가장 힘들지만 가장 핵심적인 단계라는 것도 잊어서는 안 된다. 여기까지는 오로지 자기라는 고객을 감동시키기 위한 외로운 탐험일 수밖에 없다. 그리고 이 탐험에 성공해야 비로소 세상에서 통할 수 있다.

직업과 일의 세계에서 우리가 지향해야 할 첫 번째 목표점은 최초의 고객이자 최고의 고객인 자신을 감동시키는 것이다. 어떤 일도, 어떤 상품도, 자신이 감동하지 못하면서 남에게 내밀 수는 없다. 고객이 있는 곳에는 반드시 시장이 있다.

먼저 그대가 가장 자신 있어 하는 유형 또는 무형의 가치를 팔 시장을 규정하라. 그리고 그대가 최초의 고객이 돼라. 그 첫 번째 고객을 만족시키지 못하면 그대는 시장에 있는 다른 어떤 고객도 만족시키지 못할 것임을 분명히 알아야 한다. 그러니 첫 번째 고객인 자신을 감동시키기 위해 내면에 풍부하게 매장되어 있는 광맥을 찾아 탐사와 시굴을 계속하라. 그것이야말로 안정성과 수익성이 동시에 보장되는 최고의 투자임에 틀림없다.

드러내놓고 말하지는 못하지만 대부분의 사람들이 은근히 하나쯤은 소유하고 싶어 하는 것이 있다. 바로 '명품名品'이다. 언제부턴가 우리 사회에서 명품이라 함은 사치품과 거의 동의어로 인식되어 왔다. 하지만 명품을 그렇게 보는 것은 명품의 본질을 폄훼하는 것인지도 모른다. 명품의 진가는 물질을 뛰어넘는 정신적 아우라에 있기 때문이다.

명품은 단지 가격이 비싸거나 호사스럽거나 이름이 널리 알려진 차원에 머무는 것이 아니다. 명품에는 만든 사람의 정신과 혼이 깃들어 있다. 그래서 명품은 그 사람의 아바타와 같은 존재다. 명품은 그것을 빚어낸 명장의 혼을 담고 세상에 탄생한다.

진정한 명품이 되려면 몇 가지 조건을 충족해야 한다. 첫째, 명품 특유의 고유한 캐릭터를 지니고 있어야 한다. 세상 그 어떤 것과도 차별화할 수 있는 독특한 매력을 지니고 있어야 하는 것이다. 둘째, 명품을 만든 사람의 숨결이 느껴져야 한다. 명품에는 장인이 혼신의 힘을 다해 쏟아 넣은 열정과 기량이 배어 있어야 한다. 셋째, 명품은 아무리 시간이 지나도 그 가치나 명성이 퇴색되지 않고 빛을 발해야 한다. 한때 반짝 인기를 끌다가 사그라지는 것이 아니라, 시간이 지날수록 더욱 사랑을 받을 수 있어야 하는 것이다.

값이 비싸다고 해서 명품은 아니다. 난시 이름이 잘 알려져 있다고 해서 명품 대접을 받는 것도 아니다. 가격이나 명성 이외에 뜨거운 생명력이 숨 쉬고 있어야 비로소 명품의 반열에 오를 수 있다. 하지만 이런 조건을 갖춘 명품이 어디 그리 흔하던가. 그래서 우리는 진정한 명품을 더욱 부러워하고 더 소유하고 싶어 하는지도 모르겠다.

그런데 잘 생각해보면 누구나 명품을 늘 가까이에 둘 수 있는 방법이 있다. 명품을 물질의 시각이 아니라 정신적 관점에서 접근하면 된다.

명품을 별개의 소유 개념으로 바라보는 것이 아니라 자신과 명품이 하나가 되게 하는 것이다.

어떻게 사람이 명품이 될 수 있을까? 바로 자신의 삶 자체가 명품이 될 수 있도록 '명품인생'을 살면 된다. 인생 자체가 명품이면 굳이 명품을 부러워할 필요가 없다. 오히려 다른 사람들이 나를 부러워하고 닮고 싶어 할 것이다. 그것이야말로 세상에서 가장 값진 최고의 명품이 아니고 무엇이겠는가.

그렇다면 어떻게 살아야 명품인생을 살 수 있을까? 첫째, 자신의 고유한 재능들이 무엇인지 발견하는 것이다. 둘째, 삶을 통해 그 재능들이 활짝 만개할 수 있도록 열정과 역량을 최대한 발휘하는 것이다. 셋째, 오래토록 세상의 빛이 될 수 있게 자신의 인생을 빛나게 살아가는 것이다.

누구나
인생의
명장이다

크든 작든 모든 건축물에 적용되는 불변의 원칙이 있다. 그것은 건물의 설계를 마치고 공사를 시작하면 계약된 공사기간 안에 '설계도대로 완공한다' 는 것이다. 어떤 건축물이든 가장 먼저 하는 작업이 설계도를 만드는 것이다. 설계도는 언젠가 그 건물이 완성되었을 때의 모습을 미리 보여준다. 일단 건물 설계기 끝나고 나면 본격적인 공사에 들어간다. 물론 공사를 하는 과정에서 시행착오가 발생하기도 하지만 큰 변수가 없는 한 공사는 설계도에 따라 예정대로 진행된다. 그리고 마침내 약속한 공사기간 내에 계획된 설계도대로 건물은 완공된다. 이렇게 완공한 건물은 그 건물의 주인인 건축주가 원하는 용도에 맞게 요긴하게 쓰인다.

건축의 원칙은 한 번밖에 살 수 없는 우리 인생에도 얼마든지 적용될 수 있다. 수많은 이의 삶의 발자취를 뒤돌아볼 때 어떤 이들은 일생을 통해 후세에 길이 남을 만큼 참으로 아름다운 인생을 살다 갔다. 그런가 하면 어떤 삶이었는지 도무지 종잡을 수 없는 인생을 살다간 이들도 허다하다. 똑같이 주어진 시간을 살았지만 무엇이 그들의 삶이 그렇게 확연히 달라지도록 만들었을까?

나는 그 중의 한 가지가 자기 인생의 건축주로서 '인생설계도'를 가지고 살았느냐의 유무가 아닐까 한다. 의외로 많은 이가 다른 사소한 것들은 꼼꼼히 챙기면서도 정작 자신의 인생을 위한 설계도 한 장 없이 살아간다. 그저 바쁘다는 이유로 설계도도 없이 하루의 삶을 날림으로 짓는다. 인생을 잘 살고 싶은 열망은 강하지만, 그 열망을 실현하기 위해 꼭 필요한 디자인을 생략한 채 허겁지겁 살아가는 것이다.

《인생설계도》에서 20년 넘게 건축엔지니어로 일해 온 저자 이맹교는 아주 흥미로운 묘사를 하고 있다. 건축주 없는 건물 없고, 설계도 없는 건물 없으며, 하자 없는 건물 없고, 개·보수하지 않는 건물도 없다는 것이다. 그런데 하나의 건축물이 구상의 단계를 거쳐 최종 완공에 이르기까지의 과정을 우리 인생에 비유하면 다음과 같은 이야기가 탄생한다.

첫째, 건축주 없는 건물이 없다는 것은 자기 인생의 주인은 바로 자신이며 세상 어느 누구도 자신의 인생을 대신하거나 책임져주지 않는다는 것이다. 둘째, 설계도 없는 건물이 없다는 사실은 훌륭한 건축물은 반드시 아주 잘 디자인된 설계도를 갖추고 있는 것처럼 자신이 원하는 명품인생을 꿈꾸는 사람이라면 가장 먼저 할 일이 명품인생의 설계도를 만드는 것임을 의미한다. 셋째, 하자 없는 건물은 없다는 말은 아무리 계획대로 완벽한 삶을 살고 싶더라도 살다 보면 늘 크고 작은 실패와 시행착오가 따라다니기 마련이라는 의미다. 마지막으로 개·보수하지 않는 건물이 없다는 것은 세상은 끊임없이 변화하기 마련이므로 주변 환경의 변화에 따라 필요하다고 판단되면 유연하게 목표를 수정하도록 인생을 리모델링할 각오로 살아가야 한다는 뜻이다.

내 인생의 주인은 바로 나 자신이다. 가장 나답게 살기 위한 명품인생의 주인공으로서 제일 먼저 인생의 설계도를 만들어 놓고 본격적인 삶을 시작하되, 아무리 계획한 대로 살고 싶어도 세상 살다 보면 수많은 실수와 시행착오를 겪게 마련이므로, 언제나 가슴속에 아름다운 인생의 설계도를 품고서 때론 고치고 때론 수정하면서 인생을 리모델링해나가는 것, 그것이 바로 명품인생의 디자이너로서 우리가 취해야 할 삶의 자세다.

명품인생을
위한
설계도

누구나 인생의 황금기를 구가하고 싶어 한다. 기왕이면 명품인생을 살고 싶어 한다. 오늘을 열심히 사는 것도 언젠가 그 날이 반드시 올 것이라는 믿음 때문이다. 하지만 인생에서 황금기가 오게 하려면 먼저 해야 할 것들이 있다. 그 중의 하나가 인생의 설계도를 만들어놓고 사는 것이다. 설계도의 존재 유무는 명품인생을 좌우하는 첫 번째 관건이다. 세상의 그 어떤 이름 있는 건축물도 설계도 없이 탄생한 것이 없듯이, 명품인생 또한 인생의 설계도 없이 실현할 수는 없기 때문이다.

하나의 예를 들어보자. 209쪽의 왼편 그림은 현존하는 어떤 유명 건축물의 실제 설계도를 그대로 옮겨 놓은 것이다. 이 설계도가 세상에 나온 것은 1886년이었다. 하지만 당시 이 설계도가 실제로 어떤 모양이고 어느 정도의 규모로 어떻게 세워질지 직접 설계한 설계자를 제외하고는 아무도 몰랐다.

그로부터 3년 후인 1889년 프랑스 파리에는 그 전에는 세상에 존재하지 않던 엄청난 규모의 철탑 하나가 등장했다. 바로 프랑스혁명 100주년을 기념하기 위해 세워진 높이 300m 크기의 에펠탑이 세상에 그 웅장한 모습을 드러낸 것이다. 프랑스 건축가 알렉산더 구스타프 에펠의 상상 속 그림이 3년이 지난 후에 정말 현실이 된 것이다.

1886년은 에펠탑이 완성된 1889년의 시점에서 보면 분명히 과거의 시간이다. 그렇다면 이미 3년 전인 1886년에 설계도를 완성한 에펠의 시각에서 보았을 때 에펠탑이 세상에 등장한 1889년은 미래일까, 미래가 아닐까. 미래가 아니다. 적어도 에펠의 입장에서는 1889년의 미래를 이미 3년 전에 다 보았기 때문이다. 세상 모든 사람들은 까마득히 모르고 있었을지언정, 설계를 한 에펠에게는 1889년이 '이미 와 있는 미래'의 시간이 된 것이다.

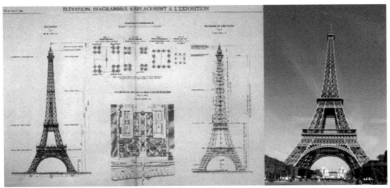

1886년   1889년

미래를 미리 구상한 사람에게 미래는 더 이상 오지 않은 시간이 아니다. 이미 시작된 시간이자 이미 와 있는 시간인 것이다. 미래의 모습을 미리 그려 두고 사는 사람에게 미래는 알 수 없는 시간이 아니다. 현재의 모습과 미래의 모습을 수시로 비교해가며 필요하다면 수정하고 다듬어 나가면서 본래 그려 놓은 설계도와 닮아가도록 살 수 있는 시간이다.

진짜 원하는 미래를 만들고 싶은가? 미래를 그대가 바라는 대로 살고 싶은가? 그렇다면 제일 먼저 해야 할 일이 있다. 그대의 미래를 직접 설계하라. 설계도가 건축물에만 유용한 것이 아니다. 인생에도 설계도가 있어야 한다. 물론 설계도 없이 살아도 한평생 잘 살 수 있을지 모른다. 그러나 미리 설계를 하고 지은 집과 설계도 없이 마구잡이로 지은 집을 비교하면 안다. 대충 지은 집은 볼품도 없거니와 여기저기 하자가 생겨 수시로 고치고 때워야 한다.

인생 역시 건성건성 살면 하자 보수하느라 시간은 시간대로 허비하고 비용은 비용대로 더 들어간다. 살고 싶은 인생의 모습을 미리 설계해 놓고 살면 설계도 없이 살 때보다 훨씬 자신이 원하는 삶에 가깝게 건축할 수 있다. 주먹구구식으로 인생의 집을 지었다가 나중에 뜯고 고치려면 이만저만 번거로운 것이 아니다.

인생을 날림으로 살지 말라. 집은 날림으로 지어도 그럭저럭 살 수 있지만, 인생의 집을 날림으로 지으면 다시 뜯어내거나 고치기조차 어렵다. 무엇보다 그래도 될 만큼 충분한 시간이 주어지지 않을지 모른다. 그러니 기왕 살 바엔 인생을 설계도 없이 살지 말라. 어차피 삶은 고치고 보수하면서 사는 것이라지만, 설계도가 있는 상태로 고치는 것과 설계도조차 없이 고치는 것은 질적으로 크게 다르다. 설계도 없이는 명품인생을 실현하는 것이 사실상 불가능한 이유가 여기에 있다.

내
인생의
로드맵

현실은 늘 버거운 짐들로 가득하다. 직업이 그렇고, 돈이 그렇고, 공부가 그렇고, 건강이 그렇다. 그러나 현실에만 매달리면 현실은 더 무겁게 우리의 어깨를 짓누른다. 현재는 하루하루 쌓이고 쌓여 결국 똑같은 모습의 미래를 만든다. 돈이 없다고 아르바이트에만 매달리면 10년이 지나도 아르바이트만 하기 쉽다. 직장을 잃지 않으려고 아등바등 살면 10년 후에도 비슷한 상황에서 헤어나기 힘들다.

그럴 바엔 차라리 10년 후의 미래로 먼저 가라. 그때 명중시켜야 할 목표가 무엇인지 분명하게 보이면 10년 후를 위해 지금 계속 아르바이트를 해야 할 것인지, 아르바이트 대신 다른 활동을 해야 할 것인지, 선택이 분명해진다.

천직캠프가 열리는 현장에서 자신의 천직을 찾으려는 사람들을 돕

정균승의 인생 여정

(2000년 5월 31일 작성)

나이	40대 삶 (성숙의 삶)		50대 삶 (기여의 삶)		60대 삶 (제2의 삶)		70대 삶 (완성의 삶)	
남은 시간	40년	35년	30년	25년	20년	15년	10년	5년
개인	– 교양서적 매월 4권 읽기(평생) – 영어회화 – 세계여행(유럽1) – 건강관리		– 세계여행(북미) – 세계여행(유럽2) – 영어회화 – 건강관리		– 전원생활 – 명상 – 세계여행 (남미,호주)		– 인생회고록 저술 – 명상 수련	
가정	– 믿음직한 남편 – 닮고 싶은 아빠 – 효도하는 아들/사위		– 멋진 남편 – 대화가 되는 아빠 – 자랑스런 아들/사위		– 관심 있는 남편 – 존경 받는 아버지 – 데이트하고 싶은 시아버지 – 말이 통하는 할아버지		– 건강한 정신적 유산 남기기	
직업	– 참된 스승 – 매스컴 활동 – 저술 활동 – 명강의 하기 – 시간 디자이너 – 꿈 컨설턴트		– 존경 받는 스승 – 매스컴 활동 – 저술 활동 – 동기부여 강의 – 천직 찾아주기 개발 운영		– 새로운 일에 도전 (비전대학 설립 운영) – 동기부여 강의 – 저술 활동 – 라이프 코칭		– 마지막 저술 활동 – 행복한 강의 하기 – 비전대학 활선화	
사회	– 발전기금 출연 – 사회봉사기금 출연 – 청소년 비전 갖기 운동		– 발전기금 출연 – 지구촌 돕기 후원금 출연 – 청소년 비전 갖기 운동		– 자선활동 – 재능 기부 – 장학회 설립 운영		– 자선활동 – 재능 기부 – 장학회 운영	

는 일을 할 때, 그들에게 보여주는 오래된 자료가 하나 있다. 2000년 5월 31일, 즉 지금으로부터 13년 전에 그려 놓았던 '정균승의 인생 여정' 이라는 내 인생의 로드맵이 그것이다.

그 자리에서 나는 지나온 13년 동안의 내 인생에 대해 이야기한다. 어느덧 내 인생에서 40대는 다시는 건너갈 수 없는 강 저편의 시간이 되었다. 지난 40대의 삶을 나는 어떻게 살았던가. 내가 살고자 구상했던 삶의 모습과 얼마나 닮게 살았던가. 인생 여정에서 설계한 삶과 80퍼센트는 닮게 살았다. 40대에 하고 싶었던 것들 다섯 가지 가운데 네가지는 성취한 것이다.

이제 나는 50대 중반을 향해 달려가고 있다. 당시 나는 50대가 되면 직업적으로 꼭 하고 싶은 대표적인 것들 몇 가지를 기록했다. 개중에는 존경받는 스승이 되고, 매스컴 활동을 하며, 저술 활동과 함께 동기 부여 강의를 하는 것이 포함되어 있다. 그런데 놀랍게도 지금 내가 가장 왕성하게 시간과 에너지를 쏟고 있는 일들이 바로 이러한 활동들이다. 특히 천직 찾아주기 교육 프로그램을 개발하여 운영하겠다는 구상이 11년 후인 2011년에 극적으로 선을 보이게 된 것은 지금 생각해도 실감이 나지 않을 지경이다. 잠재의식 속에서 사람들의 천직을 찾아주어야겠다는 생각이 꿈을 현실로 만든 원동력이 되지 않았나 싶다.

언제부턴가 나는 인생설계도의 위력을 실감하면서 살고 있다. 60대에 접어들면 50대의 삶을 회상할 것이다. 그리하여 오래 전에 내가 살고자 했던 삶의 모습과 얼마나 닮았는지 비교해 볼 것이다. 앞으로 필요하다면 언제든지 원래의 설계도를 수정하여 새로운 버전으로 만들 것이다. 당시에는 미처 생각하지 못했던 삶의 모습이 떠오른다면 기꺼이 설계도에 반영할 것이다. 더욱 나다운 인생을 살기 위해 필요하다면 얼마든지 수정하고 변경할 것이다.

10년의
시행착오

아무리 좋은 설계도라도 시간과 공력을 들여 충실히 시공하지 않으면 설계도는 빛 좋은 개살구에 지나지 않게 된다. 조급한 나머지 빨리 완공할 생각으로 서두르다 부실시공을 하게 되면 결국 처음 설계했던 것과는 전혀 다른 엉뚱한 건축물이 지어질 수 있다.

인생설계도 마찬가지다. 아무리 훌륭한 인생 로드맵을 만들었다 하더라도 충분한 시간 동안 열과 성을 다해 심혈을 기울여야 처음에 가고자 했던 길을 갈 수 있다. 마음만 급하게 먹고 내실을 기하지 않으면 결국 부실한 인생을 시공하는 우를 범하게 된다. 적어도 명품인생을 꿈꾼다면 명품 설계도 못지않게 인생의 벽돌 한 장 한 장을 쌓아올리는 과정 또한 명품다운 혼이 깃들어야 한다.

"사진작가가 되려면 10년이 걸린다." 본인이 사진 전문가이기도 한

마이너 화이트의 말이다. 30년 가까이 소나무를 소재로 한 사진을 찍어 소나무 사진가로 잘 알려져 있는 배병우 작가 역시 《우리 시대의 장인정신을 말하다》에서 "처음엔 무조건 찍다가 소나무에 관한 자료를 모으고, 공부를 하면서 한 10년쯤 지나자 뭔가 되는 것 같았다"고 말한다.

역시 어떤 분야에서 전문가의 경지에 접어들고자 할 때 10년은 '매직 넘버' 나 다름없어 보인다. 《아웃라이어》에서 말콤 글래드웰이 말한 '1만 시간의 법칙'도 이른바 '10년의 법칙'과 일맥상통한다. 한 가지 일에 1만 시간을 투자하려면 대략 10년의 세월은 바쳐야 하니까.

그런데 어떤 분야든 10년을 일하면 진정한 전문가가 될 수 있을까? 주변을 보면 한 분야에 10년 이상 종사한 사람은 제법 많다. 그렇다면 그들은 다 전문가라고 할 수 있을까? 그렇지는 않은 것 같다. 10년 이상 몸담은 사람은 많아도 그 분야의 대가 내지 전문가는 얼마 안 되는 것 같다. 그 이유가 무엇일까? 한 분야에서 프로페셔널한 경지에 이르려면 10년의 기간은 필수적이다. 하지만 그것은 어디까지나 프로가 되기 위한 필요조건일 뿐이다. 거장이 되기 위해서는 그것만으로는 부족하다. 그런 무엇이 더 필요할까?

《나의 문화유산답사기》의 저자 유홍준 교수는 "무수한 시행착오를 바탕으로 경험과 지식을 통한 꾸준한 수련을 거쳐야 한다"고 말한다. "시행착오를 거치지 않고서는 절대로 대가가 될 수 없다"는 것이다.

건축가 김봉렬 교수는 "전문성은 시간과 함께 쌓인 시행착오로 만들어진다"고 단언한다. "시행착오란 과거에 잘못한 것으로 끝나는 것이 아니라, 이전 작업을 반성하고 새로운 것을 찾아보고 궁리하고, 거기서

도전하고, 다시 개척하는 과정이 지속되면서 장인이 된다"는 것이다.

실수하고 반성하고 고치고 도전하며 조금씩 조금씩 더 나아지는 것, 그것이 바로 전문가의 길에 들어서려는 사람이라면 누구나 예외 없이 거쳐야 하는 관문이다.

어떤 일이든 전문가의 경지에 오르려면 두 가지 조건을 만족해야 한다. 첫째, 10년이라는 시간을 투자해야 한다(필요조건). 둘째, 그 시간 동안 무수히 많은 시행착오와 자기반성과 재도전의 과정을 거치면서 점점 더 그 분야에 밝아져야 한다(충분조건). 결국 일정한 시간을 투자하는 것과 그 시간 동안 정성껏 공력을 들이는 것이 전문가가 되기 위한 필요충분조건이다.

비범해지려면 일을 단순히 시간과 노동의 결합으로만 이해하면 안 된다. 시간과 노동은 두말할 것도 없거니와 자신의 일에 혼과 정신을 담아야 비로소 평범함을 넘어서는 비범함의 경지에 이를 수 있다.

하는 일마다 뜻대로 되지 않아 맥이 빠지는가? 할 때마다 실패로 끝나 좌절하고 싶은가? 더 이상의 희망을 잃고 모든 것을 포기해버리고 싶은가? 이제부턴 그렇게 생각하지 말라. 아마도 그대는 그 일에 아직 10년 이상의 시간을 투자하지 않았을 것이다. 이 조건을 충족했는데도 그렇지 못하다면 왜 그럴 거라고 생각하는가? 꾸준히 자신을 연마하는 과정을 제대로 거치지 않았기 때문일 것이다. 실수를 통해 반성하고 깨닫고 배우고 익히며 담금질하는 인고의 수련과정을 지속적으로 거듭하지 않았기 때문일 것이다. 비범함의 경지로 들어서는 임계점을 아직 넘지 않았기 때문일 것이다.

　비범한 사람이 되고 싶은가? 그렇다면 먼저 시간과 공력을 들이라. 그 과정에서 계속 시행착오와 실수를 겪더라도 모든 것을 비범함에 이르는 전조前兆로 받아들이라. 그리고 지속적으로 고치고 개선하라. 그러면 반드시 그 경지에 오를 수 있다. 하지만 그럴 자신이 없거든 비범한 사람이 되는 것을 포기하고 살라. 그렇지 않으면 뜻도 이루지 못하고 좌절감만 증폭될 테니 말이다.

MUST DO,
BE, GO,
HAVE

2010년 봄학기 개강 후 얼마 되지 않아 갑자기 목과 어깨, 등 부위에 심한 통증을 느꼈다. 평소에 가끔 오던 어깨 통증 정도로 여기고 대수롭지 않게 생각했다. 그러나 증세는 더욱 악화되었고 잠도 제대로 잘 수 없을 만큼 고통이 심했다. 몇 군데 병원을 다녀봤지만 호전되지 않았다. 할 수 없이 정밀진단을 위해 MRI 촬영을 했다. 결과는 경추 추간판 탈출증(일명 목 디스크)이었다. 그러는 과정에 마비 증상은 더욱 심해져 오른쪽 팔을 들 수 없을 정도가 되었다. 수술 외에는 다른 방도가 없었다.

학기 중이었지만 바로 수술을 했고 2주일 동안 꼼짝 없이 병원에 갇혀 있어야 했다. 목에 깁스를 한 채 거동이 불편했던 당시의 나에게 병원은 영락없이 감옥처럼 느껴졌다. 모든 게 원망스러웠다. 하필이면 왜

목 디스크가 생겼을까 화도 났다.

그러나 다시 생각해보니 화만 내면서 속을 부글부글 끓이고 있을 일이 아니었다. 가장 시급하고 중요한 일은 하루라도 빨리 회복해서 퇴원하는 것이었다. 나는 마음을 고쳐먹기로 했다. 어차피 다른 선택의 여지가 없는 2주일의 시간을 어떻게 보내는 것이 최선인지 곰곰이 생각했다.

나는 외부와 일체 연락을 끊고, 입원 사실 자체를 가족 외엔 아무도 모르게 했다. 수업을 받는 학생들에게는 조교를 시켜 개인 사정상 휴강이니 추후에 보강하겠다고 공지하도록 하고 다른 누구에게도 이 사실을 알리지 말라고 신신당부했다. 입원 사실이 알려져 문병이나 연락 오는 것이 너무 싫었기 때문이었다.

그때부터 절대 고독의 시간이 계속되었다. 주치의와 간호사의 방문 외엔 하루 종일 병실에서 혼자 지냈다. 자연스럽게 나와의 깊은 만남이 이루어졌다. 온종일 독서와 사색의 시간만 가졌다. 자신과의 고독한 만남은 내게 두 가지 귀한 선물을 안겨주었다.

그 중 하나는 〈천직발견 프로그램〉의 구상을 완성한 것이었다. 오래 전부터 머릿속으로만 생각했던 대학생들의 '천직 찾아주기 교육 프로그램'을 세상에 선보일 수 있게 된 것이다. 아울러 진로 문제 때문에 고민하는 청소년들, 직장 때문에 심적 갈등을 겪고 있는 직장인들, 은퇴 후 제2의 삶을 준비하는 퇴직자들, 더 가치 있는 삶을 찾고 싶어 하는 전업주부들이 스스로 길을 찾아가도록 도와주는 '천직발견'의 교육과정을 개설할 구상도 마무리했다.

다른 하나는 2008년 초본을 작성했다가 완성하지 못한 채 차일피일 미뤄두었던 버킷리스트를 완성한 것이었다. 늘 마음속 깊은 곳에 꼭꼭 숨겨두었던 내 비밀의 장롱을 열고 그 안에 있던 꿈들을 세상에 꺼내놓은 것이다. 뜻하지 않게 맞게 된 병원에서의 절대 고독의 시간은 내가 죽기 전에 꼭 하고 싶은 리스트를 정리하기엔 최적의 기회였다. 지금도 그때 작성한 버킷리스트 99가지 목록을 코팅해 연구실에 놔두고 가끔씩 들여다본다. 버킷리스트를 보면서 에너지를 얻고 싶기 때문이다.

그로부터 3년의 시간이 경과한 지금 나는 그 당시를 생각할 때마다 그렇게 고마울 수가 없다. 시련의 시간은 나로 하여금 주변을 다시 돌아보고 성찰할 수 있는 기회를 주었다. 위기는 내게 '위대한 기회'의 줄임말이었다. 불운이라고 생각했던 일이 오히려 전화위복의 계기를 마련해 주었다. 되새길수록 '인생은 새옹지마塞翁之馬'라는 말이 하나도 어긋남이 없음을 몸소 체험했다.

크고 작은 고난이 닥쳤을 때 우리가 할 수 있는 일은 두 가지다. 하나는 왜 하필이면 나에게 그런 고난이 닥쳤는지 모르겠다고 탄식하며 어쩔 줄 몰라 하는 것이다. 이럴 때는 절망하고 좌절하는 것 외엔 다른 방도가 없다. 불운을 원망하며 신세타령이나 하는 것 말고는 달리 뾰족한 대안이 없다.

다른 하나는 나에게 닥친 고난의 의미가 무엇인지 재음미하는 것이다. 이유를 막론하고 어차피 발생한 일이라면 누구를 탓하거나 원망만 하는 대신, 그 고난을 통해 무엇을 얻고 어떻게 이겨낼지 적극적인 타개책을 모색하는 것이다. 지금의 고난은 내 삶이 더욱 견고해지기 위해

정균승의 버킷리스트
(살아 있는 동안 꼭 이루고 싶은 내 꿈들!)

하고 싶고(DO) / 되고 싶고(BE) / 갖고 싶고(HAVE) / 가고 싶은(GO) / 나의 꿈 목록

번호	범주	목표	마감기한	성취여부
1	D	전 세계 20개국 문화 체험하기	2030년	
2	D	유타주 아치스 국립공원 트레킹하기	2017년	
3	B	글로벌 비전대학 설립자 겸 총장	2025년	
4	D	TV특강 출연하기	2015년	성취
5	D	고향 발전기금 출연하기	2020년	
6	H	황토 한옥 별장 갖기	2020년	
7	D	밀리언셀러 저서 출간하기	2020년	
8	G	페루 마추픽추 등정하기	2018년	
9	D	재능기부하기	평생	
10	G	1년에 한 번씩 해외여행하기	2030년	진행 중
11	D	하와이 원주민과 사진 찍기	2017년	
12	D	탭댄스 배우기	2019년	
13	D	국제 불우아동 10명 이상 후원하기	2020년	진행 중
14	D	제주도 자전거 여행하기	2015년	
15	G	세렝게티 국립공원에서 사자와 조우하기	2021년	
16	D	북한 친구 10명 사귀기	2020년	
17	G	백두산 천지 오르기	2016년	
18	D	〈천직발견〉 전문강사 100명 양성하기	2025년	진행 중
19	D	〈천직발견〉 프로그램 10개국에 수출하기	2030년	
20	D	100커플 주례 서기	2030년	
21	G	터키 카파도키아 열기구 타기	2015년	성취
22	G	이구아수 폭포에 발 담그기	2018년	
23	G	실크로드 도보 여행하기	2019년	
24	D	블로그 누적 방문객 1천만 명 돌파하기	2020년	
25	G	아마존 탐험하기	2018년	
26	D	기타 콘서트에서 연주하기	2025년	

천직,
내 가슴이
시키는 일

번호	범주	목표	마감기한	성취여부
27	D	브라질 삼바축제에 참가하기	2018년	
28	D	방송 50회 이상 출연하기	2030년	진행 중
29	G	알함브라 궁전에서 산책하기	2019년	
30	D	지구촌 〈천직발견센터〉 50개 설립하기	2030년	
31	D	자서전 집필하기	2040년	
32	G	알래스카에서 트레킹하기	2017년	
33	D	전 재산 사회 환원하기	2040년	
34	D	독거노인 돕기	평생	
35	G	유라시아대륙 횡단열차 여행하기	2025년	
36	D	히말라야에서 원두커피 볶기	2023년	
37	G	뉴질랜드 원주민 만나기	2021년	
38	D	도자기 작품 만들기	2022년	
39	D	미국 메이저리그 야구경기 관람하기	2010년	성취
40	G	요세미티 국립공원 방문하기	2017년	
41	D	스칸디나비아 여행하며 바이킹 문화 체험하기	2019년	
42	D	무인도에서 알몸으로 산책하고 빈둥거리기	2015년	
43	G	청산도 돌담길 산책하기	2013년	성취
44	D	배드민턴대회 출전하기	2012년	성취
45	D	호주에서 번지점프 도전하기	2021년	
46	B	정년퇴임 이전에 스스로 물러나기	2020년	
47	D	오카리나 연주하기	2010년	성취
48	G	울릉도에서 오징어회 먹기	2015년	
49	G	알프스산 기차 여행하기	2019년	
50	D	전업주부 꿈 찾아주기	2017년	
51	G	헤밍웨이가 살았던 집 방문하기	2009년	성취
52	G	세상에서 가장 아름다운 노을 감상하기	2015년	성취
53	G	정동진에서 해돋이 감상하기	2013년	
54	G	산티아고 순례길 도보 여행하기	2019년	
55	D	중국어 배우기	2015년	

번호	범주	목표	마감기한	성취여부
56	G	장가계 방문하기	2013년	성취
57	D	장학재단 설립하기	2025년	
58	D	나이아가라 폭포에서 래프팅하기	2009년	성취
59	D	대학 캠퍼스에 구절초 동산 만들기	2020년	
60	D	졸업한 제자를 초청하여 파티 열기	2020년	
61	D	요트에서 바다낚시로 즉석 요리하여 술마시기	2015년	
62	G	옐로스톤 국립공원에서 버팔로 만나기	2009년	성취
63	B	꿈쏘시개 역할 열정적으로 하기	평생	진행 중
64	G	사하라 사막 걷기	2019년	
65	B	한국 청소년 교육혁명 주도하기	2020년	
66	G	백악관 앞에서 인증샷 날리기	2010년	성취
67	D	무료특강 100회 이상 기부하기	평생	
68	D	사진촬영 전문적으로 배우기	2025년	
69	G	마이애미 해변 걷기	2009년	성취
70	D	부모님 효도여행 보내드리기	2017년	
71	D	드럼 배우기	2014년	
72	G	한반도 종주여행하기	2025년	
73	B	명품인생 디자이너 되기	2015년	진행 중
74	G	빙하에서 사진 찍기	2019년	
75	D	경비행기 운전하기	2022년	
76	D	낙하산 타보기	2022년	
77	D	해비타트 희망의 집짓기 참가하기	2017년	
78	B	TV 프로그램 사회자 되기	2016년	
79	D	영국 프리미어리그 축구경기 관람하기	2019년	
80	D	100만 명에게 행복한 직업 찾아주기	2030년	
81	D	요가명상 생활화하기	평생	
82	D	한국청년천직발견사관학교 개설 운영하기	2020년	
83	G	뉴욕 타임스퀘어 전광판 앞에서 사진 찍기	2009년	성취
84	G	중국 시안 진시황 무덤 둘러보기	2015년	

번호	범주	목표	마감기한	성취여부
85	G	앙코르와트 방문하기	2016년	
86	G	그랜드캐년에 누워서 하늘 바라보기	2017년	
87	D	평양에서 냉면 먹기	2025년	
88	D	블로그 글로 책 발간하기	2013년	성취
89	G	칠레 파타고니아 W트레킹하기	2018년	
90	D	핀란드식 교육혁명 한국에 전파하기	2019년	
91	G	만리장성 걷기	2015년	
92	G	아프리카 희망봉에 올라 희망 외치기	2021년	
93	G	몽골 대초원에서 말 타기	2019년	
94	D	KBS〈아침마당〉출연하기	2015년	
95	D	며느리와 쇼핑하기	2022년	
96	G	캐리비안 크루즈 여행하기	2009년	성취
97	G	하얼빈 얼음축제 참가하기	2016년	
98	D	독일 맥주축제에서 맥주 실컷 마시기	2019년	
99	G	지중해 연안 그리스 로마 유적지 구경하기	2019년	

반드시 필요한 과정이라고 생각하고, 이 고난 속에서 무엇을 배우고 무엇을 새롭게 터득할 것인지 전향적인 해결책을 찾아보는 것이다. 그러면 고난은 반드시 불행한 것만이 아니다. 오히려 고난이 닥침으로써 우리는 새로운 전환점을 마련하거나 극적인 돌파구를 만들 수 있는 결정적인 계기를 맞이하기도 한다.

위에 소개한 표는 당시 버킷리스트에 기록해둔 하고 싶거나Do, 되고 싶거나Be, 가고 싶거나Go, 갖고 싶은Have 내 꿈의 목록들이다. 99가지 목록 중에는 이미 성취한 것도 있고, 현재 진행 중인 것도 있으며, 아직 시작도 하지 않은 것이 있다. 나는 이 리스트만 보면 그렇게 가슴이 두

근거릴 수 없다. 상상만 해도 가슴이 벅차오르기 때문이다. 죽기 전에 꼭 하고 싶은 모든 것이 내 눈앞에서 아른거리고 있는데 어찌 가슴이 뛰지 않을 수 있겠는가.

누구나
신궁이
될 수 있다

옛날 어느 마을에 활쏘기의 달인이 살고 있었다. 그는 어릴 적부터 남다른 활쏘기 실력으로 사람들을 깜짝 놀라게 했다. 해가 거듭될수록 그의 활 쏘는 솜씨는 타의 추종을 불허했다. 그러던 어느 날 그는 문득 이런 생각이 들었다.

"내가 과연 세상에서 제일가는 궁사일까?"

며칠을 고민한 끝에 그는 최고의 신궁과 겨루기 위해 집을 나섰다. 세상천지를 돌아다니며 활 잘 쏜다는 사람을 찾아 한 판 승부를 겨루었다. 하지만 어느 누구도 그가 인정할 정도의 달인 수준은 아니었다. 오랜 시간 객지를 떠돌던 그는 차츰 지치기 시작했다. 더 이상 신궁을 찾아다니는 일이 부질없다는 생각이 들었다.

그러던 어느 날 산을 넘느라 피곤해 나무 그늘 아래서 잠시 쉬고 있던 그의 눈에 번쩍 띄는 것이 있었다. 저만치 큰 나무에 화살 하나가 박혀 있는 것이었다. 가까이 다가가 보니 화살이 나무에 그려진 과녁의 정중앙에 박혀 있었다. 그는 주변의 나무들을 자세히 살폈다. 그랬더니 수많은 나무에 화살이 박혀 있었고, 그 화살촉들은 예외 없이 과녁 한가운데를 명중한 것이 아닌가. 그는 가슴이 뛰기 시작했다. 그토록 애타게 찾던 신궁을 드디어 만날 수 있겠다는 기대와 흥분 때문이었다.

그 순간 '씨잉' 하는 소리와 함께 화살 하나가 나무에 꽂혔다. 그러더니 한 나이 지긋한 노인이 저만치에서 다가오고 있었다. 그는 자신이 그토록 애타게 찾던 신궁이 바로 저분이라고 직감했다. 그는 넙죽 엎드려 큰절을 올리고 자신을 제자로 받아줄 것을 간청했다.

"오늘부터 어르신을 사부님으로 모시고 싶습니다. 어떻게 하면 이토록 신궁의 경지에 이를 수 있는지 그 비법을 알려 주십시오."

물끄러미 그를 바라보고 있던 노인이 이윽고 입을 열었다.

"별거 아니라네. 나처럼 하면 누구나 신궁이 될 수 있다네."

그렇게 말한 노인은 방금 쏘았던 화살이 박혀 있는 나무로 다가가더니 붓을 꺼내 화살 주변에 과녁을 그리기 시작했다.

과녁을 세운 다음에 화살을 쏘아야 하는 것이 우리가 알고 있는 상식이다. 그런데 그 노인은 상식을 뒤집어버렸다. 먼저 화살을 쏘고, 그 화살을 중심으로 과녁을 표시한 것이다.

우리가 현재와 미래라는 시간을 인식하는 것도 이와 같지 않을까? 시간은 항상 현재에서 미래로 흐르는 것일까? 화살을 쏜 다음에 과녁을 그리듯이 미래를 먼저 본 다음에 현재로 돌아오면 안 되는 것일까?

10년 후에 꼭 명중시키고 싶은 목표가 있다고 하자. 그 미래의 목표가 무엇인지 먼저 화살을 쏘아 확인한 다음 다시 현재로 돌아와 하나둘씩 주변에 과녁을 그려 나가면 틀림없이 10년 후엔 정확히 목표에 명중시킬 수 있는 것이다.

돈이 되었든, 명예가 되었든, 공부가 되었든, 건강이 되었든, 10년 후에 반드시 이루고 싶은 꿈이 있는가? 그렇다면 지금 현실에만 얽매이지 말고 먼저 10년 후에 명중시킬 구체적인 꿈의 화살을 쏘아라. 그런 다음 현재로 돌아와 하나 둘씩 현실을 둘러싸고 있는 장애물과 문제점을 극복해 나가라. 마치 화살을 쏘고 난 다음에 과녁을 그리는 것처럼 말이다. 그러니 가능하면 미래의 시점에서 현재의 자신을 바라보라. 분명한 미래의 모습을 그리고 나면 그것을 이루기 위해 현실을 어떻게 살아야 할지 좀 더 명료한 해답이 나온다.

새롭게 시작하려는 사람들은 항상 많다. 하지만 그 일을 끝까지 이루어내는 사람들은 그리 많지 않다. 목표가 분명해야 다른 유혹들을 물리칠 수 있다. 우리가 무슨 일을 하려고 할 때 도움을 주는 것들보다는 훼방을 놓는 것들이 훨씬 많다. 수많은 장애물이 우리의 앞길을 가로막고 의지를 꺾어놓으려고 할 때 그 난관들을 극복할 수 있도록 해주는 힘은 그 너머에 있는 기필코 도달해야 할 간절한 목표다.

목표가 분명할 때 우리는 일의 우선순위를 결정할 수 있다. 무엇을 먼저 하고 무엇을 나중에 하며, 무엇을 꼭 챙기고 무엇을 포기해야 할지 분별력을 키울 수 있다. 뚜렷한 목표가 있을 때 우리는 거기에 시간과 열정과 에너지를 집중할 수 있다. 목표가 분명하면 설사 실패를 했다 하더라도 좌절하지 않는다. 넘어졌더라도 훌훌 털고 다시 일어나 나아가야 할 분명한 이유가 있기 때문이다. 어떤 대가를 치르더라도 다시 도전해야 할 간절함이 있기 때문이다.

2004년 8월 22일 그리스 아테네에서는 하계 올림픽 남자 소총 50m 3자세 결승전이 벌어지고 있었다. 예선을 거쳐 최종 결선에 오른 선수는 모두 8명이었다. 그중에서 가장 유력한 금메달 후보는 미국의 매튜 에몬스 선수였다. 그는 예선에서 2위를 기록했지만, 결승 라운드에서는 신기에 가까운 실력으로 예선 1위였던 중국의 지아장보 선수를 멀찌감치 따돌리고 선두로 올라섰다.

마지막 한 발이 남은 상태에서 큰 이변이 없는 한 우승은 그의 것이었다. 매튜는 마지막 10번째 사격을 위해 온 신경을 집중했다. 잠시 후 "탕" 소리와 함께 날아간 총알은 과녁에 정확하게 명중했다. 거의 만점에 가까운 점수였다. 그는 뛸 듯이 기뻐하며 환호하는 관중에게 손을 흔들었다.

그런데 이상했다. 전광판에 그의 점수가 올라오지 않는 것이었다. 심판들이 부산하게 움직이며 서로 이야기를 주고받았다. 이윽고 전광판에 그의 10번째 스코어가 떴다.

'0'

도대체 어찌된 일이란 말인가? 심판진이 확인한 결과는 너무나 어이없었다. 2번 레인에서 경기를 하던 매튜가 마지막 10번째 사격을 할 때

옆자리인 3번 레인에 있는 표적에 대고 격발을 한 것이다. 그 결과 명중하기는 했지만 엉뚱한 과녁에 쏘아 0점 처리가 된 것이다. 강력한 금메달 후보였던 매튜 에몬스는 1위에서 졸지에 꼴찌로 경기를 마쳤다.

매튜는 눈앞에 보이는 과녁에 너무 집중한 나머지 그것이 자신의 과녁인지 먼저 확인하는 가장 중요한 일을 잊고 말았다. 인생의 중요한 선택과 관련된 문제 역시 예외일 수 없다. 특히 취직이라는 과녁을 향해 방아쇠를 당겨야 하는 젊은이들은 총알을 쏘기 전에 자신의 과녁이 어디에 있는지 정확히 확인하는 것이 무엇보다 중요하다. 이것을 무시하고 방아쇠를 당기면 설사 과녁에 명중을 시켰다 해도 황당한 결과를 얻을 것이다.

77cell과
15cm

"사람에게는 목표가 있어야 한다. 하루의 목표. 인생의 목표. 나의 목표는 사람들이 내게 이런 말을 하는 것이다. '저기 테드 윌리엄스가 지나간다. 세상에서 가장 위대한 타자다'라고."

테드 윌리엄스는 미국 메이저리그의 마지막 4할 타자라고 불린다. 그는 1941년에 메이저리그 타율 4할 6리라는 전설적인 기록을 달성했다. 야구에서 4할의 타격은 신의 경지라고 불릴 만큼 어려운 기록이다. 테드 이후 70년 이상이 지났지만 아직 4할대 타자가 탄생하지 않고 있는 이유이기도 하다. 테드 윌리엄스는 저서인 《타격의 과학The Science of Hitting》에서 경이적으로 높은 타율을 올린 비결을 이렇게 말하고 있다.

"먼저 스트라이크 존을 77개의 작은 셀Cell로 나눈다. 셀 하나는 야구공 한 개 정도의 크기다. 다음으로 77개의 셀 가운데 자신이 가장 좋아하는 '3개 반' 의 셀에 공이 들어올 때 타격한다."

삶에서도 수많은 선택의 공들이 날아든다. 칠 것인가, 말 것인가. 순간순간 결정을 내리기가 보통 어려운 것이 아니다. 이때 사람들은 네 가지 유형으로 나뉘는 듯하다.

첫째, 머뭇거리다 배팅 한 번 제대로 못하고 삼진 아웃을 당하는 사람들이다. 늘 우유부단한 나머지 결단을 내리지 못하고 우왕좌왕 하다가 번번이 기회를 놓친다.

둘째, 아무 공에나 방망이를 휘두르다 헛스윙만 하고 물러나는 사람들이다. 유인구에 당하거나 스트라이크처럼 보이는 볼에 속아 무턱대고 배팅을 하다가 헛스윙하기 일쑤다.

셋째, 스트라이크 존에 들어오는 공을 치긴 하지만 안타를 못 만들어 내는 사람들이다. 좋은 코스의 공에 손을 대긴 하지만 결정타가 없기 때문에 잘되지 않는다. 때론 병살타를 날려 애꿎은 타자까지 아웃되게 만들기도 한다.

넷째, 자신이 가장 좋아하는 코스의 공을 골라 힘껏 배팅해서 삶의 타율을 높이는 사람들이다. 바로 77개의 스트라이크 셀 가운데 3개 반의 셀이 어디인지 아는 이들이다. 자신이 가장 잘 칠 수 있는 코스에 들어오는 공을 골라 치기 때문에 그만큼 좋은 타율을 올릴 수밖에 없다.

우리 삶에서도 '최상의 셀' 과 '최악의 셀' 이 분명히 존재한다. 나는 내 삶의 스트라이크 존을 정해 놓고 사는 것일까? 내 삶에 날아오는 선택의 공들 가운데 어떤 공에 손을 대고 있는 것일까? 아무 공에나 정신없이 방망이를 휘두르고 있지는 않는 것일까? 무난한 코스라고 해서 쉽게 덤비다가 병살타를 치거나 타율만 떨어뜨리는 건 아닐까? 내 삶에서 공 3개 반의 '최상의 셀'은 어디에 있을까? 나는 지금 그것을 구별해낼 줄 아는 혜안을 가지고 사는 것일까?

한 유명한 마라토너가 언론과의 인터뷰에서 이런 말을 했다고 한다.

"제가 처음 마라톤을 시작했을 때는 출발을 알리는 총성이 울리기 전부터 '결승선까지 어떻게 달리나' 하는 생각만 했습니다. 일단 그 생각에 사로잡히면 가슴이 떨리고 얼마 달리지 않아서부터 결승지점이 아득해 보입니다. 초반부터 심리적 압박감이 심하니까 금방 지치게 되고 당연히 좋은 성적을 올릴 수 없었습니다."

그는 감회가 새로운 듯 잠시 생각에 잠기더니 다시 말을 이었다.

"그래서 저는 생각을 바꾸기로 했습니다. 출발하자마자 가까운 곳에 있는 목표물을 찾기로 한 것입니다. 나무나 전봇대 같은 것을 목표지점으로 정하고 마치 단거리를 달리는 것과 비슷한 속도로 달려서 한 구간을 뜁니다. 그리고 그 다음에 보이는 나무나 전봇대를 또 다음 목표물로 집고 뜁니다. 이렇게 하니 힘은 늘지만 목표가 가까이 눈에 보여 훨씬 여유 있게 전 구간을 달릴 수 있게 되었습니다. 물론 그렇게 뛰다 보면 어느새 골인 지점이 눈앞에 다가오고요."

큰 목표를 효과적으로 달성하는 비결은 목표를 잘게 쪼개서 하나씩 실천하는 것이다. 마음속에는 원대한 목표가 항상 자리 잡고 있어야 한다. 그러나 실제 행동에서는 눈에 보이는 가깝고 구체적인 목표들을 실천해야 한다. 목표는 크게 행동은 작게 하라. 큰 목표와 작은 실천, 그것이 동서고금을 막론하고 어떤 일을 성취해내는 가장 최선의 전략이다.

1989년 7월 18일이 어떤 날이었는지 나는 기억하지 못한다. 그러나 마크 웰만에게는 아주 특별한 날이었다. 그에게 그날은 미국 캘리포니아주 요세미티 국립공원에 있는 1,000m 높이의 엘 캐피턴El Capitan봉을 정복했던 날이기 때문이다.

그가 남달랐던 이유는 하반신 마비로 오직 팔의 힘만을 이용해 험준하기로 소문난 엘 캐피턴 암벽을 등정했기 때문이다. 그것도 섭씨 32도가 넘는 무더운 날씨 속에서 친구가 걸어준 로프를 9일 동안에 걸쳐 무려 6,500번이나 잡아당겨 마침내 성공한 것이다. 그의 등정 성공에 온 미국이 감동했다. 기자들이 성공 비결을 묻자 그는 간단히 대답했다.

"한번에 15cm씩만 오르면 됩니다6 inches at a time."

하반신 마비에도 63빌딩의 4배 가까운 험준한 산을 어떤 일이 있어도 기어이 등정하고야 말겠다던 마크 웰만의 꿈은 1,000m를 15cm라는 달성 가능한 목표로 잘게 쪼갬으로써 이루어낼 수 있었다. 그는 이렇게 힘주어 말했다.

"꿈은 오직 실천할 때만 이루어집니다. 가만히 앉아 있지만 말고 지금 일어나 출발하십시오. 15cm씩만 앞으로 나아가겠다고 결심하면 세상에 이루지 못할 것은 아무것도 없습니다."

'젊은이여, 야망을 가져라Boys, be ambitious!'라는 영어 문구를 들어보지 않은 사람은 거의 없을 것이다. 클라크 교수가 남긴 유명한 문구 말이다. 야망이나 꿈은 때론 너무 크고 멀어서 도달하기에 아득해 보일 때가 많다. 그렇다면 젊은이에게 정말 필요한 것은 무엇일까? 그것은 다름 아닌 구체적인 목표다. 구체적이면서 당장 실천할 수 있는 작은 목표가 있느냐에 따라 일의 성공 여부가 결정된다.

부자의 꿈은 가령 '100만 원 모으기'부터 시작해야 한다. 그리고 그 100만 원을 모으기 위해 오늘부터 어떻게 해야 할지 구체적인 액션 플랜을 세우고 실천에 옮겨야 한다. 그런 다음 그 목표가 이루어지면 그 다음 단계로 '1,000만 원 모으기' 목표를 세우는 것이다. 처음부터 1억 원 모으기나 10억 원 모으기로 정하면 버거워서 못한다.

너무 먼 미래를 보려고 하지 말라. 당장 1년 안에 손에 거머쥘 수 있는 실현 가능한 목표가 진짜 목표다. 영어를 잘하고 싶다는 꿈을 갖고 있다면 자신의 현재 실력을 냉정하게 평가하고 실현 가능한 목표를 세워야 한다. 필요하다면 중학교 수준의 영어 교재로 시작해야 한다. 나는 고등학교 1학년 때 지금은 고인이 되신 안현필 선생님이 썼던 《영어실력기초》라는 책으로 공부하면서 영어에 흥미를 갖게 되었다. 아주 초급 수준의 쉬운 책이었지만 내게는 평생 남을 매우 훌륭한 책으로 기억되고 있다. 괜히 실력도 없으면서 어려운 책 붙들고 있다고 해서 실력이 늘겠는가? 거들먹거리지 말고 자신의 수준에 맞는 교재를 선택해 단기 목표를 세워 독파하는 것이 훨씬 낫다.

10년 이상의 장기적이고 원대한 목표가 있더라도 그것을 1년 단위로 나누고, 다시 1개월 단위로 쪼개고, 마침내 1일 단위로 나누어 매일 매일 실행에 옮기다 보면 그 작은 목표들이 모이고 모여 큰 목표에 도달하게 해준다.

성공은
늘
현재를
지나간다

'그때 그것을 했어야 하는 건데' 또는 '그렇게 하지 않았으면 좋았을 것을' 하고 후회하는 모든 과거의 생각들이나, 일어나지도 않은 일을 미리 떠올리며 걱정하고 불안해하는 미래의 생각들이나, 모두 공통점이 있다. 현재라는 황금 같은 시간만 축내는 '생각의 좀벌레'들이라는 것이다. 그런 생각의 해충들에게 아까운 현재의 시간을 다 내주고 나면 삶이 건강할 수 없다. 해로운 생각의 좀벌레들을 퇴치해야 현재가 건강해진다.

그렇다면 어차피 현재라는 시간 속에 둥지를 틀고 사는 흘러가버린 과거의 시간들을 기왕이면 밝고 건강하게 되살릴 수 있는 방법은 없는 것일까? 이와 관련한 흥미로운 실험이 있어서 소개한다.

피험자들에게 몇 사람의 인물 사진을 보여준 다음, 기분이 좋아지는 음악과 불쾌한 기분이 드는 음악을 번갈아 가며 들려주었다. 며칠 후 다시 그들에게 똑같은 인물사진을 보여주면서 그때 들었던 음악을 떠올리게 했다.

그러자 실험에 참가했던 사람들은 사진 속 인물의 표정을 보고 전에 들었던 음악을 떠올렸다. 그들은 사진 속의 인물이 웃는 표정을 짓고 있으면 경쾌하고 기분 좋은 음악을 연상했고, 침울한 표정을 짓고 있으면 우울하고 기분 나쁜 음악을 떠올렸다.

이 실험에서 알 수 있는 사실은 과거의 기억은 현재의 기분 상태에 따라 바뀔 수 있다는 것이다. 과거가 우울하기 때문에 현재까지 우울해지는 것이 아니다. 현재가 우울하기 때문에 과거의 삶 속에서 있었던 힘들고 화나고 고통스러웠던 기억들이 되살아나는 것이다. 과거의 기억들은 앨범 속의 빛바랜 사진들처럼 정지해 있는 것이 아니다. 우리의 두뇌는 과거의 편린들을 현재로 가져와 끊임없이 재편집하는 작업을 계속한다. 결국 과거의 모든 기억들은 현재의 스펙트럼에 어떻게 비춰지느냐에 따라 그 모양과 색깔이 완전히 달라진다.

현재를 긍정적이고 적극적이며 진취적인 생각으로 채우라는 말의 의미가 여기에 있다. 현재라는 집 속에는 현재만 살고 있는 것이 아니라 과거와 미래가 함께 동거하고 있다. 이때 현재가 밝고 화사한 색을 띠고 있으면 과거의 창고 속에 있던 해묵은 기억들 가운데 주로 용기와 의욕을 불어넣어 주었던 일들이 화려하게 부활한다.

반면에 현재가 어둡고 침침한 색으로 물들면 그 속에 들어 있던 과거의 기억들 중 침울하고 맥 빠지게 했던 일들이 기지개를 켜며 음침한 모습을 드러낸다. 사진 속에서 웃는 얼굴을 보면 과거에 들었던 즐거운 음악이 떠오르고, 슬픈 얼굴을 대하면 어두운 음악이 떠오르는 것처럼, 우리의 의식 또한 현재 무슨 생각을 하고 있느냐에 따라 그 결과가 완연하게 달라진다.

우리는 각자 살아온 만큼의 과거를 가지고 있다. 그 속에는 밝고 화사한 문양을 지닌 삶의 모자이크 조각도 있고 어둡고 슬픈 문양의 모자이크 조각도 있다. 그 가운데 현재의 시간 속으로 어떤 조각들을 초대하느냐에 따라 현재 삶의 색깔은 현격하게 달라진다. 우리가 마음먹기에 따라 과거는 빛나는 햇살이 될 수도 있고 시커먼 먹구름이 될 수도 있다.

뇌 과학자들의 연구에 따르면 인간의 두뇌가 지금을 현재로 인식할 수 있는 시간은 고작 3초 정도라고 한다. 그 이상의 시간이 지나면 뇌는 정보를 기억장치에 저장할 수 없게 된다는 것이다. 비유적으로 표현한다면 우리 두뇌는 약 3초 간격으로 시간을 쪼갠 다음, 매 3초마다 한 장씩 순간의 장면을 사진으로 찍어 필름으로 보관한다. 우리의 뇌는 3초에 한 장씩 삶의 모자이크 필름을 만들어내는 것이다. 이 필름은 곧바로 과거라고 하는 기억의 저장탱크에 임시 저장된다. 그리고 우리는 필요할 때면 이 임시 보관소를 뒤져 필름을 찾아내야 한다.

그렇다면 현재란 도대체 어떤 의미일까? 동서고금을 막론하고 현인들은 한결같이 현재에 집중하라고 말한다. 그런데 그 집중해야 할 현재라는 시간은 우리에게 정작 어떤 모습으로 존재하는 것일까?

우리가 살아가는 현실의 세계에서 현재를 찾아보자. 지금 그대는 이 책을 읽고 있다. 그러나 오로지 책만 읽고 있는 것은 아니다. 책을 읽는 동안에 시도 때도 없이 다른 생각들이 깜빡거린다. 아까 텔레비전에서 보았던 축구 경기 장면이 떠오른다. 내일 회의 자료 준비가 덜 된 것이 자꾸 마음에 걸린다. 모처럼 주말에 데이트할 생각을 하니 벌써 가슴이 뛴다. 저녁에 친구와 시원한 생맥주 한 잔 하자고 전화를 걸까 말까 망설인다.

꼬리에 꼬리를 물고 과거와 미래의 시간들이 현재의 공간을 차지하고 '놀자판'을 벌인다. 그 와중에 현재는 자리를 내주고 한 쪽 구석으로 밀려나 있다. 그렇게 되면 지금이라고 하는 시간의 주인인 현재는 제대로 대접도 받지 못하고 속절없이 지나가버린다. 급기야 현재라는 시간은 까딱 방심하면 존재의 의미 자체를 상실해 버린다.

영국의 인지심리학자 닐리 라비는 이와 관련된 매우 유익한 실험을 했다. 피험자들에게 모니터 상에 나타나는 단어 문제를 풀게 하고, 화면에 점들이 나타나 움직이더라도 의식하지 말라고 주의를 주었다. 그리고는 컴퓨터 단층촬영을 통해 피험자들의 반응을 면밀히 체크했다.

피험자들은 어려운 단어가 나올 때는 그 문제를 푸느라 화면상에서 점들이 지나가도 별로 관심을 기울이지 않았다. 그러나 비교적 쉬운 단어들이 나타날 때는 점들이 지나가는 것을 무시하지 못하고 계속 신경을 썼다.

이 실험을 통해 그는 두뇌는 당장 몰두할 대상이나 과제가 있으면 다른 것들은 깡그리 잊어버리고 오직 현재에 집중하지만, 몰두할 대상이 없으면 곧 온갖 다른 생각들이 그 자리를 메워버리는 경향이 있음을 발견했다.

현재에 얼마나 집중할 수 있는가는 대상에 대한 관심이나 흥미의 정도가 결정한다. 출근길 지하철 속에서 평소에는 무심히 지나치던 얼굴들도 어제 밤 꿈속에서 산신령이 나타나 "지하철에서 네 운명의 짝을 만나게 될 것이다"고 말했다면 완전히 다르게 다가올 것이다. 오늘부터 지하철을 탈 때면 그녀나 그가 내 근방 어디엔가 있을지 모른다고 생각하는 순간 주변 사람들의 얼굴을 매우 주의 깊게 바라볼 것이다.

독서도 마찬가지다. 별로 흥미를 갖지 못하는 부분은 대충 훑어 읽어 간다. 이런 저런 잡념도 끊임없이 떠오른다. 그러나 어느 순간 갑자기 흥미나 호기심을 자아내는 대목이 나타나면 이내 책 내용에 집중한다. 흥미를 느끼지 못하면 우리의 지각은 산만해지고 그 틈을 다른 생각들이 여지없이 비집고 들어온다. 책을 읽다가 지루해지면 금방 딴 생각이 들거나 졸음이 밀려오는 것은 바로 이런 이유 때문이다.

어디 책을 볼 때만 그러겠는가. 일할 때나 공부할 때, 심지어 상대방과 대화하거나 데이트를 할 때도 집중할 때와 그렇지 못할 때, 우리는 현재에 살기도 하고 과거나 미래를 떠돌기도 한다. 현재라고 하는 시간은 그렇게 우리 각자의 두뇌와 의식 속에서 생생하게 존재하는 시간이 되기도 하고 부질없이 사라져버리는 시간이 되기도 하는 것이다.

현재를 제대로 살려면 대상에 집중해야 한다. 그렇지 않으면 현재를 살아도 온전히 사는 것이 아니다. 이미 지나가버린 과거에 밀려나거나 아직 오지 않은 미래에 자리를 내주면 우리 앞에 남겨진 현재의 시간은 알맹이 없는 빈껍데기에 불과할 뿐이다.

영화 〈죽은 시인의 사회Dead Poet's Society〉에서 키팅 선생님이 했던 명대사가 있다. "카르페 디엠Carpe Diem!" 우리말로 표현하면 '오늘을 잡아라!' 또는 '현재를 즐기라!' 는 뜻이다. 그렇다. 현재를 즐기라. 이 순간 최선을 다하라. 왜냐하면 우리의 삶은 어제나 내일이 아니라 오늘 지금 이 순간 펼쳐지고 있기 때문이다. 바로 지금 우리의 삶을 특별하게 만들자. 우리의 삶이 영원히 잊혀지지 않는 것들로 수놓아지게 하기 위해서.

7

알짜시간 찾기

성공의
시계는
거꾸로 간다

문헌을 보면 청동기 시대 사람의 평균 수명은 18살이었다. 로마 시대에 이르러서도 겨우 22살 정도였다. 중세 유럽에서는 40살까지만 살아도 장수한 것으로 여겼으며, 이는 세계 어디에서나 비슷한 추세였다. 심지어 1900년대에 들어서도 가장 발전한 국가에서조차 50살에 이르면 천수를 누린 것으로 여겼다.

오늘날 인간의 평균 수명은 가장 서구화된 국가에서는 대략 76살이며, 세계적인 장수 국가인 일본에서는 80살에 이르고 있다. 의학기술의 획기적인 발전에 힘입어 21세기 말에 가면 인간의 평균 수명이 120살이 될 것으로 예상하고 있다. 지금과 같은 의학의 발전 속도라면 최소한 2050년경에는 평균 90살 이상은 거뜬히 살 것으로 예상할 수 있다. 그래서 나도 목표 수명을 91살로 잡아 놓고 있다. 앞으로 한 40년을 더 살아보겠다는 욕심이다.

100년 전에 50살까지 살았던 사람들의 삶은 어떠했을까? 더 거슬러 올라가 겨우 20살 정도에 생을 마감해야 했던 로마 시대 사람들의 삶은 어땠을까? 불행한 삶을 살았을까? 아니다. 그들은 그 시대에 맞게 치열한 삶을 살았던 사람들이다. 어찌 보면 삶이란 얼마나 오랫동안 살았느냐는 문제가 아니라, 무엇을 하며 어떻게 살았느냐의 문제로 귀결된다.

우리가 존경하는 역사적인 인물들의 삶은 나이가 아니라 세상에 무엇을 남겼느냐로 평가된다. 20년, 30년을 살아도 뚜렷한 족적을 남긴 삶이 있는가 하면, 90년, 100년을 살아도 아무 흔적 없는 삶을 살다간 사람들이 있다.

앞으로 40년을 더 살아도 오늘과 별로 달라지지 않는 삶이라면 이 혼란스럽고 복잡한 세상을 살아가야 할 이유가 어디 있단 말인가. 평균 50살을 살았던 시대의 사람들에게 나이 40살의 의미는 어떻게 다가왔을까? 남은 10년의 시간이 더욱 소중하게 느껴지지 않았겠는가. 지금이라고 해서 그때와 많이 다르겠는가. 삶이란 그저 흘러가는 것이 아니라 발견하고 만나서 조금씩 완성해가는 과정이라고 한다면, 살아 있다는 것은 하루의 삶에 최선을 다하며 삶의 모자이크 조각을 하나씩 아름답게 만들어가는 것이 아니겠는가.

현재의 시간은 과거로 흘러가는 시간과 미래로부터 다가오는 시간을 연결하는 인체의 허리와도 같은 중추적인 역할을 한다. 따라서 현재가 흔들리면 미래가 휘청거리고, 과거의 시간 또한 덩달아 덧없는 '시간덩

어리'로 전락하게 만든다. 현재를 옹골지게 살아야 하는 이유가 바로 이 때문이다. 지금 이 순간을 비틀거리며 살게 되면 현재뿐 아니라 미래와 과거까지 통째로 흔들리지 않을 수 없다. 현재라는 시간은 그만큼 중요한 것이다.

무언가 원하는 것이 있다면 나중에 가서 하려고 하지 말고, 현재의 시점에서 할 수 있는 것부터 행동에 옮겨야 한다. 오늘을 후지게 살면서 내일은 멋진 날이 찾아올 것이라고 기대한다면, 그런 날은 죽을 때까지 절대 오지 않는다. 오늘을 어제처럼 아무렇게나 살면 내일의 시간 또한 별 볼 일 없는 날들 가운데 하루가 되고 말 것이다. 오늘을 어제와 다르게 살지 않으면 내일의 모습은 보나 마나 어제와 달라지지 않는다.

사람은 왜 사는가? 행복해지기 위해 산다. 과거나 현재보다 더 행복한 미래의 삶을 꿈꾸기 때문에 우리는 오늘 하루를 열심히 살아간다. 미래의 꿈이 없다면, 미래의 꿈을 포기한다면, 인간은 더 이상 삶의 의지를 품지 못하고 무기력한 상태에서 벗어나지 못한다.

미래는 사람을 살아 있게 만드는 원동력이다. 많은 돈, 멋진 집과 차, 높은 지위, 주변의 찬사와 존경, 가족의 사랑, 신뢰와 우정, 이 모든 것은 인간이면 누구나 하고 싶고, 갖고 싶고, 되고 싶어 하는 현실의 욕망들이다. 그런 꿈틀거리는 욕망들이 있기에 우리는 늘 가슴 설레는 삶을 꿈꾸며 살아간다.

그대가 펄떡이는 욕망을 가지고 있다면, 그래서 그것을 꼭 얻고 싶다면, 그 욕망을 이루기 위해 지금 행동하지 않으면 안 된다.

성공하는 사람들의 시계는 거꾸로 간다. 더 정확하게 표현하자면 성공하는 사람들은 현재에서 미래로 가면서 살지 않고 미래에서 현재로 오면서 산다. 현재의 시점에서 미래를 향해 가는 것이 아니라 미래의 시점에서 출발해 점점 현재의 시간으로 내려온다.

어떤 사람이 교수가 되고 싶어 한다고 하자. 그는 자신의 꿈을 2022년에 꼭 이루고 싶어 한다. 그런데 2022년에 교수가 되려면 어떻게 해야 할까. 먼저 늦어도 2021년까지는 해당 전공의 박사학위를 취득해야할 것이다. 그렇게 하려면 2017년에 박사과정에 입학해야 한다. 또한그에 앞서 적어도 2015년에는 석사과정에 진입을 해야 한다. 그러기 위해서는 2013년인 지금부터 석사과정에 입학하기 위한 준비를 철저히해야 한다.

"성공의 시계는 거꾸로 간다"는 말은 이처럼 뭔가 마음먹은 바를 이루어내는 사람들은 먼 미래에 성공한 자신의 모습을 먼저 그린 다음, 점점 현재의 시점으로 오면서 현실에서 실행에 옮긴다는 의미이다. 필자의 경우 이 책을 구상한 것은 2011년부터였다. 당시 필자에게는 정체성과 방향성이 분명한 삶을 살고 싶어 하는 이들에게 동기를 부여하고 희망과 용기를 갖고 직접 도전할 수 있도록 도와주는 책을 쓰고 싶다는 뜨거운 열망이 가슴 깊은 곳에서 용솟음치기 시작했다. 그래서 출간 목표연도를 2013년으로 정했다. 일단 목표의 마감시한이 정해지자 그때부터는 본격적인 원고작성 작업이 진행되었다. 그러자 일상의 모든 관심사가 책을 집필하는 일과 무관하지 않게 되었다. 그렇게 약 2년의 시간을 들여 준비하고 마련한 글들이 모여 2013년 상반기에 탈고를 하게 되었다. 내게 있어 이 책이 탄생하기까지의 과정 역시 시간은 거꾸로 흐른 셈이다.

집중력에
집중하라

살다 보면 늘 부족하다고 여겨지는 것들이 있다. 돈이 그렇고 시간이 그렇다. 특히 아침부터 저녁까지 항상 저만치 앞에서 달려가는 시간을 허겁지겁 뒤쫓아 가다 보면 일상은 언제나 바쁘고 급박하게 돌아간다. 할 일은 많은데 시간이 부족하면 자연히 마음이 바빠진다. 그런데 바쁨이 안고 있는 가장 치명적인 약점은 집중력이 크게 떨어진다는 사실이다. 일단 이것저것 손을 대게 되면 머릿속이 뒤죽박죽이 되고, 그렇게 되면 먼저 해야 할 것이 무엇인지, 어디에 더 주안점을 두어야 할지 몰라 머릿속이 엉망진창이 된다.

일하다 말고 전화를 받고, 휴대폰에 뜬 카카오톡을 확인하면서 마우스를 클릭하고 있는 사람들을 보면 두세 가지 일을 동시다발적으로 하는 놀라운 재주에 경탄을 금할 수 없다. 하지만 진정 문제는 우리의 두

뇌는 그처럼 몇 가지 일을 동시에 수행하도록 프로그램화되어 있지 않다는 사실이다.

우리의 뇌는 뉴런이라는 신경세포들로 가득하다. 이 뉴런은 복잡한 전기 회로처럼 얼키설키 짜여 있다. 여기에 일단 어떤 정보가 들어오면 그 정보를 수신하는 뉴런 회로에 마치 미세한 전류가 흐르는 것처럼 불이 켜지면서 정보를 처리하는 작업이 진행된다.

이 과정을 거쳐 두뇌 속에 있는 '집중력의 램프'에 불이 켜진다. 그 원리는 방송이 진행되는 과정에 비유할 수 있다. 방송이 시작되면 스튜디오에 '방송 중On Air'이라고 램프에 불이 들어오면서 오직 스튜디오 안에서 진행되는 것들만 전파를 탄다.

마찬가지로 두뇌 안에 어떤 특정 활동이나 정보가 잡히면 집중력의 램프에 불이 들어오면서 그 밖의 다른 훼방꾼들은 모두 무시해버리고 오직 현재의 과제를 수행하는 데만 온 신경을 집중한다. 우리 뇌의 정보저장용량은 단기적으로 한계가 있기 때문이다. 가령 '레스토랑에서 저녁 약속, 어제 미룬 이메일 답장 보내기, 오후에 있을 회의 자료 준비, 친구에게 전화하기, 세금고지서 납부, 자동차 타이어 교환, 거래처 방문, 피트니스 클럽 등록하기, 기차표 예매, 애인 선물 준비'의 10가지 일을 순서대로 외워보라.

아마도 여간해서는 머릿속에 바로 입력되지 않을 것이다. 마치 교통이 번잡한 사거리에서 신호등이 고장 나 차들이 서로 엉켜 붙어 있는 매우 혼란스런 상황과 비슷하다. 더욱이 차들이 서로 먼저 가겠다고 앞으로 치고 나오면 도로는 순식간에 통제 불능의 아수라장이 된다.

마찬가지로 우리 뇌 역시 하나씩 차례대로 처리하지 않고 2~3가지 일거리들을 동시다발적으로 실행하려 하면 뇌의 신호 체계가 엉망진창이 되어 처리 불능의 패닉 상태에 빠진다. 결국 동시다발적인 일처리는 시간만 낭비하는 꼴이다. 물론 사람에 따라서는 그런 일이 가능할 수도 있긴 하겠지만, 일의 효율성이 크게 떨어진다는 것만은 부인할 수 없는 사실이다.

왜 그럴까? 집중력은 지금 무엇이 중요하고 무엇을 먼저 해야 할지를 알려주는 신호등의 역할을 하기 때문이다. 그런데 이 신호등은 하나 밖에 사용할 수 없다. 스튜디오 A에 불이 들어오면 스튜디오 B, C, D는 자동으로 불이 꺼지고, 스튜디오 A에서 내보내는 정보만 전파를 타고 방송이 된다. 집중력은 2가지 이상의 일을 동시에 수행할 수 있도록 되어 있지 않기 때문이다.

무슨 일을 하든지 예열이 필요하다. 책을 읽으려고 해도 내용에 집중하려면 적어도 몇 분 정도의 준비시간이 있어야 한다. 책을 읽기 전에 하던 작업들을 중단하고 책읽기 회로에 불이 들어와 본격적으로 정보를 취득하는 데는 어느 정도 시간이 필요하다.

그렇게 해서 다른 방해꾼들을 겨우 물리쳤다고 해도 책을 읽는 중간 중간에 여기저기서 끼어들기 세력들이 계속 치근거린다. 책을 읽는 도중 전화벨이 울려 수화기를 들었다고 하자. 이때 두뇌 속의 회로는 책읽기라는 집중력 램프에 불이 꺼지고 전화 받기 램프에 불이 들어온다. 그래서 5분 동안 통화를 하고 다시 책읽기로 돌아오면 전화 받기의 집중력 램프 등이 꺼지면서 책읽기에 다시 불이 들어온다. 그러면 두

뇌의 기억장치는 다시 이전의 책읽기 내용을 뒤져서 불러오는 데 시간을 쓴다.

연구에 따르면 어떤 일을 시작하고 나서 적어도 10분의 시간이 경과하고 난 후에야 비로소 집중 단계에 접어든다고 한다. 이때 도중에 전화를 받거나 누가 잠시 말을 건넨다거나 다른 생각들이 끼어들게 되면 다시 원래의 일에 집중하는 데만도 상당한 추가 시간이 필요하다. 무엇이든 원하는 성과를 내기 위해서는 집중력을 보이는 것이 필수적이긴 하지만, 어떤 한 가지 일에 오랜 시간 집중한다는 것은 결코 만만치 않은 도전임에 틀림없다.

올해는 어떤 일이 있어도 공무원 시험에 합격하고 싶어 하는 사람이 있다고 하자. 다부지게 마음을 먹고 책상 앞에 앉지만 책을 펴기만 하면 10분도 채 안 돼 딴 생각들이 구름처럼 몰려온다. 내일 친구와 만날 일이 생각나고, 낮에 거리에서 우연히 보았던 매력적인 여성의 모습이 자꾸 눈앞에 아른거린다. 눈은 글자를 쫓고 있지만, 머릿속은 이미 다른 생각들로 가득하다.

그는 집중력이 없는 사람일까? 그렇지 않다. 왜냐하면 책을 보다가도 마음이 끌리는 여자에 대해 생각할 때면 10분이 금방 지나가버리기 때문이다. 이는 그가 집중력이 없다고 말하기보다 집중력을 발휘해야 할 대상에 집중하지 못한다는 반증이다.

집중력
훼방꾼

어떻게 해야 집중해야 할 대상에만 집중할 수 있을까? 어떤 대상에 집중하지 못하도록 방해하는 요인을 찾아내 제거해야 한다. 그 대표적인 원인으로는 불분명한 목표와 미래에 대한 막연한 두려움이다.

첫째, 목표가 분명하지 않으면 그 대상에 집중하기가 매우 어렵다. 앞에서 언급한 사람의 경우 공무원이 되겠다는 결심은 누구 못지않게 대단하다. 그러나 그는 오로지 합격하는 데에만 관심이 있지 왜 공무원이 되려고 하는지에 대해 깊이 있게 생각해본 적이 없다. 단지 합격하겠다는 목표 이외에 자신이 정말로 무엇을 하겠다는 강한 의지가 엿보이지 않으니 자꾸 집중력이 흩어지는 것이다.

둘째, 막연한 두려움은 앞으로 나아가게 하는 동력을 차단한다. '내가 과연 합격할 수 있을까?' '내 머리로 다른 경쟁자들을 물리칠 수 있을까?' '이번에도 떨어지면 어쩌지?' 실제로 일어나지도 않은 가상의 상황을 마치 현재 일어나고 있는 것처럼 상상하고 불안에 떨게 되면 집중력은 현저히 떨어질 수밖에 없다.

이러한 부정적인 상상과 두려움이 생각을 지배하고 있는 한, 어떤 특정 대상에 집중하기란 여간 어려운 일이 아니다. 지금 하고 있는 일에 대한 걱정과 불안과 두려움이 머릿속을 가득 메우고 있는데, 그 속에서 무슨 공부가 되겠는가. 책상 앞에 앉아 있기만 할 뿐 집중력은 자취를 감추고, 그럴수록 점점 무력감에 빠져 원하는 바를 이루어낼 수 없게 된다.

우리의 일상은 항상 무엇엔가 집중하려는 힘과 이를 방해하려는 힘 간에 팽팽한 줄다리기가 계속되는 치열한 싸움의 각축장이다. 이때 외부로부터의 방해 세력은 마음만 굳게 먹으면 어느 정도 차단이 가능하다. 예고 없이 방문하는 불청객들을 의식해 문을 잠가두거나 시도 때도 없이 걸려오는 불필요한 전화에 대비해 수화기를 내려놓거나 아예 받지 않으면 외부의 훼방꾼들은 힘을 잃게 된다. 외부의 적은 비교적 쉽게 물리칠 수 있는 것이다.

그러나 진짜 강적들은 내부에 도사리고 있다. 어떤 일에 집중하려고 하면 다른 생각들이 떠오른다. 막 한 가지 일에 몰두하려고 하는데 갑자기 더 급한 일이 구조 신호를 보낸다. 그래서 그 급한 일을 시작하려고 하면 이번에는 또 다른 일이 머리를 강타하면서 긴급 구조를 요청한다.

이처럼 여러 가지 생각들이 수시로 왔다 갔다 하면 머릿속의 회로가 과열되어 과부하가 걸린다. 그때 좋은 생각 한 가지가 떠오른다. 머리도 복잡한데 커피나 한 잔 하고 나서 하면 어떨까? 커피 한 모금을 입에 머금고 있자니 그 사이에 새로 온 이메일이 있나 궁금해진다. 일단 인터넷을 여니 금방 올라온 따끈따끈한 뉴스들이 '어서 클릭하라'고 성화를 부린다. 그러면 손은 저절로 마우스를 향한다. 그러는 사이 두뇌 속 회로에는 껌뻑껌뻑 여기저기서 쉴 새 없이 집중력 램프의 불이 켜졌다 꺼졌다를 반복한다.

결국 시간은 시간대로 흘러가고 일은 일대로 꼬여 엉망진창이 되어 버린다. 하루를 산다는 것은 머릿속의 회로에서 서로 먼저 불을 켜겠다고 치열한 경합을 벌이는 수많은 이벤트들이 뒤엉키거나 충돌하지 않고 균형과 조화를 이루도록 교통정리를 하는 것이다. 이때 경중을 따져 사리를 잘 분별하지 않으면 삶은 늘 실속도 없으면서 정신없이 바쁘기만 한 일상의 연속으로 가득 채워진다.

쾌감이냐
쾌락이냐

우리의 뇌는 본능적으로 쾌감을 얻고 싶어 한다. 우리가 매순간 하고 있는 일을 보면 거의 대부분이 즐거움을 얻거나 쾌락을 추구하는 행위들이다. 달콤한 쾌감을 얻을 수 있는 채널은 크게 두 가지가 있다. 하나는 즉흥적인 충동으로부터 쾌감을 따내는 것이다. 다른 하나는 장기적인 만족이나 보상으로부터 쾌락을 얻는 것이다. 그런데 이들 두 가지 부류의 감정은 서로 보완관계가 아닌 대체관계에 있다. 구조적으로 함께 공존하기가 어려운 것이다.

올해 말까지 책을 발간하려면 부지런히 글을 써야 한다. 책이 출간되어 독자들에게 유익한 지식과 정보를 선물한다는 것은 저자에게는 무엇과도 바꿀 수 없는 고감도의 쾌락이 아닐 수 없다. 하지만 글을 쓰는 일은 지난하기 짝이 없는 고독한 작업이다. 당장에 화창한 날씨는 어서 밖으로 나오라고 나를 자꾸 유혹한다. 잠시 펜을 놓고 꽃구경도 하고, 맛있는 음식과 술도 즐기라고 손짓한다. 거부하기 힘든 강렬한 유혹이다. 그리고 이러한 종류의 유혹은 오늘만 찾아오는 것이 아니다. 어제도 있었고 내일도 나타날 것이다.

화려하고 육감적인 흥밋거리들은 항상 순간의 쾌감을 선사한다. 그러나 막상 지나고 나서 생각하면 허망한 느낌만 남아 있을 뿐 기분을 씁쓸하게 만든다. 마치 밤하늘을 수놓은 화려한 불꽃놀이처럼 당장에는 눈과 귀를 즐겁게 해주지만, 잠시 후 순식간에 사라지고 나면 텅 빈 허공만 덩그렇게 남아 있을 뿐이다.

다른 한 가지 몰입 방법은 장기적으로 성취 가능한 구체적인 목표를 세우고 그것을 실천에 옮기는 데 시간을 쓰는 것이다. 그러한 목표를 달성했을 경우 미래에 얻게 될 유·무형의 보상이나 만족을 떠올리며 현재의 시간을 집중적으로 투자하는 것이다. 화창한 날 교외로 꽃구경을 갈 것인가, 방에 틀어박혀 글을 쓸 것인가. 단기적인 쾌감과 장기적인 쾌락 중 무엇을 선택할 것인가. 이에 따라 집중력의 회로에 켜지는 불의 종류가 달라진다.

쉴 새 없이 화려하게 깜빡거리기는 하지만 산만하고 정신을 못 차리게 하는 불빛과 은은하게 지속적으로 켜져 있으면서 잠재 에너지가 끊임없이 솟아나 영롱한 색깔로 반짝이는 불빛 중에서 과연 우리가 진정으로 원하는 것은 무엇일까? 해답을 찾았다면 이제부터는 그 회로를 따라 오늘의 시간을 아낌없이 쓰는 일만 남았다. 최선을 다해 집중하고 몰입하는 일만 남은 것이다.

매일이
생일,
인생은
파티

시간이 소중한지 모르는 사람은 없다. 누구나 입으로는 "시간은 돈이다"라고 외친다. 그러나 실제로 시간을 소중하게 쓰는 사람은 그리 많지 않다. 수중에 있는 돈은 어디에 어떻게 쓸 것인지 아주 꼼꼼하게 챙기면서도 자신에게 주어진 시간을 어디에 어떻게 쓸 것인지 진지하게 고민하는 사람은 찾아보기 힘들다.

흔히 "시간을 잘 관리해야 성공한다"고 말한다. 성공하는 사람치고 시간관리를 못하는 사람이 없다. 그 때문인지 한때 시간관리 노하우에 관한 책들이 쏟아져 나왔고, '시테크'란 주제의 강연이 열풍처럼 번져나간 때도 있었다. 이들 책이나 강의의 내용은 한결같다. 성공하려면 시간을 아껴 쓰라는 것이다.

그런데 시간을 관리한다는 말은 정확한 표현이 아니다. 다만 흘러가는 시간 속에서 각자의 생활 패턴을 조율하며 스스로의 삶을 컨트롤하는 것이라고 표현해야 더 옳을 것이다. 그런 의미에서 시간관리는 곧 자기관리다. 누구에게나 공평하게 주어지는 하루 24시간을 무엇을 하는 데 얼마만큼 사용할 것인가의 선택에 따라 각자의 삶의 질이 완전히 달라지기 때문이다.

시간은 통제할 수 없다. 시간은 우리보다 훨씬 힘이 세다. 우리는 잠시도 시간을 멈추게 할 수 없을 뿐더러 느리게 가도록 할 수도 없다. 시간은 결코 인위적으로 컨트롤할 수 없다. 그렇기에 시간은 관리하려고 할 것이 아니라 좀 더 효과적으로 쓸 수 있도록 잘 경영할 필요가 있다.

경영이란 무엇인가? 현재의 상태보다 더 나은 미래의 상태를 만들기 위한 일체의 노력이나 활동을 말한다. 현재보다 더 나은 미래를 만들기 위해 활용할 수 있는 모든 자원을 동원해 지속적으로 개선하고 창조해 나가는 과정이 경영이다.

경영은 세상살이 어디에든 통용되지 않는 데가 없다. 한 나라 국민의 행복을 증진시키기 위한 모든 노력은 '국가 경영'이 되고, 어떤 한 기업의 수익을 더 늘리기 위한 일체의 행위는 '회사 경영'이 된다. 마찬가지로 어떤 한 개인이 현재보다 더 나은 미래의 삶을 추구하기 위해 최선의 노력을 경주하는 것을 '자기경영'이라고 한다. 같은 맥락에서 어제보다 더 나은 오늘을 위해, 오늘보다 더 나은 내일을 위해 주어진 하루 24시간을 더 효과적으로 사용하려고 하는 모든 시도는 '시간경영'이라고 부를 수 있다.

자기경영을 잘하려면 시간경영이 선행되어야 하고, 시간을 잘 경영해야 만족할 만한 자기경영, 더 나아가서는 행복한 인생 경영을 할 수 있다. 시간경영이 곧 자기경영의 핵심인 것이다.

시간경영을 잘한다는 것은 궁극적으로 삶을 잘 경영한다는 의미일진대, 자신이 원하는 명품인생의 모습이 분명하지 않으면 경영을 제대로 할 수 없게 된다. 자신이 꿈꾸는 아름다운 미래의 상이 정립되어야 비로소 시간을 잘 경영할 수 있다.

시간경영을 잘하기 위해서는 다음의 몇 가지 단계를 거쳐야 한다. 먼저 진정한 자신이 누구이며 이루고 싶은 세상이 무엇인지 찾아내는 과정이다. 다음으로는 자신이 하고 싶고 잘할 수 있는 강점을 중심으로 진짜 비전과 목표를 세우는 작업이다. 마지막으로 그 비전과 목표를 실천할 수 있도록 시간경영을 생활화하는 것이다. 이것을 '삼위일체 자기경영'이라고 한다. 자기 발견과 목표 설정 그리고 시간경영이 서로 조화를 이룰 때 비로소 명품인생이 완성될 수 있다. 삼위일체 자기경영을 매끄럽게 잘하면 매일이 생일이고 인생 자체가 파티가 된다.

미래를
끌어다
쓰기

삶을 바꾸고 싶으면 먼저 일상을 바꿔야 하고, 일상을 바꾸려면 그 전에 하루를 바꿔야 한다. 하루를 바꾸지 않으면 삶은 결코 바뀌지 않기 때문이다.

삶을 바꾸고 싶으면 먼저 하루의 시간을 재편하라. 하루 24시간 가운데 10퍼센트도 안 되는 2시간만큼은 오로지 자신을 위해 쓰도록 하라. 건강한 하루를 회복하려면 우선 교두보를 확보하는 일이 무엇보다 중요하다. 먼저 하루의 10퍼센트만큼은 어떤 일이 있어도 꼭 자신에게 투자하라. 그것도 힘들면 5퍼센트인 1시간만이라도 챙기라. 그런 다음 자신에게 투자할 수 있는 시간의 폭을 점차적으로 넓혀나가라.

나이를 먹어가는 것이 꼭 슬퍼할 일만은 아니다. 삶의 시간들은 언제든 아름답다. 여명이 밝아오는 새벽녘, 해 뜨는 이른 아침, 눈부신 오전의 햇살, 작열하는 오후의 태양, 석양이 물드는 해질녘, 시간에 따라 햇빛의 색깔이 달라지듯 삶이라는 것도 나이에 따라 조금씩 다른 빛깔을 갖는다. 그리고 그 빛깔은 인생의 각기 다른 시간마다 조금씩 변하면서 저마다 독특한 아름다움을 발한다.

일찍이 칼릴 지브란이 말하지 않았던가. "나는 매일 새롭게 태어난다. 내 나이 여든에도 나는 매일 새롭게 태어나는 삶에 도전할 것이다."

항구에 정박해 있는 것이 배의 존재 이유는 아니다. 아무리 파도가 높다 하더라도 항해를 하기 위해 존재하는 것이 배다. 인생 또한 그러하다. 현실에 정주하는 것이 인생의 목적은 아니다. 아무리 험한 풍랑이 일더라도 미래를 향해 꾸준히 항해를 계속해야 하는 것이 인생이다. 하루 2시간씩 변화의 강을 건너기 시작하면 언젠가 반드시 그 희망과 설렘의 땅에 발을 디딜 수 있을 테니까 말이다.

나는 신의 관점에서 세상을 보려 했다. 신에게 시간이란 실재하지 않는다. 과거도 없고 미래도 없다. 신의 관점에서 보면 미래란 과거와 다를 것이 없다. 그래서 미래에 일어나도록 예정되어 있는 일은 결국 일어나게 마련이다. 일어날 일은 일어난다. 반대로 일어나지 않을 일은 결코 일어나지 않는다. 다른 사람이 칼을 들고 나를 찌르려 했지만 나의 삶과 죽음은 이미 예정되어 있으니 죽을 운명이라면 죽을 것이고 죽지 않을 운명이라면 죽지 않을 것이다. 미리 두려워 덜덜 떨 필요가 어디 있겠는가? _스피노자

스피노자는 청년 시절 정신적으로 혼란을 겪는 과정에서 신을 부정했다는 이유로 유대교에서 파문을 당했다. 유대교에서 종교적 파문은 사회적 인격체로서의 사형과도 같은 가혹한 형벌이었다. 그는 가족을 포함해 모든 사람과 인연을 끊어야 했다.

처절한 고독과 싸우지 않으면 안 되는 시련 속에서도 스피노자는 세상에 대한 분노보다는 온정과 사랑의 미학을 키워갔다. 절대 고독은 오히려 그에게 내적으로 더욱 담금질을 하게 했고 마침내 그는 고결한 품성을 갖춘 위대한 철학자로 거듭 났다.

스피노자는 과거의 시간과 미래의 시간에 대해 매우 독창적인 해석을 내렸다.

"미래에 일어날 일은 반드시 일어나게 되어 있고 일어나지 않을 일은 절대 일어나지 않으니 무언가 할까 말까 망설이며 두려움에 떨지 말고 하고 싶은 일이 있으면 저질러 버리라."

나는 스피노자의 이 말을 무척 좋아한다. '망설이지 말고 너도 그렇게 해보라'고 사꾸 내 옆구리를 꾹꾹 찌르는 것 같다. '마크툽Maktub'이란 말을 들어 보았는가? 원래는 아랍어로 '쓰여 있는'이란 뜻을 지닌 이 단어는 파울루 코엘류의 《연금술사》에 등장해 더욱 유명해진 말이다. 마크툽이란 어떤 의미에서 '이미 예정된 운명'이란 뜻이다.

운명이란 어쩌면 마크툽처럼 이미 기록되어 있는 것일지도 모른다. 어차피 일어날 일은 언젠가 반드시 일어나게 되어 있는 것이다. 세상의 진리는 단 몇 줄의 글귀로 에메랄드 판에 새길 수 있을 만큼 아주 간단하지만, 그것을 읽는 사람에 따라 그 글귀는 제각각 다르게 해석된다. 마찬가지로 우리의 운명 또한 자신이 선택하기에 따라 제각기 달라지게 마련이다.

일어날 일은 어차피 일어나게 되어 있다는 말은 아무것도 하지 말고 가만히 있으라는 뜻이 아니다. 일어날 일은 일어나게 되어 있으니 무슨 일을 하든 결과에 너무 연연하지 말고 자신이 선택한 일에 최선을 다하라는 의미이다.

그렇다면 결과에 연연하지 않고 선택을 할 경우 어떤 일이 벌어질까? '케 세라 세라Que Sera, Sera(될 대로 되라)!' 일까? 아니다. 무언가 망설이고 있다거나 용기를 내지 못하고 있다면 적극적이고 주도적으로 나서서 마음에 품고 있는 생각을 행동에 옮기라는 것이다.

운명은 누가 주는 것이 아니라 스스로 개척하는 것이다. 단 한 번 주어진 인생을 우물쭈물하며 보내느니보다는 차라리 과단성 있게 운명에 도전하는 편이 훨씬 낫다. 이는 운명을 소극적으로 받아들이려고 하지 말고 적극적으로 창조하라는 뜻이다. 미래를 가만히 앉아서 기다리지 말고 벌떡 일어나서 헤쳐 나가라는 말이다. 앨빈 토플러가 말한 것처럼 "미래는 오지 않은 것이 아니라 이미 와 있다." 스스로 운명을 창조하려는 사람에게 미래는 이미 시작된 시간이다.

미래의
아름다운
기억

미래가 이미 시작된 시간임을 확인할 수 있는 결정적인 증거가 있다. 먼저 아주 가까운 미래라고 할 수 있는 오늘 하루를 생각해보자. 지금이 오전 10시라고 하자. 오늘 저녁 7시에 나는 무엇을 하고 있을까? 정확히 9시간 후에 내가 무슨 일을 할지 지금 알 수 있을까? 알 수도 있고 모를 수도 있다. 미리 무슨 일을 하기로 정해 놓으면 알 수 있다. 가령 친구와 만나 저녁을 먹고 함께 영화를 보러 가기로 했다면, 갑자기 특별한 일이 생기지 않는 한 나는 그 시간에 친구와 함께 즐거운 시간을 보내고 있을 것이다.

일주일 후인 다음 주 월요일 오후 3~5시에 2시간짜리 특강을 하기로 되어 있다면, 지금부터 시작되는 일주일은 특강을 위한 준비로 분주할 것이다. 강의시간은 2시간일지라도 어떻게 강의 콘셉트를 구성할 것이며, 어떤 자료들을 어떻게 준비해야 할 것인지, 지금부터 일주일 사이에 미리 준비하고 챙겨두지 않으면 안 되기 때문이다. 그리고 다음 주 월요일 오후 3~5시가 되면 나는 틀림없이 강의를 하고 있을 것이다.

그런 경우 다음 주 월요일 오후 3~5시는 나에게 더 이상 미래가 아니다. 이미 현재 일어난 일이며, 그러기에 이미 '발생해버린 미래'인 것이다. 정작 그날 그 시간이 되면 일주일 전의 과거로부터 행했던 일을 새삼스럽게 확인하는 일만 남았을 뿐이다. 나에게 일주일 후는 '곧 확인하게 될 아름다운 미래의 기억'이 되는 셈이다.

반면 오늘 저녁 7시에 미리 정해둔 스케줄이 없다면 내가 그 시간에 무엇을 하고 있을지는 그때 가봐야 알 수 있다. 다음 주 월요일 오후 3~5시에 강의를 하기로 예정되어 있지 않다면 그날 그 시간에 내가 어디서 무엇을 할지 나도 알 수가 없다.

10년 후의 미래도 마찬가지다. 내가 10년 후에 무슨 일을 할 것인지 미리 정해두고 살면 10년 후 그 일을 하기 위해 오늘 이 시간부터 나는 부족한 것은 보충하고 필요한 것은 준비하면서 생활하게 되어 있다. 하지만 10년 후에 무엇을 할지 정해두지 않으면 10년 후의 나는 그때 가봐야 알 수 있다. 똑같이 10년 후의 미래이지만 현재의 시점에서 미래를 어떻게 규정하느냐에 따라 미래의 모습은 완전히 달라진다.

진정으로 원하는 미래가 있는가? 그렇다면 가만히 앉아 있지 말고 먼저 미래로 달려가라. 가서 원하는 미래가 무엇인지 명확하게 규정하라. 미래가 이미 이루어진 것으로 규정하는 순간 미래에 일어날 일은 반드시 일어나게 되어 있다. 미래를 이미 일어난 과거로 간주해버리면 마법처럼 신기하게도 아름다운 일들이 벌어지는 것이다.

그대 아직도 두려운가? 주변을 아무리 둘러봐도 온통 장애물 투성이인가? 그래도 될 일은 어차피 되게 되어 있다. 또한 안 될 일은 죽어도 안 되게 되어 있다. 죽을 운명이라면 어떻게든 죽게 되어 있고, 죽지 않을 운명이라면 어떻게 해도 죽지 않게 되어 있다. 생과 사는 이미 예정되어 있는 것. 죽을 때 죽더라도 사과나무를 심고 싶거든 지금 심으라. 두려워 덜덜 떨어봤자 무슨 소용이 있겠는가.

작심
365일

똑같은 성격의 일이더라도 그 일을 어느 시점에 하느냐에 따라 선택이 달라지는 경우가 많다. 우리는 흔히 먼 미래의 일인 경우엔 주로 그 일의 '의미'와 '가치'를 중심으로 의사결정을 내린다. 그러나 가까운 미래 혹은 현재의 일은 오히려 '시급함'과 '수월함'을 먼저 따진다.

그러다 보면 1개월 후에 꼭 가기로 마음먹었던 콘서트나 여행 또는 강연회 참석은 날짜가 점점 코앞에 다가오면서 더 시급하고 수월한 일들에 의해 우선순위에서 밀려 난다. 때로는 술 약속의 핑계를 대기도 하고, 때로는 몸 컨디션이 좋지 않다는 이유를 내세워 애초에 마음먹었던 결정을 바꿔버리는 것이다. 장기적인 시점에서 봤을 때는 어떤 일이 지니고 있는 의미와 가치를 고려해 결정을 내렸다가도, 막상 그 일이 눈앞에 닥치면 그런 가치 중심의 의사결정보다는 화급하고 당장에 하기 쉬운 일을 중심으로 선택을 해버리는 것이다.

그런 식으로 살면 결과는 안 봐도 뻔하다. 새해를 맞이할 때마다 올 한 해에 성취하고 싶은 소중한 일들을 머릿속에 떠올린다. 그리고 1년 후에는 어떤 일이 있어도 반드시 그 일을 성취하겠다고 굳게 다짐한다. 그런데 실제 생활에서는 매일 맞닥뜨리는 다른 긴급한 일들을 먼저 처리하느라 정신이 없다. 그러다가 어느새 시간이 훌쩍 지나가버리면 연초에 마음먹었던 일은 거의 손도 대지 못한 채 1년을 마감한다.

거의 매년 되풀이되는 이 모순은 비교적 장기적인 관점에서 실행하고자 하는 '상위 이벤트'와 바로 지척에 있는 '하위 이벤트'를 제대로 구분하지 못하는 데서 비롯된다. 건강을 잘 관리하기 위해 꾸준히 운동을 하겠다는 상위 목표를 정해놓았지만, 오늘 저녁에 있는 부서 회식자리에서 기름진 음식을 곁들여 거나하게 마셔버린다. 새해부터는 자기계발을 위해 책을 많이 읽겠다고 다짐해 놓고선 매일 프로야구 중계방송을 보느라 정신이 없다.

이런 부류의 일들은 미래에 이루고자 하는 목표와 현실에서 실제로 행하는 행동이 서로 엇박자를 내기 때문에 발생한다. 오늘 해야 할 일들을 어디에 초점을 맞추느냐가 매우 중요하다. 당장 눈에 보이는 일들을 쉽고 빠르게 처리하려고 하기보다는 어떤 일을 하는 것이 장기적으로 볼 때 좀 더 가치 있고 소중한 일인가에 포커스를 맞추라. 그래야만 늘 포부는 큰데 실제로 이룬 것은 초라하기 짝이 없는 일상생활의 악순환 고리를 끊을 수 있다.

생각은 늘 미래를 향하고 있지만 행동은 과거의 틀에서 벗어나지 못

하고 있다면, 미래는 과거와 하나도 달라지지 않은 모습으로 다가올 것
이다. '작심 3일'이 아니라 '작심 365일'이 되게 하려면 오늘을 바꿔야
한다. 오늘 하루 바로 지금 이 순간 만나는 일에서부터 긴급성과 수월
성보다는 가치와 의미를 중심으로 실행에 옮긴다면 올 연말엔 틀림없
이 기쁨의 축배를 들 수 있을 것이다.

어디에
시간을 쓰고
있을까

하루의 삶을 시간을 중심으로 재구성해본 적이 있는가. 하루 24시간은 크게 수면시간과 활동시간으로 나눌 수 있다. 활동시간은 다시 생산활동, 유지활동, 여가활동 등으로 3등분할 수 있다. 여기서 생산활동이라 함은 직업적으로 행하는 일이나 학교에서의 공부 또는 가정에서의 가사활동을 의미한다. 유지활동은 세수하고 밥 먹고 몸단장하고 출퇴근하는 일체의 활동을 포함한다.

한편 여가활동은 텔레비전을 본다든지 운동을 한다든지 책을 읽는 것과 같은 모든 자유 활동을 지칭한다. 여가활동은 다시 능동적 여가와 수동적 여가로 구분이 가능하다. 능동적 여가란 운동이나 다양한 취미활동과 같이 자신이 적극적이고 능동적으로 참여하는 창조적인 여가활동을 의미한다. 반면 수동적 여가는 특별한 노력 없이도 쉽게 즐길 수 있는 활동이다. 대표적인 것이 텔레비전 시청이나 인터넷 게임과 같이 리모컨이나 컴퓨터 자판 하나만 움직이면 얼마든지 손쉽게 즐길 수 있는 것들이다.

통계청에서 발표한 〈2009년 생활시간조사 결과〉를 보면 상세한 내용을 들여다볼 수 있다. 10살 이상의 한국인은 하루 24시간 가운데 평균적으로 잠자는 데 7시간 50분, 하루 세 끼 식사하는 데 1시간 45분, 가사노동에 1시간 53분, 텔레비전 시청에 1시간 51분, 책을 읽는 데 8분, 장소를 이동하는 데 1시간 44분씩을 사용했다. 한편 20세 이상의 성인들 가운데 취업자는 평일에 하루 평균 6시간 51분을 일하는 데 썼다. 이들이 출퇴근하는 데 걸리는 시간은 하루 평균 1시간 26분이었다.

조사 대상과 방법이 다소 다르지만 2011년 방송통신위원회에서 조사한 바에 따르면 한국인들의 평균 텔레비전 시청시간은 3시간 7분, 인터넷 사용시간은 1시간 38분으로 나타났다. 하루 평균 적게는 2시간에서 많게는 3시간씩 텔레비전 시청, 1시간 반 이상을 인터넷 사용에 시간을 할애하고 사는 것이다. 거기에 비해 하루 독서시간이 채 10분도 안 된다는 것은 우리에게 무엇을 시사할까.

하루 가운데 자신이 자유롭게 활용할 수 있는 유일한 활동이 여가활동이다. 그런데 그것의 거의 대부분을 바보상자인 텔레비전 앞에 앉아 있거나 중독성 강한 컴퓨터 게임이나 웹서핑을 하면서 보내고 있다. 참 서글픈 현실이다. 하지만 할 일을 딱히 준비해두지 않으면 누구나 그렇게 살아갈 개연성이 매우 높다. 운동을 하거나, 악기 연주를 배우거나,

클럽 활동을 하거나, 다른 취미활동을 하는 데 적극적이고 능동적으로 참여하지 않는 한 우리의 손은 자동적으로 리모컨이나 마우스를 만지작거리지 않을 수 없는 것이다.

여가는 이런 저런 볼 일 다 보고 아무것도 할 일이 없을 때 찾아오는 것이 아니다. 할 일이 있는 가운데서 적극적으로 만들어내는 것이 진정한 여가다. 생산적 여가는 그냥 주어지는 것이 아니라 스스로 확보하는 것이다. 그렇지 않으면 여가는 단지 '시간 때우기'의 수준을 넘어서기 어렵다.

시간이 아까운 줄 모르는 사람은 없다. 누구나 시간을 헛되이 낭비하지 않으려고 노력한다. 그러나 현실에서 보면 의외로 시간을 허비하는 사람들이 많다. 왜 그럴까?

많은 이유 가운데 하나는 '시간의 경제적 가치'를 잘 모르고 살기 때문이다. 시간의 경제적 가치를 평가할 수 있는 아주 간단한 방법이 있다. 1시간을 시간당 최저임금액과 비교해보는 것이다.

2013년 현재 한국의 시간당 최저임금은 4,860원이다. 그렇다면 그대에게 1시간에 해당하는 3,600초와 4,860원 중에서 하나만 선택하라고 한다면 어떤 것을 택하겠는가? 4,860원을 선택한다면 그대에게 1시간은 최저임금만도 못하다는 이야기가 된다.

최저임금은 인간다운 생활을 하기 위해 최소한 보장되어야 하는 가장 낮은 수준의 생계비를 법으로 규정한 것이다. 그런데 4,860원을 선택한다는 것은 시간의 가치를 스스로 형편없이 떨어뜨리는 것이다. 특별한 경우가 아니고서는 그런 선택을 하지 않으리라고 생각한다. 적어도 우리에게 1시간의 가치는 최저임금 수준 이상은 되어야 하지 않겠는가. 설사 아무리 양보하더라도 1초의 경제적 가치가 1원은 되어야 하지 않겠는가.

그렇다면 하루 24시간에 해당하는 86,400초는 돈으로 환산할 때 얼마일까? 아무리 못해도 86,400원의 값어치는 있다는 유추가 가능하다. 하루는 돈으로 따지더라도 86,400원의 가치는 지니고 있는 것이다.

그런데 이 귀중한 시간을 우리는 어떻게 사용하고 있는 것일까? 꼭 필요한 활동을 하는 데 정말 요긴하게 쓰고 있는 것일까? 또한 시간을 좀 더 효과적으로 사용하기 위해서는 어떤 조치들이 필요할까? 이를 위해 먼저 자신이 시간을 어떤 방식으로 사용하는지 그 패턴을 파악하고 필요하다면 시간 사용 습관을 바꾸려는 노력을 병행해야 한다.

무슨 일을 하는 데 시간을 쓰고 있는지 알아보기 위해 먼저 한 가지 테스트를 해보자. 검사하기에 앞서 유의할 점이 있다. 문항을 읽고 점수를 매길 때 문항마다 3점에 해당하는 '보통이다'를 기준으로 하여 출발하는 것이 경험상 전체적인 점수의 신뢰도를 높이는 데 도움이 됨을 염두에 두기 바란다. 각 문항의 지문을 읽고 해당하는 점수를 답안지에 기재하면 된다. 이어서 총점수와 환산점수 그리고 순위는 다음의 지시대로 따르면 된다. 자, 그럼 이제 테스트를 시작하자.

※ 다음 각 문항에 대해 점수를 부여하고, 그 점수를 다음 표에 기재하라.

전혀 그렇지 않다 : 1점 / 그렇지 않다 : 2점 / 보통이다 : 3점 / 그렇다 : 4점 / 매우 그렇다 : 5점

1. 항상 시간에 쫓기며 살아간다. ☐

2. 마음의 여유를 가지고 일에 임한다. ☐

3. 상대방의 요구에 거절을 못한다. ☐

4. 특별히 하는 일 없이 시간을 무료하게 보낼 때가 많다. ☐

5. 언제나 다급하고 바쁜 상태로 생활한다. ☐

6. 항상 미래를 준비하고 계획하며 산다. ☐

7. 남의 일 도와주느라 내 일을 못할 때가 많다. ☐

8. 시간이 지나도 늘 그 자리에 있는 느낌이다. ☐

9. 당장 해결하지 않으면 안 되는 일거리가 많다. ☐

10. 일의 우선순위를 따져 실행에 옮긴다. ☐

11. 그때그때 손에 잡히는 일을 하다 보면 중요한 일을 잊는 경우가 많다. ☐

12. 늘 생활이 지루하고 따분하다. ☐

13. 늘 당장 눈앞에 닥친 문제 해결에 초점을 맞춘다. ☐

14. 일에서 일관되고 지속적인 성취감을 얻는다. ☐

15. 어떤 일을 하다 보면 늘 바쁘긴 한데 성과가 없다. ☐

16. 시간이 남아 무엇을 해야 할지 모를 때가 많다. ☐

17. 늘 할 일에 비해 시간이 부족하다는 느낌이 든다. ☐

18. 해야 할 일과 안 해도 될 일을 잘 구분한다. ☐

19. 일을 열심히 하면서도 보람을 느끼지 못할 때가 많다. ☐

20. 소일거리나 시간 때울 거리를 찾을 때가 많다. ☐

21. 일하는 과정에서 시간 때문에 스트레스를 많이 받는다. ☐

22. 일을 시작하기 전에 미리 구상하고 계획한다. ☐

23. 무슨 일을 하고 나면 마음이 허전하고 씁쓸할 때가 많다. ☐

24. 일을 하면서 무력감이 들거나 자신이 싫어질 때가 많다. ☐

분석표

	A유형		B유형		C유형		D유형	
문항별 점수	1		2		3		4	
	5		6		7		8	
	9		10		11		12	
	13		14		15		16	
	17		18		19		20	
	21		22		23		24	
총 점수								
환산 점수								
순위								

여기서 총 점수는 항목별 세로 점수를 합한 점수이며, 환산 점수는 총 점수를 100점 만점으로 환산한 점수다. 환산 점수를 계산하는 식은 다음과 같다.

$$(\text{총 점수} - 6) \div 6 \times 25$$

아래의 표는 편의상 총 점수를 환산 점수로 표기한 것이다. 총 점수에 해당하는 환산 점수를 위의 답안지에 기재하고 마지막으로 환산 점수의 크기에 따라 1, 2, 3, 4순위를 정하면 된다.

환산 점수표

총 점수	30	29	28	27	26	25	24	23	22	21	20	19
환산 점수	100	96	92	88	83	79	75	71	67	63	58	54
총 점수	18	17	16	15	14	13	12	11	10	9	8	7
환산 점수	50	46	42	38	33	29	25	21	17	13	8	4

나의
시간 사용
패턴 분석하기

환산점수와 순위가 나왔으면 이제 자신의 시간 사용 패턴을 해석할 차례가 되었다. 먼저 위 답안지의 A, B, C, D유형이 각각 어떤 의미를 함축하고 있는지 살펴보자. 미국의 34대 대통령 드와이트 아이젠하워는 시간경영의 달인으로도 명성을 떨친 인물이다. 그는 모든 일이나 활동을 중요성과 긴급성의 관점에서 접근했다. 여기에서 힌트를 얻어 스티븐 코비는 유명한 '시간 매트릭스'를 만들었다. 아래 표는 그에 근거해 작성한 시간의 4가지 사용 패턴이다.

281쪽의 표는 긴급성과 중요성의 관점에서 4가지 경우의 수를 따져 A유형은 긴급하고 중요한 일, B유형은 긴급하지는 않지만 중요한 일, C유형은 긴급하지만 중요하지 않은 일, D유형은 긴급하지도 않고 중요하지도 않은 일을 나타낸 것이다.

나는 어디에서 시간을 보낼까?

긴급한 일	긴급하지 않은 일
A 벼락치기형	**B 계획주도형**
• 임박한 등교 시간	• 계획 및 목표 설정
• 눈앞의 회의 자료 준비	• 외국어 회화
• 오늘까지 마감인 보고서	• 운동 및 헬스
• 갑작스런 문상이나 문병	• 독서하기
	• 인간관계(전화, 메일, 약속)
C 우유부단형	**D 시간허비형**
• 당구장, 고스톱(성원 미달)	• 과도한 TV 시청
• 쇼핑이나 미용실 따라가기	• 밤새도록 하는 컴퓨터 게임
• 주변 사람들의 눈치, 체면	• 현실도피성 소일거리들
• 3차, 4차 술자리	• 쓸데없이 긴 전화나 잡담

(왼쪽 세로: 중요한 일 / 중요하지 않은 일)

이제 앞에서 우리가 테스트한 결과를 여기에 적용해보자. 테스트에서 A유형은 '벼락치기형'에 해당하고, B유형은 '계획주도형'에 해당하며, C유형은 '우유부단형'에, D유형은 '시간허비형'에 각각 해당한다. 자신이 직접 체크한 환산점수가 유형별로 몇 점인가 다시 확인해보고, 가장 높은 점수와 가장 낮은 점수가 나온 유형이 각각 무엇인지 살펴보기 바란다. 아울러 지금까지 자신이 주로 어떤 성격의 일을 하는 데 시간을 많이 보냈는지 점검해보기 바란다.

이제 유형별 특징을 더 자세히 살펴보자. 먼저 긴급하고 중요한 일에 해당하는 '벼락치기형(A유형)'부터 알아보자. 이 유형의 일들은 반드시 해야 할 뿐 아니라 지금 당장 하지 않으면 안 되는 성격의 일이다. 내일 치러야 할 시험, 눈앞에 닥친 출근시간이나 등교시간, 오늘까지 제출해야 할 보고서나 과제물, 마감시한이 임박한 프로젝트, 당장 준비해야 할 회의 자료, 갑작스럽게 가야 할 문상 등 중요하면서도 당장에 하지 않으면 안 되는 매우 긴급한 일들이 여기에 속한다.

업무의 특성상 계속해서 긴급하고 중요한 일을 처리하지 않으면 안 되는 사람들이 있다. 현장에서 다양한 고객을 상대해야 하는 영업 사원이나 시시각각 변하는 시장 상황을 점검해 적절히 대처해야 하는 외환 딜러는 하루 중 상당 시간을 A유형의 활동에 할애해야 한다. A유형의 활동은 긴박감은 넘칠지 모르나 끊임없이 스트레스를 불러오는 원인이 되기도 한다. 따라서 긴급하고 중요한 일에 파묻혀 사는 사람은 항상 육체적 과로나 정신적 중압감으로 인해 건강을 해칠 위험에 노출되어 있다.

다음으로 '우유부단형(C유형)'은 긴급하지만 덜 중요한 일로 이루어진 영역이다. 그런데 우리는 흔히 이 영역에 속하는 일을 실제보다 더 중요한 일로 착각하기 쉽다. 그러나 당장 해야 할 일이라고 해서 반드시 우선순위가 높은 일은 아니다. 단지 긴급하다는 이유 때문에 우선순위가 높은 일처럼 보일 뿐이다.

의외로 많은 사람들이 긴급하지만 중요하지 않은 C유형의 일을 하느라, 긴급하지는 않지만 중요한 일을 뒤로 미루면서 살아간다. 다급한 호출, 술자리 불려 나가기, 상사의 업무 대신 하기, 친구 따라 쇼핑이나 미용실 가기 등 이런 저런 이유로 이곳저곳 끌려 다니느라 바쁘다 보면 하루가 끝날 때쯤 생각할 때 정신없이 바쁘긴 했는데 뭘 했는지 도무지 알 수 없곤 한다.

'시간허비형(D유형)'은 긴급하지도 않고 중요하지도 않은 일들이다. 밤 깊은 줄 모르고 빠져드는 컴퓨터 게임, 과도한 텔레비전 시청, 지나친 웹 서핑, 특별한 용무 없이 30분 이상 이어지는 전화 통화 등 눈앞의 달콤한 유혹들에 빠지면 시간이 어떻게 가는 줄도 모르고 흘려보낸다.

흔히 육체적 또는 정신적으로 스트레스를 많이 주는 A유형의 활동에 많은 시간을 보내는 사람들 중에서 하루 내내 쌓인 스트레스나 긴장감을 푼다는 명목으로 C나 D유형의 활동을 즐기는 경우가 많다. 그렇게 되면 삶은 마치 롤러코스터를 탄 것처럼 극과 극을 치닫는 형국으로 빠져든다.

마지막으로 '계획주도형(B유형)'의 일들을 살펴보자. 이 영역은 긴급하지는 않지만 중요한 활동에 속하는 일들이다. 장기적으로 달성해야 할 목표를 설정하거나, 계획을 수립하는 일, 건강관리를 위해 운동을 하거나 자기계발 차원에서 책을 읽고 어학공부를 하는 일, 오랫동안 만나지 못한 친구와 약속을 하거나 안부를 묻는 일 등은 당장 하지 않더라도 큰 문제가 생기거나 불이익이 주어지지 않는다.

우리는 B유형에 해당하는 활동들은 자꾸 뒤로 미루는 습성이 있다. 그런데 이러한 활동들을 소홀히 하면 장기적으로 반드시 문제가 생긴다. 분명한 삶의 목표가 없이 살게 되고, 건강은 점점 원하지 않는 방향으로 흘러가며, 자기계발에 소홀한 나머지 조직에서 인정받지 못하는 사람 신세가 되기 쉬울 뿐 아니라, 소중한 사람들과의 인간관계는 날로 소원해지는 결과를 초래하게 되는 것이다.

특히 습관적으로 미루기를 좋아하는 사람은 미리 준비하고 예방했더라면 B영역에서 여유 있게 할 수 있는 일을 A영역에서 처리하느라 정신없이 바쁘게 생활한다. 따라서 유난히 A영역에 속하는 활동을 하느라고 항상 바쁘게 지내는 사람은 혹시 그렇게 된 원인이 자신의 고질적인 '미루기 중독증' 때문이 아닌지 냉정하게 짚어보아야 한다.

시간
경영자

이제 이상에서 언급한 자신의 시간 사용 패턴을 근거로 어떻게 하면 하루의 시간을 더욱 바람직한 방향으로 사용할 수 있는지 알아보자. 아이젠하워의 말처럼 "긴급한 일일수록 중요한 일은 없고 중요한 일일수록 긴급한 일은 없다." 긴급한 일외 포로가 되어 있는 사람은 대부분 '정신없이 바쁘게 사는데 도대체 남는 것이 없다'는 푸념을 늘어놓기 일쑤다. 알고 보면 긴급한 일 위주로 살았기 때문에 너무나 당연한 결과인데도 말이다.

시간을 잘 쓰는 사람들은 B유형의 활동에 가장 많은 시간을 할애한다. 긴급하지는 않지만 중요한 일을 하는 데 하루의 시간을 투자하는 것이다. 자신의 직업이나 삶에서 '성공으로 가는 길'은 B유형에 해당하는 시간을 얼마만큼 확보해 효과적으로 사용하느냐에 달려 있다고 해도 과언이 아니다.

따라서 자신의 시간 사용 패턴이 C유형과 D유형에서 순위가 높게 나왔다면 이제부터 그런 활동들을 줄이는 대신 B유형의 활동에 더 많은 시간을 배분해야 할 것이다. 그렇게 하기 위해서는 중요성이 긴급성에 현혹되어 밀려나지 않도록 무엇이 더 중요한 일이고 무엇이 덜 중요한 일인지 분별할 줄 알아야 한다.

그렇다면 무엇이 자신에게 진정 중요한 일일까? 자신의 삶에서 추구하려는 사명과 비전 그리고 목표가 그것이다. 인생의 비전이나 목표가 분명한 사람은 그것을 실천하는 데 시간을 할애하지만, 비전이나 목표가 분명하지 않은 사람은 무엇이 정말 중요한 일인지 분간하지 못한다. 그렇기 때문에 당장 눈앞에 닥친 일을 처리하느라 정신을 팔다 보면 C나 D유형을 오가며 살게 된다.

A유형의 순위가 가장 높은 경우에는 일의 속도나 시기의 조절이 꼭 필요하다. 물론 어떤 성격의 일들은 중요하면서도 당장 처리해야만 하는 것일 수 있다. 하지만 모든 일이 다 그런 것은 절대 아니다. 미리 예상하고 사전에 대비하면 긴급해지기 전에 처리할 수 있다.

미루는 습관이 몸에 밴 사람들은 항상 마감이 임박해서야 A영역에서 급하게 일을 처리하려는 성향이 있고 그 일을 끝내면 스트레스를 푼답시고 C나 D유형에 해당하는 활동들을 하곤 한다. 그런데 시간을 이런 방식으로 사용해서는 장기적으로 볼 때 일을 통해 큰 성과를 거두기 힘들 뿐 아니라 '마음의 평화'도 누리기 힘들다. 시간경영을 잘하는 사람은 자신의 시간 사용 패턴을 잘 이해하고 '성공 영역'이라고 할 수 있는 B유형의 일에 하루 중 가장 많은 시간을 쓰는 사람이다.

어떤 분야, 어떤 위치를 막론하고 성공적인 삶을 사는 사람들은 한결같이 시간을 잘 경영한다는 공통점을 지니고 있다. 돈보다 더 소중한 시간을 함부로 낭비해서야 무슨 일인들 성공할 수 있겠는가. "인생을 사랑한다면 시간을 낭비하지 마라. 왜냐하면 인생이란 시간 그 자체이기 때문"이라고 말한 벤저민 프랭클린의 명언은 되새길수록 고개가 끄덕여진다.

시간경영은 현재보다 더 나은 미래의 나를 만나기 위해 시간과 노력을 투자하는 것이다. 미래에 되고 싶은 내가 실제로 되기 위해 현재 부족한 것을 개선해나가도록 지속적으로 시간을 투자하는 것이 시간경영의 요체이다. 그런 의미에서 자신이 원하는 인생을 살기 위해서는 시간경영을 어떻게 해야 할 것인지 하나의 사례를 다음에 나오는 마인드맵을 활용해 소개하겠다.

이때 가장 먼저 해야 할 일은 명품인생이 되기 위한 요건들을 뽑아내는 것이다. 여기서는 자기발견, 인생설계, 목표 설정 그리고 자기경영이라는 네 가지 항목을 선정했다. 그런 다음 각 항목별로 명품인생이 되기 위해 필요한 요구수준이 무엇이고, 현재 자신의 상태는 어떠하며, 그 결과 어느 정도의 격차가 존재하는지 파악하는 것이다. 여기까지 해서 현재의 상태에서 더 나은 미래로 나아가기 위한 1단계 작업인 필수항목 선정이 마무리된다.

명품인생을 위한 필수 체크포인트

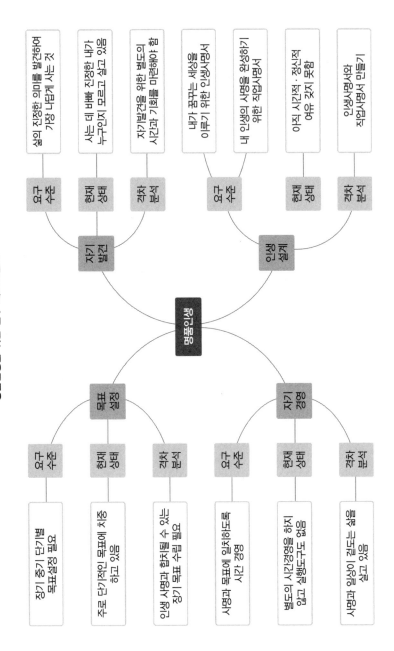

다음 단계에서는 현재와 미래의 갭을 해소하기 위해 무엇을 어떻게 실천할지 명확하게 규정하고 행동에 옮기는 것이다. 첫째, 자기발견을 위해서는 자신을 객관적으로 분석하는 검사들을 활용하는 것과 함께 주관적인 자기발견을 위한 내면 탐색의 방법들을 동시에 활용하는 것이 좋다.

둘째, 이렇게 해서 자신에 대한 여러 가지 정보들이 나오면 자신과 가장 어울리는 삶을 살기 위해 인생의 사명을 명확히 할 필요가 있다. 또한 그런 사명을 일상을 통해 실현하기 위해 직업적으로 어떤 사명감을 가지고 일에 임할지 직업사명서를 만들어야 한다.

셋째, 이제 사명서가 나왔으니 그에 맞게 구체적인 목표들을 수립해 어떻게 실천할 것인지 그 방법을 모색해야 한다. 이를 위해서는 목표를 장기·중기·단기의 세 단계로 나누어 체계적으로 접근하는 것이 효과적이다. 물론 모든 목표들은 자신의 사명과 일치하도록 짜여져야 할 것이다.

넷째, 마지막으로 목표를 실천하기 위한 시간경영의 전략들이 제시되어야 한다. 먼저 월간계획들을 수립하고, 그에 맞게 하루의 중요한 일들을 중심으로 일일계획들을 짠 다음, 우선순위를 정해 그날 하기로 마음먹은 일은 꼭 그날 실행하도록 시간을 쓰는 것이다.

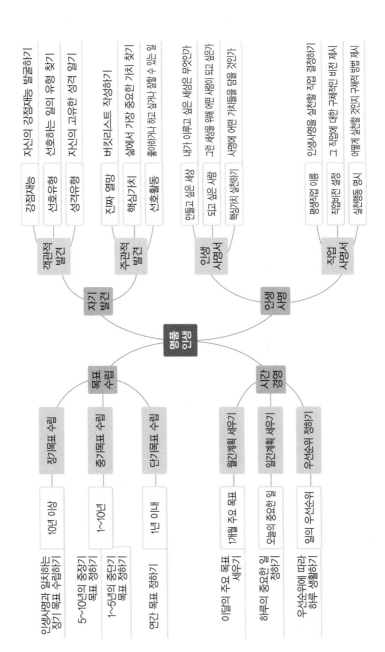

삶의
비서실장을
고용하라

　땅을 파려면 도구가 있어야 한다. 적은 면적의 땅은 삽 하나로도 충분하다. 제법 너른 땅을 파려면 포크레인이 동원되어야 한다. 삽이나 포크레인이 없으면 어떻게 땅을 팔까? 호미로 파든지 아예 맨손으로 파야 한다. 그렇게 하면 힘만 들고 결괴는 신통치 않다. 도구를 사용하지 않으면 이래저래 매우 비효율적이다.

　맛있는 요리를 하려면 각종 요리 도구가 있어야 한다. 좋은 강의를 하려면 칠판, 프리젠터, 마이크, 빔 프로젝터 등 강의 도구가 구비되어야 한다. 심지어 메모만 조금 하려고 해도 필기 도구가 필요하다. 어떤 일을 하기 위해서 반드시 필요한 것이 유용한 도구들이다.

　명품인생을 살려면 시간경영을 잘해야 한다고 누차 강조한 바 있다. 어떻게 해야 시간경영을 잘할 수 있을까? 역시 도구가 있어야 한다. 시간경영의 달인이 되고 싶으면 그에 걸맞은 도구나 툴을 갖추고 있어야 하는 것이다. 더 구체적으로 말하자면 좋은 툴 없이는 시간경영을 잘할 수 없다. 여기서 말하는 툴이란 바로 플래너Planner를 지칭한다. 플래너는 시간경영의 훌륭한 동반자다. 플래너는 자기경영의 참된 길벗이다.

그런 까닭에 나는 플래너를 '삶의 비서실장'이라고 부른다. 내 모든 스케줄을 관리해주고 중요한 약속이나 일정을 꼼꼼히 체크해주며, 갑자기 예상하지 못한 일들이 생길 경우 스케줄을 어떻게 조절할 것인지 교통정리까지 해준다.

내가 삶의 비서실장을 처음 만난 것은 1998년 8월이었다. 게으름과 친하고 미루기 좋아하며 계획하기 싫어하는 나에게 플래너는 그렇게 살지 말라고 했다. 머릿속으로 생각만 하고 행동으로 실천하지 못하면 인생에서 잃는 것이 너무 많다고 조언해주었다. 그는 내가 오래 전부터 찾고 있었던 진솔한 삶의 파트너였다. 그래서 나는 플래너를 내 삶의 비서실장으로 고용하기로 마음먹었다.

플래너와 첫 고용계약을 체결한 이후 십 수 년이 지났다. 그동안 그는 단 한 번도 내 말을 거역하지 않고 한결같은 마음으로 비서실장 역할을 성실히 수행하고 있다. 더욱이 연봉 3만원(플래너 속지 재구입비용)이라는 터무니없는 박봉으로 매년 재계약을 하는데도 여태껏 단 한 번 연봉이 적다고 투덜대거나 파업한 적이 없다. 나는 플래너와 평생 고용계약을 맺었다. 지금까지 15년 동안 모아둔 플래너 속의 기록들은 고스란히 내 개인의 역사를 이루는 소중한 자산이 되고 있다.

가끔 아주 오래 전의 기억을 더듬고 싶어 플래너에 담긴 메모들을 열어 보면 잊고 있던 순간들이 주마등처럼 스쳐간다. 언제 어디서 누구를 만나 무엇을 했는지 잠자고 있던 과거의 시간들이 기지개를 켜고 일어난다. 교내 체육대회 기간 중 단축마라톤대회에 참가하여 학생들과 함께 뛰며 5년 연속 완주했던 일(1998년 9월 23일), 열흘간의 단식을 통해 먹지 않는 것의 즐거움을 깨우쳤던 시간(1999년 7월 28일~8월 6일), 눈이 펑펑 내리던 어느 겨울날 오랜만에 고등학교 단짝 친구들을 만나 막걸리 잔을 기울이며 흠뻑 취했던 추억(2001년 2월 10일), 서울 일정을 마치고 광주특강을 하기 위해 비행기로 이동하던 중 우연히 바로 앞자리에 앉아 있던 당시 인기 걸그룹 베이비복스 5명 멤버들로부터 사인을 받아 두 아들에게 선물했던 일(2002년 4월 13일) 등등 까마득히 잊을 뻔했던 일들이 내 역사의 책갈피 속에서 다시 살아나는 희열을 만끽한다.

앞으로 또 시간이 흘러 언젠가 내 생의 마지막 순간이 다가왔을 때 나는 일생을 통해 기록해두었던 플래너 속의 이벤트들을 모두 꺼내 삶을 정리하는 한 권의 책으로 세상에 남기고 갈 것이다. 지금 이 순간도 그 역사의 한 페이지를 장식하게 될 소중한 시간이라고 생각하니 허투루 살 수 없다. 오늘 하루 주어진 시간을 내가 가장 하고 싶고 열망하는 활동을 하기 위해 아낌없이 투자하고 싶다. 그 모든 것이 가능할 것이라고 믿는 이유는 내 곁에는 항상 평생의 동반자 플래너가 비서실장 역할을 믿음직스럽게 해주기 때문이다.

살면서 비서실장을 두는 것은 꽤 근사한 일이다. 국가를 경영하는 대통령에게 비서실장이 필요하듯, 기업을 경영하는 CEO에게 비서실장이 있듯, 자기 자신을 경영하는 개인에게도 비서실장은 반드시 필요하

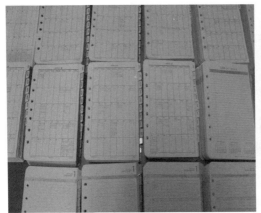

플래너 속의 기록들은 나의 역사를 이루는 소중한 자산이다.

다고 믿는다. 그 비서실장 감으로 자신 있게 추천하고 싶은 것이 플래
너다. 지금부터라도 플래너를 든든한 비서실장으로 삼아 인생을 살아
보라. 그대의 인생은 과거 어느 때보다 훨씬 풍요로워질 것이다.

　마지막으로 한 번 더 묻겠다. 지금 그대의 모습은 언제 만들어졌다고
생각하는가? 오늘인가? 아니다. 과거의 시간들이다. 과거에 그대가 생
각하고 행동했던 삶의 모든 행적들이 모여 지금 그대의 현재를 이룬 것
이다. 그렇다면 그대의 미래는 언제 만들어진다고 생각하는가? 미래라
고 생각하는가? 아니다. 그대가 원하는 미래의 모습이 있다면 그것을
지금 만들어가야 한다. 미래에 가서 원하는 미래를 만들려고 하면 그때
는 이미 늦다. 미래를 고칠 수 있는 유일한 시간은 현재이기 때문이다.
　그러므로 아름다운 미래의 모습을 꿈꾸거든 지금부터 하나 둘씩 가

꾸어나가라. 그대의 멋진 미래를 위해 달라져야 할 것이 있다면 오늘부터 행동으로 변화하는 모습을 보여주라. 그대가 지금 변하려고 하지 않으면 미래에도 그대는 변하지 않기 때문이다. 행동하고 실천하지 않는 현재는 죽은 것이나 다를 바 없는 시간이다. 살아 있는 것 같지만 실제로는 화석처럼 굳은 생명력 잃은 시간이다.

내일 행동하겠다고 말하는 사람에게 미래의 시간은 아무 쓸모없는 공허한 순간으로 끝날 것이다. 그 통렬한 절규를 이미 인생의 많은 시간을 소진해버려 이제 쓸 시간이 얼마 없는 사람들이 마지막 유언처럼 그대에게 들려줄 것이다.

살고 싶은 인생, 하고 싶은 일을 오늘부터 행하기 위해 이제 장도에 오르라. 그러나 혼자 가려고 하지 말라. 반드시 듬직한 인생의 동반자인 플래너와 함께 가라. 삶의 비서실장을 대동하고 나서는 인생의 여정길에 흥겨운 콧노래가 절로 흘러나올 것이다.

인생의 황금기는 이미 시작되었다

나는 몇 살까지 살 수 있을까? 어리석은 질문인지 알면서도 가끔은 궁금해진다. 나는 몇 살쯤 이 세상을 떠날까? 그날이 언제일지 모르지만 생이 끝나고 난 후에 나는 사람들에게 어떤 인물로 기억될까? 부음을 받고 달려온 이들 중에 진정으로 애도를 표하는 사람은 몇이나 될까? 내가 있어서 참 좋았다고, 나와 함께한 시간들이 많이 따뜻했다고, 그래서 내가 떠난 세상은 조금 쓸쓸할 거라고, 세월이 지나서도 누군가 그렇게 나를 기억해주고 가끔은 그리워하는 사람으로 남으려면 나는 세상을 어떻게 살아야 할까?

쉰 살이 되었을 때 나는 문득 살아온 날보다 살아갈 날이 적을 것임을 알아차렸다. 어느덧 인생의 전반전을 끝내고 이미 후반전에 돌입한 것이다. 인생의 후반전이 진행될수록 한 편의 멋진 경기를 펼치기 위해서는 내가 가진 힘을 더욱 힘껏 발휘해야 함을 절감했다. 지금까지의 경기 내용에 관계없이 후반전의 명승부를 펼치기 위해서는 이제부터가 진짜 중요함을 깨달았다. 나는 그 명승부를 내가 가진 강점들을 총동원해 가장 잘할 수 있는 일들을 통해 실현해야겠다고 마음먹었다. 그것은 내가 세상을 더욱 열정적으로 살아가야 할 이유가 되었다.

그렇다면 지금부터 어떻게 살아야 할까? 먼저 내가 가진 강점들이 무엇인지 탐색하는 것이 제일 우선이라고 생각한다. 무엇이 강점인지 알아야 어디다 쓸 것인지 결정되기 때문이다. 누구나 자신만의 고유한 강점들은 다 가지고 있다. 그것이 꼭 남들보다 뛰어난 강점이어야 할 필요는 없다. 자신의 능력들 중에서 상대적으로 잘하는 것들이 무엇인지 찾아내기만 하면 충분하다. 내 경우엔 강의하기, 글쓰기, 상담하기를 최종적으로 선정했다.

다음으로는 내가 만들고 싶은 세상이 무엇인지 명확하게 규정할 수 있어야 한다. 내가 꿈꾸는 세상, 내가 이루고 싶은 세상, 내가 기여하고 싶은 세상이 무엇인지 그 구체적인 모습이 그려져야 한다는 것이다. 내가 만들고 싶은 세상은 갈 길을 몰라 방황하는 이들이 자신의 진정한 꿈을 찾아 더욱 열정적으로 살아가도록 도와주는 것이다.

그런 다음으로는 이런 세상을 만들기 위해 앞으로 무슨 일을 통해 어떤 역할을 해야 할 것인지 드러나야 한다. 나는 특별히 내세울 만한 것이 없는 사람이긴 하지만, 대학에 있는 선생으로서 젊은이들에게 삶의 지혜와 지식을 심어주고, 동기를 부여해주는 강의와 저술활동을 통해 더 나은 삶을 살기 위해 노력하는 이들이 비전과 목표가 분명한 행복한 삶을 살아가도록 삶의 불쏘시개와 같은 역할을 하는 일에 승부수를 걸고자 한다. 이것이 지금부터 내가 하고자 하는 필생의 과업이다. 나는 이런 삶을 위해서라면 다른 어떤 것도 기꺼이 희생하고 포기할 각오가 되어 있다.

삶에서 방황은 누구에게나 찾아온다. 한 번도 아니고 인생의 고비마다 방황은 예고도 없이 찾아오곤 한다. 20대에는 아직 삶에서 자신이 걸어가야 할 길을 찾지 못해 미로 속을 방황하기도 한다. 그런가 하면 열심히 가던 길 위에서 갑자기 호된 시련과 맞닥트려 눈물겨운 싸움을 벌여야 하는 30대의 방황도 있다. 가장으로서 떠맡아야 할 책임감은 갈수록 무거워지는데 일자리를 떠나야 할 때가 머지않았다는 중압감 때문에 속으로만 흐느껴야 하는 40대의 방황은 안쓰러움을 자아낸다. 어느 날 문득 이제까지 살아온 날들이 주마등처럼 스쳐 지나가면서 '이 나이가 될 때까지 뭘 하고 살았나' 하는 허무한 감정에 사로잡혀 심한 속앓이를 하는 50대의 방황은 어딘지 모르게 쓸쓸하다.

삶에서 주기적으로 찾아오는 방황은 피하려 한다고 해서 사라지는 것이 아니다. 당장 고통스러워 피하려고 했다가는 더 큰 고통에 신음하지 않을 수 없다. 내 나이가 몇 살이든 삶에서 방황이 찾아오면 그 의미를 잘 해석해야 한다.

삶이 흔들릴 때는 나름의 이유가 있어서다. 흔들림을 통해 내 삶의 뿌리가 얼마나 단단하게 뻗어 있는지 확인할 수 있다. 흔들리면서 허술한 부분이 어디인지 찾아내어 다시 새로운 중심을 잡을 수도 있다.

흔들림이란 곧 내 삶에 변화가 필요하다는 메시지다. 태풍이 불면 온 숲의 나무들이 크게 흔들리면서 몸살을 앓는다. 가지가 부러지기도 하고 나무가 뿌리째 뽑혀 나가기도 한다. 그러나 바람이 잦아들고 나면 이내 숲은 다시 평온을 되찾고 건강한 생명력을 유지한다.

삶에서 바람이 불어 흔들린다는 것은 이제까지 살면서 난마처럼 얽히고설킨 가지들을 솎아내라는 의미다. 불필요한 나무는 뿌리째 뽑아버리라는 가슴으로부터의 울림이다. 버릴 것은 버리고 자를 것은 잘라서 삶이 더 건강해지도록 정화하라는 마음의 외침이다.

자연의 모든 것들이 흔들림을 통해 평형을 되찾듯이 우리네 삶 또한 흔들림을 겪고 나면 평정을 찾는다. 그대가 지금 흔들리고 있다면 너무 괴로워하고만 있을 일이 아니다. 그 흔들림의 의미가 무엇인지 찾아내려고 해야 한다. 흔들림은 우리를 삶의 절벽으로 몰고 가는 것이 아니다. 변화를 통해 거듭남의 계기를 마련하라는 하늘의 목소리다.

20대의 흔들림을 잘 극복해야 건강한 30대가 찾아온다. 30대의 흔들림은 더 나은 40대의 삶을 기약하기 위한 필연의 과정이다. 40대의 흔들림은 50대 이후의 건강한 삶을 위해 지금 미리 준비하고 변화하라는 메시지다. 50대에 찾아오는 흔들림은 이제 더는 흔들림 없이 스스로 꿈꾸는 세상을 향해 홀연히 발걸음을 내딛으라는 영혼의 외침이다.

흔들리면서 사는 것이 인생이다. 살다 보면 가끔 큰 몸살을 앓곤 하는 것이 우리네 삶이다. 진정 우리가 해야 할 일은 세파에 현혹되지 않는 것이 아니다. 숱한 흔들림 속에서도 방향감각을 잃지 않고 견뎌내는 것이다.

인생에서 방황기가 찾아왔다는 것은 내 삶이 또 다른 성숙의 길목에 접어들었다는 신호다. 가던 길을 다시 한 번 점검하고 가야 할 길을 재차 확인하는 시간이 왔다는 의미다. 평생 가고자 하는 그 길을 향해 의연하게 발걸음을 옮기라는 마음의 명령이다.

내 인생의 황금기는 언제일까? 그 시기는 지나갔을까, 아니면 아직 오지 않았을까? 그 황금기는 누가 결정하는 것일까? 세상이 정해주는 것일까, 내가 스스로 정하는 것일까? 도대체 황금기란 어떤 시기를 말하는 것일까? 돈을 많이 모으거나, 명예를 얻거나, 이른바 출세를 하는 것이 황금기를 의미하는 것일까? 입신양명立身揚名하거나 부귀영화를 누리지 못하면 인생에서 황금기는 영영 오지 않는 것일까?

어쩌면 우리에게 인생의 황금기는 이미 시작되었는지 모른다. 아니 새로운 마음가짐으로 지금부터 펼쳐질 인생의 시간들을 후회 없는 명승부로 장식하고 싶어 한다면, 우리 모두에게 오늘 이후의 시간은 인생의 황금기가 본격적으로 시작되는 역사적인 시간들이 될 수밖에 없다.

이제부터 어떻게 살아가야 할지 명품인생의 그림이 그려진 이상 인생의 황금기는 이미 시작되었다. 그 길 위에서 때론 흔들리고 방황도 하겠지만, 그럴수록 삶은 더욱 뜨거워질 것이다. 삶에서 기필코 당도하고 싶은 분명한 목적지가 있는 한 그 어떤 방황도 걸림돌이 되지 못할 것이다. 그러니 방황을 두려워하지 말라. 방황하는 것을 너무 힘들어하지 말라. 방황 없이 삶은 결코 토실하게 영글지 않는다.

시간은 덧없이 지나간다. 그냥 놔두면 순식간에 쏜살같이 흘러간다. 오직 결연한 의지로 꽉 붙잡아둔 시간만이 자신의 곁에 남는다. 좋은 인생은 남은 시간의 양으로 결정되지 않는다. 가장 자기다운 삶을 위해 자신의 의지대로 제때 챙겨둔 시간들만이 좋은 인생을 채울 수 있다. 아무리 시간이 많아도 인생의 텃밭에 담아두지 않으면 허무하게 지나가버리는 것이 시간이다.

좋은 인생이란 스스로 가꾸고 다듬고 만들어가는 것이다. 가장 자기답게 살 수 있는 삶의 설계도를 그린 다음, 하루하루의 생활 속에서 좋아하고 하고 싶으며 하면 할수록 잘할 수 있는 천직을 수행하는 데 기꺼이 시간을 내어주며 열정적으로 일상에 임하는 것이 좋은 삶이자 명품인생의 핵심이다. 이것은 누구나 마음만 먹으면 가능하다. 다만 문제는 실천이다. 행동이 따르지 않는 그 어떤 행복 설계도도 말짱 도루묵에 지나지 않는다.

행동하라. 오직 행동을 통해 지금부터 그대 인생의 황금기를 구가하라. 이제 출항할 시간이 되었다. 돛을 높이 올리고 그대 인생에서 가장 빛나는 날로 가는 항해의 뱃고동을 우렁차게 울리라. 그대의 여정에 항상 신의 가호가 함께하기를 기원한다.

부록

천직발견 전체 구성도

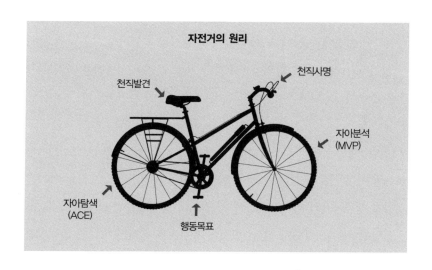

천직을 찾아가는 전체 과정을 하나의 이미지로 표현하면 '자전거 원리'라고 할 수 있다. 자전거가 앞으로 나아가려면 몇 가지 핵심 구성 요소들이 유기적으로 결합해 원활하게 기능해야 한다. 자전거가 굴러가려면 먼저 앞바퀴와 뒷바퀴가 있어야 한다. 하지만 바퀴만 있다고 해서 자전거가 굴러갈 수는 없다. 자전거를 운전하는 사람이 앉아야 할 안장이 필요하다. 가고자 하는 방향을 잡아줄 핸들도 반드시 있어야 한다. 마지막으로 이 모든 것이 존재하더라도 사람이 페달을 밟지 않으면 자전거는 절대 앞으로 나아갈 수 없다.

　이와 같은 자전거의 원리를 이용하여 천직발견의 전체 흐름을 이해할 수 있다. 위의 그림에서와 같이 자전거의 앞바퀴에 해당하는 것이 자아분석검사인 MVP 3종 검사다. 동시에 자아탐색검사인 ACE 3종 검사는 자전거의 뒷바퀴에 비유할 수 있다. 그런 다음 천직 후보를 결정하는 과정은 자전거의 안장에 해당한다. 이렇게 해서 천직을 찾았더라도 천직을 삶에서 실천하기 위한 다음 과정이 필요하다. 바로 분명한 사명감을 가지고 천직을 수행하는 절차를 밟아야 하는 것이다. 이것이 자전거의 핸들에 해당한다.

　마지막으로 아무리 훌륭한 천직 사명을 가지고 있어도 행동으로 옮기지 않으면 아무 쓸모가 없다. 페달을 힘껏 밟아야 자전거가 앞으로 나아가는 것처럼 행동목표와 실천계획을 통해 천직이 평생직업이 될 수 있도록 시간경영에 최선을 다해야 한다. 이것이 자전거의 원리에 비유한 천직발견의 전체 여정이다.

부록 2
천직을 발견하는 프로세스 소개

천직발견 개관도

1. 천직발견의 개념

1) 천직의 정의

'천직天職'이란 말 그대로 하늘이 내려준 직업이다. 탄생을 축하하는 의미에서 조물주가 우리에게 이 일을 하면서 한평생 잘 살라고 주신 천금 같은 선물이다. 그러므로 천직은 없는 것을 인위적으로 만들거나 억지로 맞춰나가는 것이 아니다. 처음부터 내 안에 내재되어 있던 재능이나 적성 또는 성품을 발견하고 찾아내서 충분한 기간을 두고 준비과정을 거쳐 직업적으로 실현하는 일이다.

누구에게나 자신만의 고유한 천직이 있다. 다만 아주 어렸을 때 일찍 발견하거나 우연한 계기를 통해 천직이 무엇인지 발견하는 경우를 제외하고는 자신의 천직이 무엇인지 인지하기란 결코 쉽지 않다. 그렇기 때문에 대부분의 경우 수많은 경험을 하고 난 연후에 비로소 자신의 천직이 무엇인지 알게 된다.

하지만 천직을 알았다고 해서 모든 사람이 천직을 직업으로 삼을 수는 없다. 특히 나이가 들면서 여러 가지 현실적인 제약들에 얽매여 살아가는 경우엔 더욱 그렇다. 따라서 천직은 가능하면 일찍 발견할수록 좋다. 충분한 시간과 에너지를 투자하여 준비하고 실행할 수 있는 기회가 그만큼 많이 주어지기 때문이다. 문제는 구체적인 발견 방법을 모른다는 것이다. 따라서 〈부록 2〉에서는 자신의 천직을 발견하여 평생직업으로 활용할 수 있는 구체적인 프로세스와 방법을 소개한다. 물론 실제로 찾아내는 작업은 〈부록 3〉에서 소개할 별도의 온·오프라인 프로그램을 활용하여 본인이 직접 발로 뛰어야 한다.

2) 천직발견의 필요충분조건

세상에 있는 수만 가지의 직업 중에서 자신의 천직을 찾아내기란 여간 막막하고 어려운 일이 아니다. 다양한 사회생활과 직장 경험을 통해 여러 차례의 시행착오를 거치면서 직접 천직을 찾아내는 것도 보통 지난한 일이 아니다. 이때 비교적 수월하게 자신의 천직을 찾아낼 수 있는 몇 가지 단서가 있다. 천직의 필요조건과 충분조건을 충족하는 일을 찾아보는 것이다.

먼저 몇 가지 필요조건들을 점검해보자. 첫 번째로 좋아하는 일들이 무엇인지 찾아보라. 생각나는 대로 자신이 좋아하는 일의 목록을 작성해보라. 대부분 10가지 이상의 일이 나올 것이다. 하지만 좋아하는 일이라고 다 천직이 될 수 있는 것은 아니다. 좋아하긴 하지만 직업으로 삼고 싶지는 않은 경우도 많기 때문이다.

다음으로는 하고 싶은 일들이 무엇인지 찾아보라. 언젠가 기회가 되면 꼭 하고 싶었던 일들의 목록을 열거해보라. 누구나 그런 일들이 몇 가지씩은 있겠지만 하고 싶은 일 역시 반드시 천직이 될 수는 없다. 음악을 정말 하고 싶고 좋아하긴 하지만 천직으로 삼을 만한 재능과 역량이 있는지는 알 수 없다.

따라서 천직이 되기 위한 세 번째 필요조건은 잘할 수 있는 일이어야 한다. 여기서 중요한 것은 잘할 수 있는 일의 시점이 현재가 아니라 미래라는 점이다. 지금은 숙련도가 낮거나 전문성이 부족하더라도 시간과 노력을 꾸준히 투자해 5년 또는 10년 후에는 상당한 정도의 전문성을 확보할 수 있다면 천직으로 삼기에 충분하다. 하지만 잘하는 일이라고 해서 모두 천직은 아니다. 잘하긴 하지만 별로 하고 싶지 않고 좋아하지도 않을 수 있는 일들이 있기 때문이다. 좋아하고, 하고 싶으며, 잘할 수 있는 일의 접점을 찾는 것, 이것이 바로 천직발견의 필요조건이다.

이 세 조건을 모두 충족한다고 해서 천직이 되는 것은 아니다. 필요조건 외에 두 가지의 충분조건에 부합해야 하기 때문이다. 천직은 반드시 세상과 이웃에 기여하고 공헌할 수 있는 일이어야 한다. 도박을 무척 좋아하고 하고 싶으며 잘할 수 있다 해도 그것이 천직이 될 수는 없다. 자신에게는 최고의 일일지 모르나 세상에는 해악을 끼치기 때문이다. 또한 어떤 일을 천직으로 삼으려면 일시적으로 하다가 그만두지 말고, 평생을 해도 후회하지 않을 만큼 롱런할 수 있어야 한다. 그래야만 그 일에 사명감을 가지고 신명을 바쳐 매진할 수 있기 때문이다. 결국 천직으로 삼기에 손색이 없을 조건들을 간추리면 다음과 같다.

첫째, 좋아서 하는 일
둘째, 하고 싶어서 하는 일
셋째, 하면 할수록 잘할 수 있는 일
넷째, 세상에 기여하고 공헌하는 일
다섯째, 평생직업으로 삼을 수 있는 일

3) 천직발견의 의미

천직은 직업에 귀천이 있을 수 없음을 증명한다. 천직은 그 일 자체가 좋아서 하기 때문에 즐기면서 일할 수 있다. 하고 싶어서 하는 일이기 때문에 내면의 열정이 끊임없이 솟아난다. 게다가 왜 그 일을 하는지 소명의식이 분명하기 때문에 어떤 어려움이나 난관에 부딪혀도 쉽게 포기하지 않고 오래 지속할 수 있다. 그런 의미에서 천직은 평생직장을 대신해 평생직업으로 삼기에 최적의 대안이다.

천직은 인생의 방향성과 직업의 정체성을 확립한 상태에서 분명한 목적의식을 가지고 오랫동안 지속적으로 발전시켜 나갈 수 있는 자신만의 고유한 직업 형태다. 고용 불안이 상존하고 그 어느 때보다도 직업의 부침이 심한 21세기 사회에서 가장 안전하고 유망한 직업이기도 하다. 또한 인생 2막 또는 3막을 준비하는 이들에게 가장 적합한 직업이다. 인류 최초로 100세 장수의 시대가 눈앞에 성큼 다가온 오늘날, 우리의 관심은 얼마나 오래 사느냐가 아니라 어떻게 건강하게 사느냐에 있다. 건강하게 산다는 것은 육체적 건강은 말할 것도 없거니와 정신적 건강까지를 포함한다. 이제 직업을 한때 열심히 일해서 벌어놓고 노후까지 쓸 수 있는 경제력을 확보하는 수단쯤으로 생각해서는 큰일 난다. 앞으로 인생의 진검승부는 60대 이후에 펼쳐질 것이다. 인생에서 가장 소중한 후반부 30~40년을 무엇을 하며 어떻게 살 것인가?

천직은 이 물음에 대한 답을 가지고 있다. 흔히 인생의 전반부가 '목표'를 이루기 위해 사는 시기라면, 인생의 후반부는 '의미'를 찾기 위해 사는 시기라고 말한다. 인생의 전반전에는 목표를 향해 열심히 달렸다면, 인생의 후반전은 삶의 의미를 추구하기 위해 온 힘을 쏟아야 한다. 이때 천직은 가족 부양하랴 신분 유지하랴 이래저래 미뤄두었던 '죽기 전에 꼭 하고 싶었던 바로 그 일'을 즐겁고 행복한 마음으로 시작하는 유력한 대안이 될 수 있다. 일을 통해 자신의 존재 가치를 찾고 사회에 기여하는 삶을 살기에 천직은 훌륭한 동반자가 될 수 있다.

2. 어떻게 천직을 찾는가?

이제 위의 〈천직발견 개관도〉를 중심으로 자신의 천직을 찾아가는 구체적인 프로세스를 단계별로 알아보자.

STEP 1 : 자기발견

천직이 무엇인지 찾기 위한 첫 번째 단계는 자기 자신이 누구인지 발견하는 것이다. 자아분석과 자아탐색은 자기발견을 위한 두 개의 바퀴축이다. 자아분석이 주로 객관적 시각에서 자신을 찾는 접근방법이라고 한다면, 자아탐색은 주관적 관점에서 자신을 찾아가는 과정이다. 첫째, 자신의 강점들을 찾아보고, 둘째, 수많은 직종 중 선호하는 유형의 일들이 무엇인지 알아내며, 셋째, 자신의 성품과 특성을 파악하는 것이 자아분석의 삼각 축을 이룬다. 〈한국천직발견교육개발원〉에서는 온라인 검사를 통해서 개인의 고유 특성들을 스스로 찾아내도록 도와준다.

다음으로 자아탐색을 위해서는 평소 잘 드러내지 않던 내면세계를 탐험하는 과정이 필요하다. 이 탐험은 세 가지 루트로 이루어져 있다. 첫째, 자신의 진짜 열망들이 무엇인지 꺼내보고, 둘째, 가장 소중하게 생각하는 핵심가치들이 무엇인지 확정하며, 셋째, 일상에서 가장 좋아하는 활동들이 무엇인지 간추리는 작업이다. 자아탐색의 모든 특성 역시 온라인 검사를 통해서 발견할 수 있다.

이렇게 도합 여섯 가지 방법으로 자신의 다양한 특성들을 찾고 나면, 이제까지 살면서 잘 모르고 있었거나 대략 알고는 있었지만 각각 흩어져 있어 보지 못했던 전체적인 내면의 윤곽이 어느 정도 눈에 들어온다. 따라서 이 단계는 내게 가장 잘 어울리는 천직이 무엇인지 찾아내는 데 매우 기본적인 과정인 동시에 절대 빠트려서는 안 되는 핵심 과정이다.

STEP 2 : 천직발견

자신의 천직이 무엇인지 알기 위해서는 반드시 산업과 직업을 매칭시키는 작업을 병행해야 한다. 먼저 현존하는 많은 산업들 중에서 자신이 가장 경쟁력을 가질 수 있는 분야들이 무엇인지 압축하는 과정이 필요하다. 자신의 흥미나 관심을 불러일으킬 뿐만 아니라 만족도가 높은 산업들이 어떤 것들인지 이미 검사를 통해 알고 있는 자신의 진짜 열망과 선호활동들을 중심으로 간추려내는 것이다. 이런 과정을 거쳐 최종적으로 5개의 산업을 선정한다.

다음으로 세상에 존재하는 수많은 직업 중에서 자신의 능력을 맘껏 발휘할 수 있고, 하면 할수록 전문성을 키울 수 있으며, 경제적 안정도 꾀할 수 있는 직업들을 추출하는 과정이 이어진다. 이때 활용하는 지표는 이미 검사를 통해서 확보한 자신의 강점재능과 선호직업들이다. 이 과정 역시 앞에서 언급한 계량화한 온라인 검사로 쉽게 뽑아낼 수 있다. 그렇게 해서 최종적으로 15가지의 직업을 선정한다.

그런 다음에는 5개의 산업과 15개의 직업을 매칭하여 기존 직업들뿐 아니라 자신만의 고유한 직업을 창의적으로 만들어내는 작업이 진행된다. 가령 5개의 산업 가운데 영화 산업이 선정되었고 15개의 직업 가운데 기획담당자가 추천되었다면 이 둘을 매칭하여 '영화제 프로그래머'라는 고유 직업을 만들어낼 수 있다. 산업에서 식품 분야가 추천되고 직업에서 작가가 유망 천직후보로 올라왔다면 식품과 작가를 매칭하여 '요리 분야 저자 및 파워블로거'가 새로운 직업으로 탄생할 수도 있다.

이 단계를 모두 마치면 최소 15개에서 최대 90개까지의 '1차 천직후보군'이 만들어진다. 이를 10개 이내로 압축할 필요가 있다. 이때 활용하는 척도가 검사를 통해 알게 된 자신의 고유성격(P)이다. 직업과 성격은 궁합이 잘 맞아야 한다. 그렇지 않으면 아무리 화려하고 매력적인 직업이라 해도 오래 지속할 수 없다. 아무리 그 직업이 마음에 들어도 매일 수백 명의 낯선 환자들을 대해야 하는 직업의 특성상 사람들을 좋아하고 친근감 있는 성품을 지니지 못하면 의사라는 직업을 오랫동안 잘 수행할 수 없다. 그래서 천직을 결정할 때 고유성격은 매우 중요한 척도가 된다.

이렇게 해서 10개까지 좁혀진 '2차 천직후보군'은 다시 3가지 핵심가치(C)를 비롯하여 9가지 항목의 적합성 검사를 통해 최종 3가지로 압축된다. 즉, 각 항목에 대해 자기 진단을 통해 점수를 배정함으로써 합계점수가 가장 높은 1~3순위의 최종천직후보가 선정되는 것이다. 이때 1순위 천직후보는 현재의 시점에서 가장 먼저 천직으로 삼고 실행에 옮길 수 있는 직업을 의미한다. 또한 2순위와 3순위 천직후보들은 앞으로 살면서 10년 혹은 20년 후에라도 기회가 주어지면 새로운 천직으로 계발할 수 있는 유력한 대안들이다.

STEP 3 : 평생직업

일단 천직을 찾아냈다면 마지막 단계로 해야 할 작업은 천직을 통해 자신의 꿈과 비전을 어떻게 실현할 것이며, 그러기 위해서 어떤 행동목표들을 설정하고 실천에 옮길 것인지 체계적인 액션 플랜을 세우는 것이다. 그 첫 번째가 인생의 사명을 명확히 규정하는 일이다. 자신이 만들고 싶은 세상은 무엇인지, 그 세상을 이루기 위한 자신의 꿈은 무엇인지, 그 꿈을 실현하기 위해 어떻게 살아야 할지, 천직을 바탕으로 〈인생사명서〉를 작성하는 것이다.

두 번째는 자신의 천직을 평생직업으로 삼기 위한 장단기 행동목표를 설정해야 한다. 이때 기간은 장·중·단기로 분류해 목표를 세우는 것이 좋다. 일률적으로 기간을 정할 필요는 없다. 개인에 따라 5년이 될 수도, 10년 이상이 될 수도 있다. 각자 사정에 맞게 기간을 정하면 된다. 다만 천직을 평생직업의 개념에서 접근한다면 적어도 10년 이상을 장기로 삼는 것이 바람직하다. 그런 다음에는 각 기간별로 세부 목표들을 'SMART(구체적이고, 측정가능하며, 성취할 수 있고, 현실적이며, 마감시한이 분명한) 원칙'에 준거하여 세우는 작업을 해야 한다.

행동목표를 설정했으면 마지막으로 일상의 삶속에서 그 목표들을 하나씩 둘씩 행동으로 실천하는 일이 남는다. 아무리 근사하고 가슴 뛰는 목표가 있더라도 하루하루의 삶을 통해 직접 행동하고 체험하지 않으면 공염불에 지나지 않기 때문이다. 자신이 찾은 천직을 평생직업으로 삼고 일생동안 꾸준히 정진하려면 무엇보다 오늘 하루 가운데 일정한 시간을 그 일을 준비하고 수련하는 데 투자해야 한다. 결국 하루의 시간을 잘 경영하는 것이 천직을 평생의 일로 삼고 정진할 수 있는 지름길이다.

3. 천직을 어떻게 활용할 것인가?

1) 진로 정체성 확립

① 자신의 진로를 찾지 못해 고민하고 방황하는 젊은이들에게 명확하고 구체적인 진로를 설계할 수 있는 대안 제시

② 뜬구름 잡기 식의 진로 탐색이 아닌, 자신의 적성이나 특성과 가장
   잘 어울릴 수 있는 진로를 모색하도록 안내

2) 목적이 분명한 취업 준비

① 막연한 스펙 쌓기가 아닌, 스토리가 담긴 스펙을 준비함으로써 더욱
   실질적인 경쟁력을 지닌 인재로 성장할 수 있도록 동기부여
② 체계적이고 장기적인 스토리 및 스펙 전략 수립을 통한 사회 진출
   준비
③ 대학생활의 구체적인 액션플랜 설정 및 비전과 목표 정립

3) 직업 소명의식 고취

① 인생의 방향성 및 직업의 정체성 확립
② 자신의 현직에서 일의 의미를 재발견하고 더욱 사명감을 가지고 업
   무에 매진할 수 있도록 고무
③ 일을 통해 인생의 사명을 일상의 삶에서 늘 실천할 수 있도록 습관화

4) 진정한 유망 직업 발굴

① 시대와 주변 환경의 변화에 따라 끊임없이 부침을 거듭하는 일시적
   '유행 직업'이 아니라 점점 깊이 있는 전문성을 확보하는 '유망 직
   업'을 통해 평생 그 일에 진력할 수 있도록 도움
② 자신에게 가장 잘 어울리는 직업 선택을 통한 전문가 양성

5) 꿈과 현실의 조화

① 생계문제와 자아실현을 둘러싼 심적 갈등을 해소할 수 있는 대안 모색

② 먹고사는 문제 때문에 꿈을 포기해야 하는 이들에게 꿈의 실현을 통해 먹고사는 문제를 동시에 해결할 수 있는 방안 제시

6) 인생 2막의 동반자

① 다가오는 평균수명 100세 시대를 앞두고 인생 1막을 은퇴한 장년층 이상 세대가 자신이 진정 좋아하고 하고 싶은 일을 통해 자아실현과 함께 사회에 기여하고 공헌할 수 있도록 도움

② 이직이나 전직을 바라는 이들이 진정 자신이 하고 싶고 잘할 수 있는 일을 찾아내어 준비하고 실행하도록 유도

7) 행복한 인생의 구현

① 일을 통해 자신이 원하는 행복한 삶을 스스로 구현할 수 있도록 안내

② 사명감이 분명한 일을 통해 '목적이 이끄는 삶' 실현

온라인 천직발견 프로그램 소개

〈한국천직발견교육개발원〉에서 애니메이션으로 제작한 온라인 천직발견 프로그램은 총 13차시로 구성되어 있다. 각 차시별 핵심 내용을 요약하면 다음과 같다.

	주제	핵심 메시지	주요 내용
제1차시	오리엔테이션	왜 천직을 찾아야 하는가	• 천직이란 무엇인가 • 왜 천직이 중요한가 • 천직을 어떻게 찾는가
제2차시	강점재능검사 (M)	강점으로 승부하라	• 검사 실시 • 검사 결과 확인 • 강점재능 특징 기록하기

제3차시	직업유형검사 (V)	정말 좋아하는 일을 찾으라	• 검사 실시 • 검사 결과 확인 • 직업유형 특징 기록하기
제4차시	직업목록선정	최고의 경쟁력을 발휘할 직업을 선택하라	• 472개 직업목록 제시 • M과 V로 직업 선별 • 최종 15개로 직업 압축
제5차시	진짜열망찾기 (A)	진짜 열망의 본성을 드러내라	• 하고 싶은 것(Do) 목록 • 되고 싶은 것(Be) 목록 • 진짜 열망 5가지 선정
제6차시	선호활동검사 (E)	선호활동의 옥석을 가려내라	• 170가지 선호활동 목록 • 선호활동 간추리기 • 최종 10가지 선정하기
제7차시	산업목록선정	시대의 흐름을 선도할 산업을 추려내라	• 120개 산업목록 제시 • A와 E로 산업 선별 • 최종 5개로 산업 압축
제8차시	산업과 직업 매칭하기	산업과 직업을 융합하여 나만의 직업을 창조하라	• 산업 및 직업 배치 • 산업과 직업 매칭 • 고유한 직업 창조하기
제9차시	핵심가치검사 (C)	내 안에 잠든 핵심가치를 깨우라	• 110가지 가치표 제시 • 핵심가치 선별 • 3가지 핵심가치 결정
제10차시	고유성격검사(P) 및 천직후보 결정	천직을 찾는 대장정에 오르라	• 고유성격 특성 파악 • P 기준 직업 10개 압축 • 최종 1-3순위 천직후보
제11차시	사명·비전 및 행동목표	천직의 정상에 올라 세상을 향해 포효하라	• 인생사명서 초안 작성 • 천직 사명 기록하기 • 장단기 행동목표 수립
제12차시	멘토 찾기 및 인생여정 로드맵	나만의 명품인생 여정을 디자인하라	• 멘토 찾는 방법 소개 • 멘토와 소통하기 • 인생 로드맵 만들기
제13차시	천직선포식	만천하에 위대한 내 꿈과 비전을 선포하라	• 천직발견 자축하기 • 전 과정 마무리하기 • 천직수료증 수여

도움 받은 자료들

- 고용노동부《2013 한국직업전망》, 2013.
- 고용노동부·한국고용정보원《2012 한국직업사전》, 2012.
- 구본형《깊은 인생》휴머니스트, 2011.
- 그레그 레이드(안진환 옮김)《10년 후》해바라기, 2004.
- 김연우《질문하는 독종이 살아남는다》무한, 2009.
- 김위찬·르네 마보안(강혜구 옮김)《블루오션 전략》교보문고, 2005.
- 김이율《가슴이 시키는 일》판테온하우스, 2010.
- 김정택·심혜숙《16가지 성격유형의 특성》어세스타(한국심리검사연구소), 2013.
- 김형태《너, 외롭구나 – 김형태의 청춘 카운슬링》예담, 2011.
- 다니엘 핑크(김명철 옮김)《새로운 미래가 온다》한국경제신문, 2012.
- 다니엘 핑크(석기용 옮김)《프리 에이전트의 시대》에코리브르, 2004.
- 마커스 버킹엄·도날드 클리프턴(박정숙 옮김)《위대한 나의 발견★강점 혁명》청림출판, 2002.
- 마틴 셀리그만(김인자 옮김)《긍정심리학》물푸레, 2009.
- 말콤 글래드웰(노정태 옮김)《아웃라이어》김영사, 2009.
- 문요한《굿바이, 게으름》더난출판사, 2007.
- 문용린《지력혁명》비즈니스북스, 2004.
- 미하이 칙센트미하이(이희재 옮김)《몰입의 즐거움》해냄, 2007.
- 박승오·홍승완《나의 방식으로 세상을 여는 법》고즈윈, 2009.
- 박영숙 외 3인《유엔미래보고서 2025》교보문고, 2011.
- 버트런드 러셀(송은경 옮김)《러셀 자서전》사회평론, 2003.
- 슈테판 클라인(유영미 옮김)《시간의 놀라운 발견》웅진지식하우스, 2007.
- 스티븐 코비(김경섭 옮김)《성공하는 사람들의 7가지 습관》김영사, 2003.
- 유경《마흔에서 아흔까지》서해문집, 2005.
- 유홍준 외 5인《우리 시대의 장인정신을 말하다》북노마드, 2010.
- 윤광준《마이웨이》그책, 2011.
- 이규태《대산 신용호》교보문고, 2004.
- 이맹교《인생설계도》예문사, 2012.
- 이외수《감성사전》동숭동, 2006.
- 정광호《CEO 경영우언》매일경제신문사, 2005.
- 제러미 리프킨(안진환 옮김)《3차 산업혁명》민음사, 2012.
- 제임스 E. 로어(이영 옮김)《유쾌한 스트레스 활용법 7》21세기북스, 2007.
- 차동엽《내 가슴을 다시 뛰게 할 잊혀진 질문》명진출판, 2012.
- 테드 윌리엄스(김은식 옮김)《타격의 과학》이상media, 2011.
- 파울로 코엘료(최정수 옮김)《연금술사》문학동네, 2001.
- 호아킴 데 포사다·엘런 싱어(김경환·정지영 옮김)《마시멜로 이야기》한국경제신문, 2005.
- EBS 아이의 사생활 제작팀《아이의 사생활》지식채널, 2009.